陳雪珍 —— 著

香港特別行政區司法審查制度研究

港澳制度
研究叢書

A Study on Judicial Review of Hong Kong Special Administrative Region

總　序

鄒平學 *

　　自國家誕生後，人類社會產生了多少政治的、法律的、經濟的、社會的各種「制度」，可能是一個誰也無法回答的問題。「制度」研究也一直是法學、政治學、經濟學、管理學以及社會學等學科共有的現象。「制度」是什麼？制度就是體系化的規則、規矩。中國人常說，沒有規矩就不成方圓。所有的人、人所組成的各種組織乃至國家、社會，都離不開各種制度。所以，制度很重要，制度研究也很重要。

　　港澳回歸已有 20 多年之久，「一國兩制」實踐和基本法實施開始進入「五十年不變」的中期階段，可謂進入「深水區」。特別是 2019 年以來，中央出手先後制定《香港國安法》、完善香港選舉制度之際，三聯書店（香港）有限公司決定推出一套「港澳制度研究叢書」，可謂恰逢其時，遠見卓識，意義重大。這是出版界第一套專門冠名「港澳制度研究」的叢書，從他們組織策劃叢書的初心與選題設想看，我不禁為香港三聯書店匠心獨具、籌劃周詳而擊節讚嘆。我認為，這套書將努力達成三個「小目標」，或者說將具有三個方面的亮點或特點。

　　第一，抓住港澳研究的根本。港澳回歸以來，港澳研究熱點迭出，成為顯學。從坊間的各種論著看，港澳制度研究最為熱門。鄧小平曾指出：「一九九七年我們恢復行使主權之後怎麼樣管理香港，

*　法學博士，深圳大學法學院教授，博士生導師，兼任全國人大常委會港澳基本法委員會基本法理論研究基地深圳大學港澳基本法研究中心主任，教育部國別與區域研究基地深圳大學港澳與國際問題研究中心主任，國務院發展研究中心港澳研究所學術委員會委員兼高級研究員，全國港澳研究會理事，廣東省法學會港澳基本法研究會會長。

也就是在香港實行什麼樣的制度的問題。」[1] 可見，在港澳實行什麼樣的制度，是實踐「一國兩制」、依法管治港澳的根本。習近平總書記指出：「作為直轄於中央政府的一個特別行政區，香港從回歸之日起，重新納入國家治理體系。中央政府依照憲法和香港特別行政區基本法對香港實行管治，與之相應的特別行政區制度和體制得以確立。」[2] 港澳制度實質是港澳被納入國家治理體系後形成和發展的、具有中國智慧和中國風格的「一國兩制」政策的制度呈現。港澳回歸後的實踐表明，在港澳實行的「一國兩制」制度體系，不僅是解決歷史遺留下來的港澳問題的最佳方案，也是港澳回歸祖國後保持長期繁榮穩定的最佳制度安排。「港澳制度研究叢書」的推出，顯然敏銳抓住了「一國兩制」制度體系這個港澳研究的根本。

　　第二，拓展港澳制度研究的問題論域。坊間以往印行的港澳研究論著，以政法制度研究居多。這說明，港澳政法制度研究是港澳制度研究較為重視的論域。究其原因，是因為「一國兩制」的制度體系是我國國家治理體系的重要組成部分，這一體系是政策、法律和制度的有機構成。政法制度是港澳制度較為根本、活躍和基礎的部分。鄧小平告訴我們，「一國兩制」能不能夠真正成功，要體現在香港特別行政區基本法裏面。根據憲法制定的港澳基本法先後為我國兩個特別行政區設計了一套嶄新的制度和體制，這就是港澳特別行政區制度或者簡稱港澳制度。港澳制度實質就是「一國兩制」政策的法律化、制度化，是根據憲法制定港澳基本法、建構「一國兩制」制度體系來完成的。所以，在港澳政法制度研究的論著裏，較多地是圍繞根據憲法和基本法管治港澳的理論和實踐來展開。數年前，三聯書店（香港）有限公司精心打造推出的、由王振民教授主編的「憲法與基本法研究

1　鄧小平：《鄧小平文選》（第三卷），北京：人民出版社 1993 年版，第 85 頁。

2　〈習近平在慶祝香港回歸祖國 20 週年大會暨香港特別行政區第五屆政府就職典禮上的講話〉，新華社 2017 年 7 月 1 日電。

叢書」即是這方面的積極成果。在當下港澳制度進入重要創新發展階段，「港澳制度研究叢書」的問世，不僅將繼續關注「一國兩制」、憲法和基本法在港澳的實施等問題的宏觀討論，還較大範圍拓展了問題論域，將突出從中觀、微觀角度，去探索港澳制度具體實際運作層面的體制機制層面，深入挖掘港澳研究的中觀、微觀研究板塊，推出更多高質量的、以往被宏觀的「一國兩制」論述所遮蔽的更細緻、更具體的研究成果，拓展、拓深港澳制度研究的格局。特別是，叢書將不僅限於政法制度，還將視野擴及港澳經濟、社會、文化、教育、科技、政府管治、媒體等方面的制度，這將使得港澳制度研究在廣度、深度方面更為拓展和深化，進一步豐富港澳制度研究範疇的包容性和統攝性，為廣大讀者展示港澳制度立體多面的全貌，這十分令人期待。

第三，前瞻港澳制度研究的未來發展。港澳制度研究要為港澳「一國兩制」事業做出應有的貢獻，不僅要敏銳抓住研究論域的根本和重點，還要善於把握港澳制度的脈搏和運行規律。毋庸諱言，現有的港澳制度研究成果對制度運行的規律性研究還不夠，高水平、有分量、有深度的成果還不多，特別是能有效解決疑難問題、足資回應實踐挑戰的成果還不多。進入新時代以後，港澳形勢出現的新情況、新問題給中央管治港澳提出了新的挑戰。**在政治方面，**香港維護國家主權、安全、發展利益的制度還需完善，對國家歷史、民族文化的教育宣傳有待加強。2020 年國家層面出台國安法，為解決治理危機提供了有力抓手，但國安法律制度和執行機制如何進一步發展完善還有很多具體和複雜問題需要研究解決。而且，單靠國安法的落地還不夠，還需要認真研究特區教育、媒體、司法、文化、政府管治方面的制度問題。需要指出的是，港澳制度中的「制度」既包括在特區內實行的制度，也包括決定這個制度的制度。因而港澳制度就不能僅僅限於兩個特區內部實行的制度，而首先應從國家治理體系的制度角度出發。

例如目前中央全面管治權的制度機制都面臨一些新情況和新問題，如中央對特區政治體制的決定權、中央對特區高度自治權的監督權包括對特首的實質任命權、特區本地立法向人大的備案審查等制度問題，都存在值得研究的理論和實踐問題。澳門特區政府依法治理的能力和水平，與形勢發展和民眾的期待相比仍需提高，政府施政效率、廉潔度和透明度與社會的發展存在一定的差距。習近平提出，澳門要「繼續奮發有為，不斷提高特別行政區依法治理能力和水平。回歸以來，澳門特別行政區治理體系和治理能力不斷完善和提高。同時，我們也看到，形勢發展和民眾期待給特別行政區治理提出了更新更高的要求」。[3] **在經濟方面**，香港經過幾十年的快速發展，面臨著經濟結構進一步調整等問題，部分傳統優勢有所弱化，新經濟增長點的培育發展需要時間，來自其他經濟體和地區的競爭壓力不斷增大；澳門博彩業「一業獨大」，明顯擠壓其他行業的發展空間，經濟結構單一化問題突出，經濟多元發展內生動力不足，缺乏政策配套和人才支持。**在社會方面**，港澳長期積累的一些深層次問題開始顯現，特別是土地供應不足、住房價格高企、貧富差距拉大、公共服務能力受限等民生問題突出，市民訴求和矛盾增多，中下階層向上流動困難，社會對立加大，改善民生、共用發展成果成為港澳居民普遍呼聲。要解決港澳社會存在的各種問題，歸根結底是要全面準確理解和貫徹「一國兩制」方針，始終依照憲法和基本法辦事，不斷完善與憲法和基本法實施相關的制度和機制，聚焦發展，維護和諧穩定的社會環境。

研究解決這些問題，都需要在完善制度機制方面下功夫，而這些正是港澳制度研究的未來，亟待深度開掘。據我所知，本叢書重視和歡迎如下選題：中央權力實際行使需要完善的制度機制，回歸後國家在港澳建立健全的相關制度，全面落實愛國者治港治澳的制度，憲

3　參見習近平：〈推進澳門「一國兩制」成功實踐走穩走實走遠〉（2014 年 12 月 20 日），載習近平：《習近平談治國理政》（第二卷），北京：外文出版社有限責任公司 2017 年版，第 424 頁。

法和基本法上對特區的授權制度，特區依法行使高度自治權的相關制度和機制，特區行政主導體制，特區政府施政能力和管治水平方面的制度，特區行政管理權實施的制度機制，特區立法權實施的制度機制，特區司法權的制度機制（如香港司法審查制度），基本法有關特別行政區經濟、教育、文化、宗教、社會服務和勞工方面的制度運行問題，特區區域組織或市政機構及其制度，特區公務員制度以及香港政黨制度，香港的某些特殊制度（如高官負責制、新界原住民權利），等等。

香港三聯書店特邀請我擔任本叢書的主編，我十分高興，也非常期待和樂意與廣大內地、港澳學人共襄此舉，為實現上述三個「小目標」，為完善「一國兩制」制度體系貢獻智識和力量。「一國兩制」是一個史無前例的偉大事業，我有幸參與研究港澳問題 20 多年，深深體會到，港澳制度的理論和實踐，是中國對於世界治理所能奉獻的獨有的、寶貴的領地，從學術理論上探討和解決上述一系列複雜、敏感和重大的制度運行問題並不斷完善它們，必將有利於回答堅持「一國兩制」制度體系對於維護國家主權、安全和發展利益，保障港澳的長期繁榮穩定，對於推進國家治理體系和治理能力現代化為什麼十分必要、為什麼現實可能、為什麼是歷史必然這一時代命題。因此，我相信本叢書的推出，將對支撐建構中國特色哲學社會科學奉獻中國獨有的理論貢獻和智力支撐，這不但是值得期許的，也是中國學人的使命擔當。

是為序。

鄒平學

2021 年 4 月 1 日於深圳

前　言

　　《中華人民共和國香港特別行政區基本法》實施 20 餘年以來，有
關基本法實踐問題的爭議，大都體現在司法審查案件中。考慮到香港
特區司法運行的現實情況，為了使研究更加集中，本書採取狹義的定
義方式，將司法審查的主體限定在普通法院之中，包括行政法意義上
的司法審查和憲法意義上的司法審查兩個層次的內容。本書的內容主
要圍繞著香港特區法院是否有權進行司法審查、司法審查權力有哪些
限制以及如何進行司法審查的問題展開。

　　第一章圍繞香港特區司法審查的基本理論問題進行研究。主要
分析了香港特區司法審查的基本內涵和特徵、司法審查權的性質、
司法審查制度的差異性及其影響因素。司法審查權本質上仍然屬於
司法權，法院行使司法審查權不能超越司法權的範圍。與其他國家
司法審查權不同的是，香港特區的司法審查權還是一項地方性權
力，特區司法審查具體制度的建構不能脫離其作為地方性權力的根
本性質。

　　第二章是香港特區司法審查制度的合理性探討。本章從香港特
區司法審查的基本法依據、司法審查的普通法基礎、司法審查的必要
性和司法審查的必然性四個角度進行論證，結論是香港特區法院的權
威性才是香港特區法院能夠行使司法審查權的根本原因。由司法機關
審查立法和行政行為，得到香港其他權力機關和民眾的支持，以及中
央的默認。司法的權威性決定了法院能否繼續行使司法審查權，因
此，為了維持司法的中立性和權威性，法院有必要保持自我克制，盡

量避免捲入不宜由法院進行審查的爭議。

在上述理論研究的基礎上，第三章從實證維度對香港特區司法審查的實踐問題進行分析。本章首先採取系統分析的方法，對香港特區司法審查的有關案例進行較為全面的考察；其次分析香港特區法院在司法審查實踐中表現出來的司法擴權與司法政治化趨向；最後對香港特區司法審查實踐中的問題進行反思。過於寬泛的司法權力打破了基本法對特區權力關係的設計，忽略了權力架構與政治體制對司法審查範圍的限制。同時也不利於司法權自身的發展，在一定程度上削弱了法院的權威。

針對香港特區實踐中的司法擴權和司法政治化問題，第四章和第五章分別從縱向權力關係和橫向權力關係兩個層面，分析了香港特區司法審查權的界限。香港特區司法審查權的範圍受到中央與地方權力關係的限制，也受到香港特區內部各公權力之間關係的限制。司法審查的範圍和限度既要符合中央與地方的權力關係，又要符合香港特區行政主導的政治體制。具體而言，縱向權力關係對香港特區司法審查權的限制主要有管轄權方面的限制和基本法解釋權方面的限制；橫向權力關係對香港特區司法審查權的影響體現在特區的內部政治問題有更加豐富的內涵，香港特區法院對一些案件沒有司法管轄權，對其他政治分支的決定要予以更高程度的尊重。

最後一章是關於香港特區司法審查制度的完善對策與建議。本章首先分析香港特區司法審查制度的基本原則是保持司法審查的有限性，堅持司法謙抑主義的基本立場。其次提出司法審查的程序與方法的完善建議，包括在啟動程序方面提高司法覆核的許可條件、增加對法律進行附帶審查的啟動程序等；在案件審理方面限制海外判例的參考、檢討司法審查的標準等；在司法審查的判決方面，限制法院宣佈「違憲」的範圍和補救性解釋方法的適用。最後是有關司法審查配套機制的完善，包括強化行政長官在法官遴選中的作

用、拓寬行政長官在解釋基本法上的參與空間、協調中央與特區對立法的審查機制等。

　　總而言之，本書以香港特區司法審查權的有限性為中心展開討論。在基本法的框架下從理論與實踐兩個層面，分析和研究香港特區司法審查權的邊界及司法審查制度的完善問題。

目　錄

緒　論

　　以司法審查制度為憲法學中至為重要的篇章一點也不為過。因為「建立適當的司法審查機制,是從憲法過渡到憲政的關鍵所在」。[1] 司法審查制度是保證憲法實施的關鍵環節,是司法機關監督制約立法機關和行政機關的有力武器,也是人權保障的重要機制。[2] 因此,有關司法審查權的正當性及其邊界、司法審查制度的具體建構等問題一直是學界討論的熱點問題。與其他國家和地區的司法審查制度相比,香港特區的司法審查制度更具獨特性和複雜性。一方面,香港特區法院的司法審查權也面臨司法否決立法的「反多數主義難題」;另一方面,研究香港特區的司法審查制度,始終不能脫離香港作為中國一個地方行政區域的現實,因此,香港特區的司法審查權不僅涉及特區內部司法權與立法權、行政管理權之間的關係,存在權力內部運行的張力,還須考慮中央與地方的權力關係,以及單一制國家內不同法域之間司法制度的協調和法制的統一。

　　根據《中華人民共和國香港特別行政區基本法》(以下簡稱基本法),香港特區享有獨立的司法權與終審權,並在回歸後保留原有的司法體制和法律傳統。基本法實施至今已有 20 餘年,特區法院積累了大量有關基本法的審判實踐經驗。不管在理論上存在何種爭議,在實踐中香港特區法院已經實際行使了司法審查權,並發揮了一定的作

1　　張千帆、包萬超、王衛明:《司法審查制度比較研究》,南京:譯林出版社 2012 年版,導言。

2　　參見張千帆:《西方憲政體系》(上冊),北京:中國政法大學出版社 2004 年版,第 24 頁。

用。[3] 通過對基本法的解釋，香港特區法院在實際上行使了司法審查權，並以此作為制約立法權和行政管理權的重要手段。雖然香港法院已經有了司法審查的實踐，但在理論上，關於香港司法審查權的正當性，尤其是香港司法機關能否根據基本法審查全國人大及其常委會的立法行為方面，仍然存有爭議，需要進一步探討和論證。那麼，香港特區法院是如何通過司法判例一步步確立其司法審查權的？司法審查權的本質是什麼？香港的普通法傳統、特區法院對基本法有限的解釋權、基本法在香港特區的憲制性法律地位能否為香港法院行使司法審查權，提供足夠的理論支持與依據？在基本法沒有明確賦予香港特區法院司法審查權的情況下，行使司法審查權是否違反了基本法的規定，超越了中央的授權範圍？

香港回歸後，特區法院審理了數千宗涉及基本法的案件，[4] 司法權及終審權在實施的過程之中，確實產生不少實際問題，如憲法和基本法在香港的適用問題、基本法的解釋問題、香港法院的管轄權問題等，這些問題往往是和香港特區法院的司法審查權相聯繫的。許多案件，如有關「臨立會」是否合法問題的訴訟，或者「剛果金案」涉及的國家豁免權規則問題等，按其性質來說，有經濟問題、民生問題、政治問題、社會問題和法律問題。這些問題本可以通過其他途徑來解決，但在香港，在對立社會價值觀及社會政治化的背景之下，基本上都會演變為司法問題，亦演變為一個訴訟問題。通過行使司法審查權，香港司法權在回歸以來總體呈擴張趨勢，甚至有影響「行政主導」的政治體制之虞。如果香港特區法院確實享有一定的司法審查

3 　包括由居港權問題引起的一系列訴訟，如吳嘉玲訴入境事務處處長，FACV 14/1998；司法審查的問題也出現在其他涉及刑事或民事問題的案件，如古思堯及另一人訴香港特別行政區行政長官，FACV 12/2006。

4 　截至 2016 年 11 月 28 日，筆者在香港司法機構網站上搜索到的涉及基本法的判決書數量為 5283 項，香港司法機構－判案書，http://www.judiciary.gov.hk/tc/legal_ref/judgments.htm（最後訪問時間：2016 年 11 月 28 日）。

權，那麼司法審查的範圍包括哪些？司法審查的強度和邊界如何確定？如何防止司法審查演變為司法至上或者司法主導？

另外，關於司法審查的具體程序也需要進一步設計和完善，包括司法審查的啟動要件、審判程序和判決形式等。針對政府的行為，香港特區有專門的司法覆核程序進行審查，而對於立法行為，則採取附帶審查的方式。考慮到司法審查立法的影響更為深遠，所考慮的因素更加複雜，是否需要由特定級別的法院、通過專門的程序進行審查？如何啟動對立法的司法審查程序？如何與中央的備案審查機制相對接？根據基本法，特區法院在審判案件時可以參考其他普通法適用地區的司法判例。海外判例的無限制參考增大了司法審查的不確定性，為司法能動和司法擴權提供了廣闊的空間。那麼，在具體司法審查程序上，是否有必要對海外判例的參考作出一定的限制？

對上述問題的研究與思考，將有助於我們總結香港司法權運作的經驗和司法權與行政權、立法權之間的互動關係。深入系統地研究香港特區司法審查制度的相關原理及運作情況，有助於回顧香港回歸以來的法制發展歷程，總結落實「一國兩制」方針的成功實踐，提煉行之有效的成功做法，從而全面正確地理解國家對香港的基本方針政策，不斷地豐富與發展「一國兩制」理論。也有助於完善香港司法審查機制，解決香港特區司法權及終審權實施過程中產生的實際問題。同時對於豐富中國司法體制的改革理論和促進司法制度的創新，也有著很大的促進作用。筆者也將帶著這些問題，對香港特區的司法審查制度進行細緻分析和深入探討。

第一章

香港特區
司法審查制度的
基本理論問題闡釋

◇◇◇

　　自美國聯邦最高法院在 1803 年的馬伯里訴麥迪遜案判決中確定司法審查制度以來，中西方對司法審查制度的探討，即使到現今也未曾停止。我們所熟知的許多美國憲政經典中的「法律故事」，都是圍繞司法審查制度來書寫的。當然，更早的依據還可追溯到柯克法官在伯納姆醫生案中那段著名的附議，[1] 無論如何，由普通法院在司法程序中審查公權力行為及保護公民基本權利的制度，已經首先在美國得以確立下來。然而，「審查立法是否合憲這種思想毫無疑問是美國式的，但其在歐洲的付諸實踐卻走上了另一條途徑」。[2] 在歐洲大陸國家，類似的審查行為一般由憲法法院、憲法委員會等專門機構行使，因此，司法審查的內涵與外延容易與違憲審查、憲法審查、合憲性審查、憲法訴訟等概念有所重疊。那麼，以憲法委員會、憲法法院等專門機構審查立法的模式與美國式的司法審查有何區別？具體到香港特區，司法審查的本源含義是什麼？本質上是一項什麼權力？司法審查制度的具體建構與什麼因素有關？香港特區的司法審查制度有哪些特殊性？本章擬對這些問題進行研究和分析，為後續的內容作必要的理論鋪墊。

1　柯克法官在該案判詞中宣佈：「從我們的歷史文獻中可以看出：在很多情況下，普通法得審查議會的法案，有時可以裁決其為完全無效；因為，當議會的一項法律違背普遍的權利和理性，或者令人反感，或者不可能實施的時候，普通法得審查它，並宣佈該法案無效。」參見【美】小詹姆斯‧R‧斯托納著，姚中秋譯：《普通法與自由主義理論 —— 柯克、霍布斯及美國憲政主義之諸源頭》，北京：北京大學出版社 2005 年版，第 21 頁。

2　【美】路易斯‧亨金、阿爾伯特‧J‧羅森塔爾編，鄭戈等譯：《憲政與權利》，北京：生活‧讀書‧新知三聯書店 1996 年版，第 30 頁。

司法審查概念存在的爭議及其辨析

◇◇◇

要對「司法審查」作清晰的界定，顯然是一件非常困難的事。不僅因為現代語言學的研究表明，「語言並沒有固定的含義，它的含義取決於使用文字的語境」，[1] 更加因為不同國家和地區，所採用的司法審查模式不盡相同，「由於政治體制的不同，司法審查的範圍和程度會有不同表現」。[2] 因此，不同語境下的司法審查可能會有不同的含義和內容。或許我們很難定義它，只能嘗試描述它。有鑒於此，筆者將試圖釐清司法審查與近似概念之間的區別和聯繫，明確香港特區司法審查（權）的基本內涵。

一、司法審查內涵的界定

從字面含義看來，「司法」是指行使審查權的主體，即司法機關；「審查」是指行為的內容，即「一個主體對一特定對象的評價與裁決行為」。[3] 結合起來，司法審查則為司法機關對特定對象的評價和裁決行為。從這個角度出發，幾乎所有司法機關的活動都可稱之為「司法審查」，因為「司法部門既無強制、又無意志，而只有判

1　L. Wittgenstein, *Philosophical Investigations*, 2nd, Macmillan, 1953. 轉引自何海波：《司法審查的合法性基礎 —— 英國話題》，北京：中國政法大學出版社 2007 年版，第 52 頁。

2　朱國斌：〈重新檢視香港特區法院司法審查權〉，載周葉中、鄒平學主編：《兩岸及港澳法制研究論叢》（第一輯），廈門：廈門大學出版社 2011 年版，第 305 頁。

3　周永坤：《憲政與權力》，濟南：山東人民出版社 2008 年版，第 226 頁。

斷」,[4]「司法權的運作過程實質上是對爭議雙方是非曲直以法律和法理為標準進行判斷的過程」。[5] 例如,有學者將刑事訴訟中司法機關對強制性措施的監督審查行為,也稱為「刑事訴訟中的司法審查」。[6] 然而,這種定義極大地擴大了司法審查的範圍,與我們通常的理解有所出入,也不是本文所要考察的「司法審查」。當然,我們可以將「司法」理解為審查的程序或者方式,即司法審查為某一主體運用司法程序對一特定對象進行的評價與裁決行為。從這角度出發,判斷是否屬於司法審查的落腳點在於審查的方式上,而不論是司法機關或者其他專門機關。

對司法審查的定義,學術界中有非常多的分歧。例如,有學者從廣義上理解司法審查,認為從審查主體上劃分,司法審查可以分為普通法院審查和專門機構審查兩種運行模式。[7] 另有學者認為任何司法性質的機構,包括大陸法系的憲法法院和某些表面上具備司法性質的審查機構,依據憲法審查法律或法規的制度,都屬於司法審查。[8] 筆者認為,要真正理解司法審查的內涵,還須追根溯源,由司法審查的起源觀其含義的演變。「在任何語境下使用詞語表達意義,我們只能通過從原意上確定詞語的意義,即從詞語本身的來源中考察其意

---

4 【美】漢密爾頓、傑伊、麥迪遜著,程逢如等譯:《聯邦黨人文集》,北京:商務印書館 1980 年版,第 391 頁。

5 汪習根主編:《司法權論 —— 當代中國司法權運行的目標模式、方法與技巧》,武漢:武漢大學出版社 2006 年版,第 31 頁;另可參見孫笑俠:〈司法權的本質是判斷權〉,《法學》1998 年第 8 期。

6 參見榮曉紅:〈試析我國刑事訴訟中的司法審查〉,《人民檢察》2009 年第 7 期;楊雄:〈刑事訴訟中司法審查機制的實證分析 —— 以俄羅斯和我國台灣地區的司法改革為範例〉,《甘肅政法學院學報》2007 年第 6 期;王敏遠:〈論我國刑事訴訟中的司法審查 —— 以偵查中的強制性措施的審查為例的分析〉,《貴州民族大學學報》2015 年第 1 期。

7 參見汪習根主編:《司法權論 —— 當代中國司法權運行的目標模式、方法與技巧》,第 104-106 頁。

8 參見張千帆、包萬超、王衛明:《司法審查制度比較研究》,南京:譯林出版社 2012 年版,第 7-8 頁。

義，才能準確理解該詞語承載的所指。」[9]

（一）如何理解「司法」：從司法審查的起源看審查主體的特定性

司法審查（Judicial Review）主要是英美法系國家使用的概念。雖然司法審查在西方有著漫長的思想淵源，但作為法律制度的起源則是自美國 1803 年的馬伯里訴麥迪遜案。[10] 通過該案，美國聯邦最高法院建立了三個原則：第一，憲法是國家的最高法律，違憲的法律不是法律；第二，闡明法律的意義是法院的職權，憲法的解釋權屬於司法機構，法院有權闡釋和運用憲法；第三，法院的解釋具有最高效力，政府所有分支都必須遵守。[11] 司法審查制度正是對馬伯里案中所確立的這種由法院審查立法、行政行為的制度的總結，從產生之時起便蘊含著「權力制衡」、「權利救濟」和「高級法」的原理。[12] 司法審查起源於法院通過司法程序對行政行為的審查，但其核心與關鍵在於對立法行為是否違反憲法的審查。[13]「在西方國家，司法審查係指法院審查國會制定的法律是否符合憲法，以及行政機關的行為是否符合憲法及法律。」[14] 根據《布萊克法律詞典》的解釋，司法審查是指法院審

9　程春明：《司法權及其配置——理論語境、中英法式樣及國際趨勢》，北京：中國法制出版社 2009 年版，第 10 頁。

10　這裏的司法審查，指的是聯邦的司法審查，即聯邦法院審查聯邦國會立法和行政部門的命令。不包括州法院的司法審查，因為州法院依據州憲法審查州議會立法這種州法院的司法審查，在聯邦憲法制定前就有先例，在聯邦憲法制定後，事例更多；也不是指聯邦法院審查各州的法律，因這種審查在 1803 年前，也早已存在。參見龔祥瑞：《比較憲法與行政法》，北京：法律出版社 2012 年版，第 112 頁。

11　張千帆：《西方憲政體系》（上冊），北京：中國政法大學出版社 2004 年版，第 49 頁。

12　參見季金華：〈歷史與邏輯：司法審查的制度化機理〉，《法律科學》2010 年第 4 期。

13　美國的愛德華・S・考文教授在考察美國司法審查確立的過程之後認為，司法審查實際存在兩種司法審查：一種是聯邦司法審查，或者稱聯邦法院依據美國憲法審查州立法是否合憲的權力；另一種是專屬司法審查，即法院審查跟它平行的立法機關的法案合憲性之權力。參見【美】愛德華・S・考文著，徐爽編：《司法審查的起源》，北京：北京大學出版社 2015 年版，第 57 頁。張千帆教授也將美國司法審查分為縱向審查和橫向審查兩種，縱向審查是上級法院對下級法院或者中央法院對地方法院決定的正確性進行的審查，橫向審查是法院對平行立法和行政機構的司法控制。參見張千帆：《西方憲政體系》（上冊），第 24 頁。此處僅探討橫向層面的司法審查。

14　王名揚：《美國行政法》，北京：中國法制出版社 2005 年版，第 561 頁。

查政府及其分支機構的行為，是法院宣佈違反憲法的立法或行政行為無效的權力，也指上訴法院審查初審法院或中級上訴法院的裁決。[15]

因此，從司法審查制度的起源來看，司法審查反映的是司法權、立法權和行政權三權之間的關係，本質上是關於司法權、立法權和行政權三者之間的權力配置與制衡的問題。至於後來其他國家採取的由專門機關進行違憲審查的方式，與司法審查有本質上的區別，憲法法院等專門機關實際上並不代表司法權，其行使的權力和審查的方式也早已超出司法權的範疇。主要原因在於美國式的司法審查制度在全世界流傳開來之後，雖然「存在比一般法律更高級的法」、「任何權力都必須得到限制」、「憲法規定的權利必須得到救濟」等觀念得到普遍認同，但大陸法系國家卻走上了另一條道路，在審視美國模式和本國國情之後，通過建立專門機構來承擔審查立法是否合憲的職能。由於共享著類似的思想淵源，承載著相同的價值目標和功能，人們經常將這兩種制度等同起來，在理論上模糊了司法審查的定義。實際上這是不同審查制度之間簡單而又不完全的對應。

（二）審查哪些內容：司法審查對象的差異性

因此，考慮到司法審查制度產生的背景和司法審查這個概念的文字含義，我們將司法審查定義為司法機關通過司法程序審查行政行為或者立法行為，是否符合上位法的法律制度。廣義上的司法審查可以分為縱向的司法審查與橫向的司法審查。縱向審查屬於法院的傳統功能，具體表現為上級法院或中央法院對地方法院裁決的正確性而進行的審查，目的是統一司法決定和法律的適用；橫向司法審查指法院對立法、政府在內的平行機構的行為進行審查，涉及權力機關之間的關係問題。我們這裏討論的是橫向的司法審查，並不涉及縱向司法審

15　*Black's Law Dictionary* (St. Paul, M. N.: Thomson Reuters, 10th Edition, 2014), p. 976.

查的問題。

根據審查內容的不同，司法審查可以分為程序性審查和實體性審查。程序性審查是根據法律所規定的程序規則，審查立法行為與行政行為是否按照正當性法律程序作出的，如果不是，將不具有法律效力；實體性審查是指司法機關對法律內容本身和行政行為的實體內容，是否符合憲法條文或其精神進行審查。[16]

根據審查對象的不同，司法審查包括兩個層面的內容：第一種是行政法意義上的司法審查，即司法機關通過司法程序審查並裁決行政行為的合法性與合理性；第二種是憲法意義上的司法審查，即司法機關對包括立法機關在內的其他國家機關的職權行為的合憲性進行審查並作出裁決。[17] 當然，在不同的憲法文化背景下，司法審查有著不同的內容。例如，在美國，司法審查不僅包括對立法是否違憲的審查，也包括對行政行為合法性的審查；在中國，「司法審查是指人民法院依法對具體行政行為的合法性進行審查的國家司法活動」。[18] 可見，對法律是否違反憲法的審查並不在中國的司法審查之列，也就是說，中國的司法審查僅限於行政法意義上的司法審查。如果我們將憲法意義上的司法審查作為司法審查制度的本質及核心內容，那麼可以說，中國內地尚未建立真正意義上的司法審查制度。同樣，在強調「議會主權」的英國，「司法審查，如果從司法機關審查議會立法這一意義上說，在英國是不存在的。……但英國也有司法審查的制度。它是指高等法院（王座法庭）審查行政行為、命令和下級法院的判決是否違法，而不包括議會的立法」。[19]

16　參見黃鳳蘭：《憲法訴訟研究——基於程序的考察》，北京：首都師範大學出版社 2013 年版，第 14-15 頁。

17　參見徐靜琳：〈香港基本法解釋與香港違憲審查權研究〉，載饒戈平、王振民主編：《香港基本法澳門基本法論叢》（第一輯），北京：中國民主法制出版社 2011 年版，第 158 頁。

18　羅豪才主編：《中國司法審查制度》，北京：北京大學出版社 1993 年版，第 3 頁。

19　龔祥瑞：《比較憲法與行政法》，第 116 頁。

二、關於特徵的描述：如何理解審查機關和審查程序的司法屬性

從上述對於司法審查內涵的界定出發，我們可以總結出司法審查的以下幾點特徵：

第一，實施審查的機構為司法機關。如上所述，雖然有學者將其他專門機構審查的模式認定為司法審查的其中一種模式，但筆者認為，「司法」二字決定了實施審查的機構性質。司法審查這一概念的使用，正是表明這是由司法機構進行的審查行為。關鍵在於如何理解司法機構？是否包括憲法法院或者憲法委員會等具有一定司法性質的機構？根據審查機關的不同，有學者將世界上的違憲審查制度分為普通法院、憲法委員會、憲法法院三大機構模式，[20] 以法國憲法委員會為典型的憲法委員會審查模式，在組織結構上與普通法院相比，帶有濃厚的政治色彩，[21] 因此，對於憲法委員會屬於政治機構還是司法機構的問題，學界一直存在爭議。[22] 以德國憲法法院為代表的審查模式，在組織結構、審查程序等方面融合了普通法院模式和憲法委員會模式的諸多要素，實施審查的憲法法院扮演司法機關與憲法（政治）機關雙重角色。[23] 可見，憲法委員會、憲法法院的專門機關雖然也行使一定的司法權，[24] 但由於其地位、組織形式、職權範圍、審查方式等均與一般司法機關不同而帶有濃重的政治機關色彩，如德國憲法法

20　參見林來梵主編：《憲法審查的原理與技術》，北京：法律出版社 2009 年版，第 1-6 頁。

21　《法國第五共和國憲法》第 56 條至第 62 條規定，憲法委員會的成員，由總統、參議院院長及眾議院院長，各提名 3 位委員，任期 9 年，每三年改選三分之一，並禁止連任。

22　一種觀點認為，法國憲法委員會是一個政治機構，而不是司法機構。如法國政府認為，憲法委員會「儘管具有組織形式，但不是一個司法審判機構，它是調整公共權力運行的組織」。（參見朱國斌：〈法國的憲法監督與憲法訴訟制度〉，《比較法研究》1996 年第 3 期。）另一種觀點認為，「從憲法委員會的形式、組織和處理對象的角度來看，它實際上起著法院的作用」。（洪波：《法國政治制度變遷：從大革命到第五共和國》，北京：中國社會科學出版社 1993 年版，第 282 頁。）

23　參見林來梵主編：《憲法審查的原理與技術》，第 4 頁。

24　《德意志聯邦共和國基本法》第 92 條明確規定，司法權由聯邦憲法法院、基本法所規定的各聯邦法院及各邦法院分別行使。

院被認為是「獨立於立法、行政及普通司法機關之外，並與它們平行的第四權力機關」，[25] 考慮到這些專門機關的特殊性質，在這裏我們採用狹義的觀點，由這些機關行使的審查立法的權力，不是我們所指的司法審查權。

第二，利用司法程序進行審查。審查立法的方式有多種，例如基本法規定的特區立法備案審查制度，由全國人大常委會審查特區立法是否符合基本法，但這不屬於司法審查。又如法國憲法委員會對規範進行的合憲性審查，是在沒有具體的當事人參加的情況下進行的事前的審查和抽象的審查，也不屬於以司法程序進行的審查。通過司法程序審查的權力，包含以下三層含義：其一，意味著司法審查權不能主動行使，是一種事後審查機制而非事先審查。司法權是一種被動的權力，司法只能在有人提起訴訟之後才能發揮審查作用，否則就是越權，是對行政權和立法權的不當侵犯。[26] 其二，司法只能審查與案件有關的部分法律，是附帶性審查，主要目的還是解決當事人之間的糾紛，因此，法院只能在當事人的請求範圍內，對相關行為和規範性文件的合法性和合憲性進行審查。其三，司法審查的效力只及於當事人，屬於具體審查。在普通法國家，法律、法規一經上級法院裁定違憲，下級法院就不能加以援用，可以說，通過遵循先例原則，法院的裁決實質上具有了普遍效力。[27]

筆者對司法審查的特徵的描述，側重於審查機關和審查程序的司法屬性。然而，很多時候審查機關和審查程序的司法屬性，並不能很好地幫助我們將司法審查從眾多違憲審查模式之中篩選出來，因為

25　楊海坤主編：《憲法學基本論》，北京：中國人事出版社 2002 年版，第 369 頁。

26　托克維爾認為，在法官審理一個案件而指責與此相關的法律時，他只是擴大了自己的職權範圍，而不是超出了這個範圍，因為在審理案件時，他一定要對該項法律進行一定的判斷。但在法官審理案件之前就對法律說三道四，那他就完全是越權，侵犯了立法權。參見【法】托克維爾著，董果良譯：《論美國的民主》（上卷），北京：商務印書館 1988 年版，第 110 頁。

27　參見龔祥瑞：《比較憲法與行政法》，第 115 頁。

純粹的司法審查已經很少了，更多的是國家在綜合考量本國文化背景和制度傳統之後，對不同的審查模式予以「嫁接」，使其既有司法審查的品格，又兼具其他審查模式的特徵。例如，上文所述德國採取的專門法院審查模式，實施審查的主體性質並不是那麼明確，而在審查程序上，既有以訴訟程序進行附帶審查方式，又有不需要當事人參與的抽象審查方式，[28]可以說，有些部分具備司法審查的特徵，而有些部分又突破了司法審查的原型。考慮到我們的考察對象是香港特區的司法審查制度，而實踐中香港特區的司法審查制度又是以普通法傳統下的司法審查制度為原型所建構的，筆者採取了相對狹義的司法審查概念，即司法審查僅限於普通法院的審查模式，以使研究更加集中。同時也不再考慮完善「違基審查權」的另一條路徑（並非不重要），即探討設立專門機構對香港特區立法會立法進行審查，而將研究的重心放在完善現有普通法院審查制度上。

▎三、相關概念之間的差異及辨析

一般而言，各國憲法在地位上要高於其他法律，為了保證其他立法內容不會與憲法相抵觸，有效清理一國法制內部的衝突與矛盾，尤其是防止公權力行為的不當行使，國家通常會採取特定的制度來保證憲法的實施，由憲法授權或認可的機關，依照憲法規範，按照法定程序審查其他公權力的特定行為是否違背上位法（尤其是憲法）。然而，關於這制度的稱謂，各國之間由於其採取的具體方式相異而有所不同。例如，美國採取以普通法院附帶性審查立法的模式，所以這制度一般稱為「司法審查」（Judicial Review），而在採取由專門憲法法院實行憲法審查的德國，相應制度的用語為「Verfassungskontrolle」，

28　參見胡建淼主編：《世界憲法法院制度研究》，北京：中國法制出版社 2013 年版，第 15-21 頁。

根據其文意，可譯為「憲法審查」，[29] 不同的稱謂，折射出不同的制度背景和審查主體、審查程序等方面的差異。而在香港特區，「司法審查」、「違憲審查」和「司法覆核」、「違反基本法審查」等概念經常被混合使用，學術界對上述概念的定義並不一致，很容易造成研究上的困惑，因此，筆者將會辨析相關概念。

（一）司法審查與違憲審查

司法審查與違憲審查是兩個經常被混淆的概念。「違憲審查是指由特定國家機關依據特定的程序和方式對憲法行為是否符合憲法進行審查並作出處理的制度。」[30] 有學者將違憲審查等同於司法審查，如有學者認為：「違憲審查也可以稱為司法審查，是指法院有權審查立法機關制定法的合憲性，從而排除在普通案件中適用該法律的制度。」[31] 也有學者認為，「違憲審查權與司法審查不是一個概念，兩者互有交叉，但不能等同」。[32] 筆者贊同第二種觀點，司法審查與違憲審查既有交叉的部分，也有所區別。

根據審查機關和審查程序、審查方式的差異，「違憲審查制度的模式有多種形式」。[33] 從依據憲法進行審查，防止其他權力機關超越憲法授權而不正當行使權力的制度類型上看，司法審查是違憲審查的一種形式。從司法審查除了依據憲法還能依據其他法律審查政府行政行為來看，司法審查比違憲審查的範圍又要大一些。具體而言，兩者存在以下差別：第一，實施審查的機構不同。顧名思義，司法審查是

29　參見林來梵主編：《憲法審查的原理與技術》，序言。

30　胡錦光、韓大元：《中國憲法》，北京：法律出版社 2004 年版，第 144 頁。

31　韓大元、林來梵、鄭賢君：《憲法學專題研究》，北京：中國人民大學出版社 2004 年版，第 509-510 頁；類似觀點可參照周永坤：〈試論人民代表大會制度下的違憲審查〉，《江蘇社會科學》2006 年第 3 期。

32　徐靜琳：〈香港基本法解釋與香港違憲審查權研究〉，載饒戈平、王振民主編：《香港基本法澳門基本法論叢》（第一輯），第 158 頁。

33　莫紀宏主編：《違憲審查的理論與實踐》，北京：法律出版社 2006 年版，第 137 頁。

由司法機關進行的審查，[34] 而違憲審查的權力主體則可能是立法機關或者其他政治性機構。第二，審查的開啟條件不同，司法審查一般以憲法規定的權利主體受到既定損害為前提，屬於事後審查，而違憲審查則不一定，既可以是事先依職權主動提起的審查，也可以是事後審查。第三，審查的依據不同，司法審查的依據可能是憲法，也可能是其他上位法，而違憲審查，則是根據憲法對特定的公權力行為進行審查。綜上所述，司法審查大致等同於違憲審查中的普通法院審查模式，屬於違憲審查的一種，但從審查依據的角度來看，司法審查又被賦予了比違憲審查更加豐富的內涵。

基於基本法在香港特區的重要地位，有學者將香港特區法院依據基本法審查特區立法的行為稱為「違憲審查權」，[35] 筆者認為這是不恰當的。基本法規定了香港特區的基本制度、政策和香港居民的基本權利，該法第 11 條也明確規定了香港特區的制度和政策以本法的規定為依據，特區立法機關制定的任何法律，均不得同本法相抵觸。據此，基本法被某些學者認為是香港的「小憲法」、[36]「憲法的特別法」[37] 或者「憲法性法律」，[38] 不可否認，基本法「在香港特別行政區具有憲制性法律地位」，但中國屬於單一制國家，[39] 只有一部統一

34　當然，也有學者認為，「廣義上的司法審查是指一定的機構利用司法程序來審查立法行為和行政行為是否違法和違憲的一種制度安排，狹義的司法審查特指司法機構通過司法程序對立法行為和行政行為是否違法和違憲進行審查的一種制度」。參見季金華：〈歷史與邏輯：司法審查的制度化機理〉。這種觀點的誤區在於擴大了司法審查的主體，按照這種解釋，任何詞彙都可以從廣義上理解，也可以從狹義上理解，則都存在相互覆蓋和交叉的空間，明顯不利於對相關概念的區分。

35　參見王振民：《中國違憲審查制度》，北京：中國政法大學出版社 2004 年版，第 356-362 頁；陳永鴻：〈論香港特區法院的「違憲審查權」〉，《法商研究》2013 年第 1 期；陳弘毅：〈論香港特別行政區法院的違憲審查權〉，《中外法學》1998 年第 5 期；陳欣新：〈香港與中央的「違憲審查」協調〉，《法學研究》2000 年第 4 期，等等。

36　陳弘毅：《香港法制與基本法》，香港：廣角鏡出版社有限公司 1986 年版，第 178 頁。

37　李琦：〈特別行政區基本法之性質：憲法的特別法〉，《廈門大學學報》2002 年第 5 期。

38　陳永鴻：〈論香港特區法院的「違憲審查權」〉。

39　參見喬曉陽主編：《立法法講話》，北京：中國民主法制出版社 2000 年版，第 9 頁；董和平、韓大元、李樹忠：《憲法學》，北京：法律出版社 2000 年版，第 219 頁；王磊：〈論我國單一制的法的內涵〉，《中外法學》1997 年第 6 期。

的憲法，就是《中華人民共和國憲法》，而基本法是「根據憲法制定的、規定香港特別行政區制度的基本法律」，[40] 在全國範圍內適用。將香港特區的司法審查權定義為違憲審查權，雖然形象地強調了基本法的重要地位，但容易引起讀者的誤解，也不能完全概括司法審查權的內容。

（二）司法審查與違反基本法審查

考慮到基本法不是憲法，有學者將特區法院依據基本法審查特區立法的權力，稱為「違反基本法審查權」，[41] 這種觀點雖然體現了對基本法的準確定位，但忽略了審查主體的問題。香港特區立法會享有立法權，但基本法同時規定了特區立法的備案審查制度，根據基本法第 17 條，立法機關制定的法律須報全國人大常委會備案，全國人大常委會如認為立法機關制定的法律不符合基本法關於中央管理的事務及中央和香港特區的關係的條款，可以將有關法律發回，經發回的法律立即失效。備案審查制度實際上是賦予了全國人大常委會通過備案的方式，審查特區立法是否符合基本法並且確定被審查法律效力的權力。全國人大常委會是香港特區立法違反基本法的審查機關。「違反基本法審查」與「違憲審查」基本相同，只是在審查的依據上進行了更正，兩者與「司法審查」之間的差異也是類似的，即上文所述的審查實施機構、開啟條件和審查依據等方面的區別。

（三）司法審查與司法覆核

在香港特區，人們習慣於將對行政行為不服提請法院審查的

40　中華人民共和國國務院新聞辦公室：《「一國兩制」在香港特別行政區的實踐（2014 年 6 月）》，北京：人民出版社 2014 年版，第 32 頁。

41　參見董立坤、張淑鈿：〈香港特別行政區法院的違反基本法審查權〉，《法學研究》2010 年第 3 期；李樹忠、姚國建：〈香港特區法院的違基審查權 —— 兼與董立坤、張淑鈿二位教授商榷〉，《法學研究》2012 年第 2 期。

活動稱為「司法覆核」（英文與「司法審查」一樣，都是「Judicial Review」），將司法覆核中涉及到相關法律、法令是否違反憲法或憲法性文件的審查稱為「違憲審查」，或「憲法性司法覆核」。[42] 香港特區沿襲英國普通法傳統，司法覆核是香港特區針對行政機關行為的司法救濟途徑。《高等法院條例》（第 4 章）第 21K 條以及《高等法院規則》第 53 號命令對司法覆核程序作出詳細規定。申請人提起司法覆核必須先向高等法院原訟法庭申請許可，司法覆核申請包括要求覆核某項成文規則，或某項關乎行使公正職能的決定、行動或沒有做出行為的合法性的申請。申請人必須與申請所關乎的事宜有「充分利害關係」，否則該申請將不被許可。司法覆核申請許可的審查工作由高等法院原訟法庭進行，司法覆核申請獲許可後，申請人必須以原訴傳票方式正式提出司法覆核。[43]

有香港學者認為，很多時候，司法覆核是指對行政行為有影響力的裁決。司法覆核還包括違憲審查的部分，兩者的處理程序一樣，但所牽涉的問題、焦點則有區別。[44] 香港特區沒有專門的行政法院，行政司法救濟由普通法院管轄。基本法第 35 條第 2 款規定，香港居民有權對行政部門和行政人員的行為向法院提起訴訟。香港特區針對行政機關行為的司法救濟途徑主要有三種：第一種是通過提起一般民事訴訟的方式得到救濟，《官方法律程序條例》（第 300 章）第 4 條規定了官方的侵權法律責任，官方假若為一名成年而具有完全行為能力的私人時，就其侵權行為承擔侵權法律責任，公民可以依照一般民事訴訟程序提起訴訟，大致類似於內地行政機關實施的民事行為，公

42　湛中樂、陳聰：〈論香港的司法審查制 —— 香港「居留權」案件透視〉，《比較法研究》2001 年第 2 期；另參見陳弘毅：〈論香港特別行政區法院的違憲審查權〉；林峰：〈《基本法》對香港司法審查制度的影響〉，《法學家》2001 年第 4 期。

43　參見《高等法院規則》（第 4A 章）第 53 號命令。

44　戴耀廷：《司法覆核與香港政府的行政權力》，香港、內地、美國司法制度比較研究講座（香港新聞工作者聯會主辦），2006 年 10 月 21 日。轉引自朱國斌：〈重新檢視香港特區法院司法審查權〉，載周葉中、鄒平學主編：《兩岸及港澳法制研究論叢》（第一輯），第 305 頁。

民以提起民事訴訟的方式解決糾紛；第二種是通過制定法上的上訴制度尋求救濟，當事人依照某些制定法上的規定，向特定法院提出上訴，例如根據《差餉條例》（第116章）第33條，任何人如因署長拒絕退還差餉而感到受屈，可就該項拒絕向區域法院上訴，這種救濟方式必須以制定法的規定為前提，範圍非常有限；第三種才是我們所說的司法覆核。可見，司法覆核程序只是其中最重要的司法救濟途徑，而非唯一的途徑。

從上述對香港特區司法覆核程序的分析可知，司法審查與司法覆核在香港雖然經常被混同，但實質上存在以下差別：第一，針對行政機關或者其他公權力機關所做決定或行為的合法性，除了通過司法覆核程序予以救濟之外，還有其他的司法救濟途徑，因此，司法覆核不能涵蓋所有司法機關審查其他公權力機關行為的情況，即不能覆蓋司法審查的所有情形。第二，香港特區沒有一套獨立機制審查日常中行政機關或立法機關違反基本法的行為，司法審查立法只能是附帶性審查，可能發生在刑事訴訟程序之中，也可能在民事訴訟程序之中，[45] 可能由香港特區的任何一級法院進行附帶審查，而司法覆核程序的申請和審理都有專門的程序和專門的處理機關。

45　參見陳弘毅：〈論香港特別行政區法院的違憲審查權〉。

香港特區司法審查權的性質之爭

◇◇◇

　　早在 1957 年，耶魯大學的羅伯特・A・達爾教授就在〈民主制中的決策 —— 作為國家政策制定者的最高法院〉一文中，明確提出聯邦最高法院是國家政策的重要參與者，司法審查具有政治屬性。[1] 學界早已認識到，雖然披著司法機關和司法程序的外衣，但司法機關通過司法審查行使的權力似乎已經超出了一般司法權的範疇，而具有政治行為的面相。司法審查的本質屬性是什麼？是一種法律行為還是政治行為？香港特區作為一個地方行政區域卻享有獨立的司法權和終審權，其司法審查權有哪些特殊性？

一、法律與政治：司法審查的多重面孔

（一）司法審查的實然屬性：法律與政治的動態流轉過程

　　加利福尼亞大學柏克萊分校的馬丁・夏皮羅教授認為，司法審查實際上是「制定政策」的過程，「在司法審查中，聯邦最高法院的大法官們是從公共輿論和當下的政治氣候出發作出政策選擇的，並在司法判決中利用政體和權利原則使這一政策選擇擁有憲法依據」。[2] 或者認為，「司法審查增加了法院相對於議會的權力。法院雖然不主動

1　白雪峰：《美國司法審查制度的起源與實踐》，北京：人民出版社 2015 年版，第 34 頁。

2　Martin Shapiro, "The Constitution and Economic Rights", in M. Judd Harmon (ed.), *Essays on the Constitution of the United States* (Port Washington, N. Y.: Kennikat Press, 1978), p. 85.

通過法律，卻可以判決立法機構通過的法律因違反憲法而無效。而且由於憲法修正的程序遠比通常的立法修正困難，立法機構難以否定法院對憲法的解釋。因而解釋權成為名副其實的制定權；法院決定在實際上成為終級結論」。[3] 司法機關這個非民主機構又重新控制了部分立法職能。

另有學者認為司法審查的本質屬性是司法權。認為司法審查是司法功能的組成部分。司法權的「原初公開的意義包括宣佈違憲立法無效的權力」。[4] 雖然法院可以在裁判中宣佈下位法因違反上位法而無效，司法審查因而有了影響國家法律、政策制定的作用，但司法判決以憲法規定為基礎，司法判決的關鍵因素是憲法原則和司法先例，「儘管司法審查確實是聯邦最高法院參與制定國家政策的一個重要手段，但它本質上仍是一個法律行為」。[5] 司法審查是一個法律性的憲政運作機制。[6] 將司法審查視為政治行為的最大錯誤，在於誇大了聯邦最高法院大法官在司法審查中對外界趨向的重視程度，低估了聯邦憲法對司法審查結果的最終決定作用。[7]

筆者認為，隨著司法審查範圍和強度的變化，司法審查在司法能動與司法克制的交織之中展現出不同的品格。從理論上講，行使司法審查權以社會爭端的存在為前提，具有被動性。司法審查是法院在審理案件過程中對法律法規的含義進行解釋和說明，並且對所適用的法律法規的合憲性和合法性進行審查判斷的活動，是一種附帶性審查，主要目的在於解決具體糾紛。司法審查是法院行使司法權的一種

3　張千帆：《自由的魂魄所在 —— 美國憲法與政治體制》，北京：中國社會科學出版社 2000 年版，第 111 頁。

4　Randy E. Barnett, *Restoring the Lost Constitution* (Princeton, New Jersey: Princeton University Press, 2004), pp. 132-133.

5　Robert G. McCloskey, *The American Supreme Court* (Chicago: University of Chicago Press, 1960), p. 127.

6　Walter F. Murphy, "Constitutional Interpretation: The Art of the Historian, Magician, or Statesman?", (1978) *The Yale Law Journal* 87(8), pp. 1752-1771.

7　Ronald Kahn, *The Supreme Court and Constitutional Theory, 1953-1993* (Lawrence, Kan.: University Press of Kansas, 1994), p. 156.

形式，本質上是一種法律行為。然而，「現代國家中出現的一個不可否認的事實是，司法與立法權和行政權之間的界限已經變得越來越模糊」。[8] 孟氏涇渭分明的司法權理論已經很難在現實中找到原型。法院更多地介入政治生活，不再嚴格局限於憲法條文的字面意義，和立法者的原初意圖消極地順從立法，而是根據社會發展的現實需要，對抽象規則進行創造性解釋。當法官「在他的能力限度內進行立法」，[9] 發揮填補法律「空隙」或者漏洞的功能時，審判與立法沒有區別，不同的只是形式。[10] 在能動主義司法哲學下的司法審查，「法官對待憲法文本的態度和憲法解釋方法隨之發生變化，於是司法審查的性質出現根本轉變」。[11] 此時司法審查所呈現出來的，將是指導社會變革和政策制定的政治功能。

（二）司法審查的應然屬性：由審查主體決定的司法性質

司法審查權由普通法院行使，決定了司法審查權的司法屬性。「審查對象涉及政治內涵並不必然導致憲法判斷完全淪為政策考量的手段而喪失法律屬性。」[12] 法院不能夠承擔與司法屬性不相符的政治功能。根據權力分立原則，立法、行政和司法部門獨立行使各自的職權，由司法機關行使的只能是司法職能，否則就是越權。因此，法院無權干涉立法和行政機關的行為，司法權的意義限於依據法律做出判決。「司法者在法治國中的特殊地位、司法者的客觀性、超越黨派的地位、獨立性及身份保障，這種種都以下述的前提為基礎：亦即司法者必須依據法律做出判決，且判決在內容上必須出自另一個規定

8　胡夏冰：《司法權：性質與構成的分析》，北京：人民法院出版社 2003 年版，第 200 頁。

9　【美】本傑明‧卡多佐著，蘇力譯：《司法過程的性質》，北京：商務印書館 1998 年版，第 70 頁。

10　參見【美】克里斯托弗‧沃爾夫著，黃金榮譯：《司法能動主義 —— 自由的保障還是安全的威脅？》，北京：中國政法大學出版社 2004 年版，第 33 頁。

11　程漢大：〈司法克制、能動與民主 —— 美國司法審查理論與實踐透析〉，《清華法學》2010 年第 6 期。

12　鄭磊：《憲法審查的啟動要件》，北京：法律出版社 2009 年版，第 281 頁。

於法律之中可衡量、可預測的決定。」[13] 司法機關不應當行使政治機構的職能，因此，司法審查只能夠限定在一定的範圍內，恪守司法的本質。

如果我們堅持認為司法審查並不是一項「反對多數」的權力，那麼只能將司法審查限制在非常有限的範圍，即承認司法審查的正當性源自於這種權力，是必須被「嚴格界定為司法性的權力」，[14] 沒有對代表民主的立法權造成侵蝕。司法審查的「反多數難題」，是有關司法審查制度爭論最多的問題。自司法審查制度確立以來，有關司法審查與民主關係問題的爭論從未停息。從比克爾「消極的美德」，[15] 到邵伯堅持司法審查「只能在個人自由與民權保護領域發揮作用」，[16] 從伊利避免實體價值選擇的程序主義理論，[17] 到惠廷頓憲法解釋的「原旨主義」理論，[18] 再到桑斯坦的司法最低限度理論，[19] 學者論證的角度雖然不同，但都表明了限制司法審查對民主立法的干涉範圍，是解決司法審查正當性問題的基本路徑。「法院權力越大，它就越傾向於政治化。一旦法院作為國家政策制定者的身份出現，政治鬥爭的焦點就從立法機構部分轉移到司法機構。結果同時導致『政治司法化』與『司法政治化』。」[20] 這也是歐洲大陸法系國家更加傾向於以

13　【德】卡爾·施密特著，李君韜、蘇慧婕譯：《憲法的守護者》，北京：商務印書館 2008 年版，第 40-41 頁。

14　James B. Thayer, "The Origin and Scope of the American Doctrine of Constitutional Law", (1893) *Harvard Law Review* 7(3), p. 134.

15　參見【美】亞歷山大·M·比克爾著，姚中秋譯：《最小危險部門 —— 政治法庭上的最高法院》，北京：北京大學出版社 2007 年版，第 118-216 頁。

16　See Jesse H. Choper, *Judicial Review and the National Political Process: A Functional Reconstruction of the Role of the Supreme Court*, p. 57. 轉引自任東來、顏廷：〈探究司法審查的正當性根源 —— 美國學界幾種司法審查理論述評〉，《南京大學學報》2009 年第 2 期。

17　參見【美】約翰·哈特·伊利著，張卓明譯：《民主與不信任 —— 司法審查的一個理論》，北京：法律出版社 2011 年版，第 71-102 頁。

18　參見【美】基思·E·惠廷頓著，杜強強譯：《憲法解釋：文本含義，原初意圖與司法審查》，北京：中國人民大學出版社 2006 年版，第 199、43 頁。

19　【美】凱斯·桑斯坦著，泮偉江、周武譯：《就事論事 —— 美國最高法院的司法最低限度主義》，北京：北京大學出版社 2007 年版。

20　張千帆：《西方憲政體系》（上冊），第 52 頁。

一個具有政治性的專門機構而非純粹的司法機關，來承擔違憲審查任務的原因，因為司法審查本身就具有極大的政治化傾向。法院審查的對象必須是屬於司法權管轄的範疇內，司法審查權必須與其他政治機構所行使的「政治權力」相區分。要麼嚴格限制在司法權的範圍內，要麼只能由其他機構承擔審查職能。因此，在賦予法院司法審查權的同時，更為重要的是考慮如何以相應的機制防止司法權力被濫用。否則，司法審查權將超出司法權的性質，而成為另一種不應當由司法機關來行使的權力，司法審查的正當性也必引起更多的質疑。

▌二、終審權與地方性權力：香港特區司法審查權的特殊性

與其他國家的司法審查權相比，香港特區的司法審查具有一定的特殊性，即司法審查權是「一國兩制」原則下的地方性權力，必須有別於國家的司法審查權。「從一定意義上講，特別行政區所享有的高度自治權在某些方面甚至超過了一般的聯邦制國家的各邦的權力。但就總體上看，它始終沒有突破我國實行的單一制的國家結構形式。」[21]「基本法第 12 條明確了香港特區是中華人民共和國的地方行政區域，實行高度自治，與中央人民政府的關係是地方與中央的關係。」[22] 香港特區作為中國的一個地方行政區域，特區享有的一切權力本質上屬於地方性權力。

第一，香港特區法院的司法審查權不是其固有的，而是來源於中央的授權。基本法第 2 條明確規定，全國人大授權香港特區依照基本法實行高度自治。香港特區的一切權力都是中央授予的，屬於地方自治權，沒有主權屬性。司法審查權也屬於授權性質的權力。「根據

21　許崇德主編：《港澳基本法教程》，北京：中國人民大學出版社 1994 年版，第 11 頁。

22　國務院發展研究中心港澳研究所編寫：《香港基本法讀本》，北京：商務印書館 2009 年版，第267 頁。

授權理論，被授權者應該嚴格按照授權的範圍和方式行使所授的權力。」[23] 單一制國家內的香港特區不存在「剩餘權力」的問題，基本法未明確授予香港特區的權力應當由中央保留。「香港特別行政區處於國家完全主權之下。中央授予香港特別行政區多少權，特別行政區就有多少權，沒有明確的，根據基本法第 20 條的規定，中央還可以授予，不存在所謂剩餘權力的問題。」[24] 司法審查的授權性質說明香港特區不能自然享有這項權力。香港特區享有獨立的司法權，具體體現在各級法院「行使香港特別行政區的審判權」，[25] 也就是說，中央明確授予香港特區司法機關的是審判權，而不是司法審查權。香港特區法院不能未經中央授權或者同意，自行通過司法判例為香港創設該項權力。中央授權還表現在中央可擴大或變更授權範圍，根據實際情況，中央也可以變更授權的範圍，默認香港特區行使一定的司法審查權。當然，這種變更必須在不違反基本法的情況下，否則中央只能通過修改基本法作進一步授權。因此，如果香港特區享有司法審查權，那麼該項權力必然是來自於中央的明示授權或者默認。

第二，特區法院行使司法審查權不能超越地方司法權的範疇。香港特區雖然享有獨立的司法權與終審權，但特區的司法權不是沒有限制的，在司法權有限的情況下，司法審查權必然也受到相應的限制。首先，香港特區的司法審查權受到管轄權範圍的限制，僅限於自治範圍內的事項，對於國防、外交等國家行為，香港特區法院沒有司法管轄權，建立於司法管轄權之上的司法審查權就更加不用說了。例如，在剛果（金）案中，終審法院根據基本法第 158 條第 3 款提請全國人大常委會釋法。根據人大常委會的解釋，中央政府有權決定中國

23　董立坤：《中央管治權與香港特區高度自治權的關係》，北京：法律出版社 2014 年版，第 60 頁。

24　吳邦國：〈深入實施香港特別行政區基本法，把一國兩制偉大實踐向前推進〉，載全國人大常委會香港基本法委員會辦公室編：《紀念香港基本法實施十週年文集》，北京：中國法制出版社 2007 年版，第 6 頁。

25　參見基本法第 80 條。

的國家豁免規則或政策，在中國領域內統一實施，「國防、外交等國家行為」包括中央政府就國家豁免規則或政策所作的決定。[26] 其次，香港特區的司法審查權受香港特區基本法解釋權的限制。中央授權香港特區法院在審理案件時，對基本法關於特區自治範圍內的條款進行解釋，但特區法院的基本法解釋權是有限的，香港特區法院對特區立法和行政行為的審查，建立在對基本法的解釋上，對於特區法院不能自行解釋的條款，自然不能依據相關條款進行司法審查。最後，香港特區不能審查中央的立法行為。「國家的下級機關是無權審查上級機關的行為及其制定的法律文件之合法性的。」[27] 因此，香港特區法院無權審查在香港特區實施的全國性法律。

第三，香港特區的司法審查權必須與中央對特區立法的備案審查制度相協調，接受中央的監督。「對於具有地方立法權的地方行政區域制定的法律進行審查，以確保地方立法符合憲法和憲法性法律的規定也是一項關係到國家主權和整體利益的權力。」[28] 基本法第 17 條明確規定，香港特別行政區立法機關制定的法律須報全國大人常務委員會備案，全國人大常委會審查特區立法機關制定的任何法律，是否符合基本法關於中央管理的事務及中央和香港特區關係的條款。雖然中央只針對涉及中央管理的事務及中央和特區關係的條款進行審查，特區法院只能對自治範圍內的事項進行審查，但實踐中中央的備案審查制度與香港特區憲法意義上的司法審查，難免有交叉或者模糊不清的部分，例如有關香港居民永久性居留權的規定，必須加以協調。如果香港特區法院對特區立法的審查結果與全國人大常委會的審查結果不一致，例如特區立法會根據法院的司法審查結果修訂法律，但全國人大常委會認為修訂的內容違反基本法，則應當以中央的審查結果為

26　參見全國人民代表大會常務委員會關於《中華人民共和國香港特別行政區基本法》第 13 條第 1 款和第 19 條的解釋。

27　易賽鍵：《香港司法終審權研究》，廈門：廈門大學出版社 2013 年版，第 38 頁。

28　董立坤：《中央管治權與香港特區高度自治權的關係》，第 45 頁。

最終結果。

綜上，香港特區的司法審查權是中國具有地方性、區域性的司法性質的權力。一方面，香港特區法院行使司法審查權必須符合司法機關的角色和功能定位，以免超出司法權的範疇，而成為一項不應當由司法機關來行使的「超越立法的權力」或者「政治性權力」；另一方面司法審查權作為一項地方性權力，受中央與地方關係的限制，只能在基本法授權範圍內行使。

司法審查制度的差異性及其影響因素

各國司法審查制度的功能、性質大體相似，然而，當我們以更加嚴苛的眼光，對這些國家的司法審查制度加以仔細分析，會發現不同國家和地區的司法審查制度從內容到形式都有所區別。司法審查制度並沒有統一的範式，而是由各國根據自身歷史文化傳統或政治制度等具體情況來組織。前文已述，司法審查包括行政法意義上的司法審查和憲法意義上的司法審查兩個層次的含義，司法審查的兩個層次表明了司法審查範圍和強度的變化。審查範圍和強度的差異折射出理論基礎的區別，為什麼不同國家在司法審查的具體制度設計上會存在差異？司法審查的範圍和強度主要是受到哪些因素的影響？在存異的基礎上，司法審查制度有哪些發展趨勢？對這些問題的回答，將有助於我們充分理解香港特區司法審查制度的存續理據，以及在具體制度建構時需要加以考慮的因素。

一、司法審查範圍和強度的差異性

從審查的內容來看，司法審查可以分為對行政行為（包括抽象行政行為）的審查和對立法行為的審查。不同國家對於司法機關能否對立法行為進行審查的規定並不一致，而在對立法進行司法控制的國家之中，司法機關能在多大程度上審查立法也是有所不同。

（一）各國在司法審查範圍上的區別

行政法意義上的司法審查是指法院對行政行為是否符合法律或者憲法進行審查。為了確保行政機關在法律規定的範圍內行使職權，保障公民的基本權利不受來自行政機關的非法侵害，各國一般都設置了對具體行政行為合法性的司法審查制度，通常以行政訴訟的方式進行。隨著自由主義國家向福利國家的轉變，行政機關從立法機關手中獲得的「委任立法權」越來越多。[1] 與具體行政行為相比，政府的抽象行政行為影響更為廣闊而深遠。那麼，司法機關在審查具體行政行為的同時，能否對這些規範性文件的合法性進行審查？不同的國家有不同的規定。中國 1990 年《行政訴訟法》修訂前，並沒有賦予司法機關審查規範性文件的權力，法院在案件審理過程中如果發現規範性文件不符合上位法，只能選擇不予適用。2014 年修訂的《行政訴訟法》「規定了對規範性文件的附帶審查」，[2] 該法第 53 條規定，公民、法人或者其他組織在對行政行為提起訴訟時，可以一併請求對「行政行為所依據的國務院部門和地方人民政府及其部門制定的規範性文件」進行審查，但審查的範圍仍然非常有限，因為該條第二款明確規定「這些規範性文件不含規章」。除了審查範圍上的限制，在審查結果上，根據中國《行政訴訟法》第 64 條，如果人民法院經審查認為上述規範性文件不合法，採取的處理方式是「不作為認定行政行為合法的依據，並向制定機關提出處理建議」。也就是說，中國法院目前還「不得自行在裁判文書中認定相關規範性法律文件的效力」，[3] 只是存在一定的選擇適用空間。[4] 可見，中國對行政機關制定的規範性文件的審查，是非常有限的、間接的司法審查。根據憲法來宣佈立

1　參見龔祥瑞：《比較憲法與行政法》，第 7-9 頁。

2　何海波：《行政訴訟法》，北京：法律出版社 2016 年版，第 147 頁。

3　《最高人民法院關於裁判文書引用法律、法規等規範性法律文件的規定》，法釋〔2009〕14 號，第 7 條。

4　孔祥俊：〈論法官在法律規範衝突中的選擇適用權〉，《法律適用》2004 年第 4 期。

法機構制定的法律無效的這項權力，中國憲法明確賦予了全國人大常委會。

在德國、法國等以專門機關進行違憲審查的國家，普通司法機關並沒有審查立法是否符合憲法的權力。根據《德意志聯邦共和國基本法》第 100 條第 1 款的規定，普通法院在審理案件的過程中，發現作出決定所依據的法律可能存在違憲問題，就應當向憲法法院提起違憲審查請求。「一般來說，憲法法院所審查的法律主要是針對議會制定的法律，因為這些法律通常無法由普通法院作出廢止的決定。而下位法可以由較低層次的法院進行審查。」[5] 在以專門機關審查法律是否違憲的國家，由普通司法機關進行的司法審查的範圍僅限於對行政行為合法性的審查和法律以外的規範性文件是否符合上位法的審查。例如，法國行政法院有審查由行政機關（政府）所頒佈的法規（從屬立法）是否符合憲法和法律的權力。[6] 在大陸法系國家，普通法院通過法律訴訟進行的是合法性審查，這裏的「合法性」中的「法」不包括憲法。[7]

憲法意義上的司法審查是指法院不僅審查行政行為，而且審查立法行為是否違憲。例如美國的司法審查，除了包括行政法意義上的司法審查，還包括憲法意義上的司法審查，美國聯邦法院進行司法審查的對象既「包括國會通過的一切法律、法令」，也包括「政府制定的一切行政法規、行政命令和規章制度」。[8] 另外，日本《憲法》在第 81 條也規定，最高法院乃有權決定一切法律、命令、規章及處分是否符合憲法的終審法院。在英國，傳統觀點認為，「英國司法部門有權審查行政法規是否違反議會立法，但無權對議會立法進行審

5　莫紀宏：《憲法審判制度概要》，北京：中國人民公安大學出版社 1998 年版，第 78-79 頁。

6　龔祥瑞：《比較憲法與行政法》，第 435 頁。

7　胡錦光：〈論公民啟動違憲審查程序的原則〉，《法商研究》2003 年第 5 期。

8　韓大元主編：《外國憲法》，北京：中國人民大學出版社 2000 年版，第 418 頁。

查」。[9] 但英國加入歐洲聯盟之後，《歐洲人權公約》等一系列歐盟法的實施意味著英國議會立法也要受到不同程度的限制，要接受歐盟法院、歐洲人權法院等「超國家機構」的審查。1998 年《人權法》第 4 條規定，法院在必要時，可以宣告議會立法「抵觸人權公約」，被認為確立了英國法院對立法憲法意義上的司法審查制度。[10] 但對議會立法的「不一致宣告」並不影響議會立法繼續實施，英國法院無權否定任何立法的效力，只是通過宣告議會立法抵觸《人權公約》來敦促議會和政府修正法律。

可見，司法審查的範圍在不同國家表現亦不同，並沒有統一的標準。部分國家的司法審查僅限於行政法意義上的司法審查，司法機關無權審查立法是否違反憲法。有的國家司法審查還包括憲法意義上的司法審查，而在這些司法能夠審查立法是否違憲的國家之中，對法律的審查結果也是不同的，有的國家如美國，法院有權宣佈法律因違憲而無效，而英國法院雖然也獲得了審查議會立法的權力，但只能做出「不一致宣告」而不影響法律的效力。

（二）不同時期司法審查強度上的差異

一般來說，司法機關對立法機關和行政機關在各自領域內的職權行為，應當予以足夠的尊重，司法權不應過多地干預立法權和行政權的行使。因此，與一般民事訴訟、刑事訴訟不同的是，司法審查總是在一定的限度內行使，[11] 法院是在有限的範圍內對立法和行政行為進行審查。司法審查的強度是指司法機關在多大程度上對立法、行政行為進行審查和干預，法院需要在多大程度上尊重立法機關和行政機關的判斷。若司法機關對立法和行政行為採取「嚴格審查」的標準，

9　沈宗靈：《比較憲法 —— 對八國憲法的比較研究》，北京：北京大學出版社 2002 年版，第 336 頁。

10　參見李蕊佚：〈議會主權下的英國弱型違憲審查〉，《法學》2013 年第 2 期。

11　參見江必新：〈司法審查強度問題研究〉，《法治研究》2012 年第 10 期。

則通常體現出來的是司法能動主義，若採取相對寬鬆的審查標準，則反映司法的謙抑和自我克制。

從各國司法審查的歷史進程來看，司法審查的強度是一個動態發展的過程。不同時期司法審查的強度不同。例如，在對行政行為的審查方面，公共機關不能在職權範圍以外行事，「越權無效」是行政法的基本原理。但對於什麼是「越權」，不同階段的理解卻是不一樣的，「英國法院在很大程度上不斷地擴展並修正了這一原理」。[12] 尤其是在對待行政裁量行為的態度上，英國經歷了「溫斯伯里原則」[13] 到「比例原則」的轉變，英國法院傳統上對行政決定的合理性的審查非常寬鬆，直到確定比例原則，法院對行政裁量行為的審查才有了更加嚴格的標準。「溫斯伯里原則體現了英國傳統上對行政裁量的尊讓，而比例原則反映了法院對行政裁量審查的加深。這兩個原則的差異，揭示了法院對行政裁量問題進行審查的不同尺度。」[14]

美國司法審查的限度也經過了長時間的發展演變。從 1803 年馬伯里訴麥迪遜案後接近 100 年期間，美國聯邦最高法院對立法權和行政權抱持尊重態度，「只有當有權立法的機構不僅犯了錯誤，而且犯了極為明顯的錯誤 —— 如此明顯，以至於不再受到理性質疑，法院才能拒絕適用法案」。[15] 19 世紀晚期到 20 世紀初期，以霍姆斯的法律社會學理論為基礎，司法審查強調在憲法「縫隙」中進行司法性立法，法院更加傾向於積極行使司法審查權，「宣佈該時期聯邦和各州政府為保障勞工階級正當權益而制定的一系列社會經濟立法無

12　龔祥瑞：《比較憲法與行政法》，第 313 頁。

13　1947 年格林勳爵在溫斯伯里案件（*Associated Provincial Picture Houses Ltd. v Wednesbury Corporation* [1948] 1 KB 223.）的審判中，主張只有在「某一行政決定是如此的不合理，以至於任何一個理性的機構都不會作出」的情形下，法院干預行政決定才是正當的；而且「在該原則範圍內，行政機關享有絕對的裁量權，它的決定不受任何法院的質疑」。

14　何海波：《實質法治 —— 尋求行政判決的合法性》，北京：法律出版社 2009 年版，第 344 頁。

15　James B. Thayer, "The Origin and Scope of the American Doctrine of Constitutional Law", p. 144.

效」，[16] 但在羅斯福「新政」時期，隨著「府院之爭」的白熱化和「最高法院填塞計劃」的實施，美國司法審查進入了自我克制時期，聯邦最高法院「基本上放棄了對於政府規制市場的立法和規章的司法審查。」[17]「司法克制主義與司法能動主義相互交織在一起，貫穿美國司法審查制度史的始終。」[18]

　　與任何法律制度一樣，司法審查也是一項演變中的制度。法院在不同的政治氣候中調整自己的角色和功能定位。司法審查並沒有固定的模式，司法能在多大的程度上審查立法和行政行為，總是隨著一些內外因素而變化的。因此，香港特區司法審查制度的具體建構也必然面臨相關因素的考量問題。

二、影響司法審查制度的主要因素

　　如上所述，各國雖然都在不同程度上確立了司法審查制度，但司法審查的內容和具體制度均有較大差異。同一國家內不同時期司法審查強度也有所不同，司法審查是一個動態的調整過程。那麼，這些差異主要是由什麼原因造成的？影響國家司法審查制度的因素主要包括哪些？這些因素正是我們考察香港特區司法審查制度的形成及其完善所必須考慮的內容。

（一）價值取向與理論基礎

　　儘管多年來圍繞司法審查的正當性爭論從未停息，或認為司法審查「把我們置於寡頭的專制統治之下」，[19] 或認為司法機關隨意將行政和立法機關所制定的法令和法案宣佈為無效是對行政權和立法權

16　程漢大：〈司法克制、能動與民主 —— 美國司法審查理論與實踐透析〉。

17　任東來：〈試論美國最高法院與司法審查〉，《美國研究》2007 年第 2 期。

18　程漢大：〈司法克制、能動與民主 —— 美國司法審查理論與實踐透析〉。

19　Archibald Cox, *The Court and the Constitution* (Boston: Houghton Mifflin Company, 1987), p. 56.

的「大篡權」，[20] 但司法審查制度仍然展現出其強大的生命力，這與該制度所蘊含的價值息息相關，即我們或許基於某些理由抵制它，卻不得不被它強大的魅力所吸引。而對多重價值的不同期待，又會影響我們具體審查制度的建構。通常認為，司法審查蘊含維護國家法制統一、保障公民基本權利和制約其他公權力等多重價值功能，這些價值在很大程度上是統一的。穩定的法律秩序是規範化國家治理的前提，有利於保證國家權力在法律的範圍內有序行使，也意味著公民權利的可預見性和平等性。法律體系內部的統一「是保障公民權利和自由的先決條件」。[21] 對公權力的制約意味著公民權利能得到更好的保障；而權利保障又需要國家法制的統一和對公權力的監督制衡。但既然是不同的價值，總有以哪一價值為重的取捨和均衡問題。

相較而言，以權利保障為導向的司法審查更加關注如何使個人的自由最大化，免受權力的干預，司法在民權領域介入的程度更深，對規範性文件的審查標準更加嚴格，更加強調對行政和立法的控權。從國家法制統一的角度出發，對憲法和法律的解釋更加強調原旨主義，在充分尊重現有立法的基礎上進行有限的審查，以維護法律秩序的安定。而從權利保障的角度出發，司法審查的宗旨就是捍衛自由和保護個體權益。因此，行政訴訟的基礎不再是追尋代議機關的意圖，而是防止權力濫用和保護公民個人的權益，促進公民權益的實現。更加強調對憲法和法律原則的創造性解釋，以使這些高度概括的原則能夠適應現代日益複雜的環境，「能動主義的法官有義務為各種社會不公提供司法救濟」，[22] 法院更加廣泛的運用手中的司法審查權將抽象概括的憲法規範加以具體化。例如美國沃倫法院時期，在自由民權觀念興起之際，法院否定了一大批損害個人自由的立法，美國司法審查

20　William Trickett, "The Great Usurpation", (1906) *American Law Review* 40, p. 375.

21　林來梵主編：《憲法審查的原理與技術》，第 20 頁。

22　【美】克里斯托弗·沃爾夫著，黃金榮譯：《司法能動主義 —— 自由的保障還是安全的威脅？》，第 3 頁。

進入蓬勃發展的時期。同時，以公民權利保障為正當性來源的司法審查，意味著法院就不能對立法進行全面的審查，而更多的是在個人基本權利保護領域發揮作用。「當司法審查對於維護憲法主旨（保護個人權利）顯得無甚必要時，法院應盡量少行使權威。」[23] 在這些領域之外，法院應當保持克制，對立法和行政權給予足夠的尊重。

　　價值取向不僅影響司法審查的範圍和程度，還決定了各國採取什麼樣的模式審查立法。以個人權利保障為理論基礎的司法審查，強調只有在個人權利受侵害時，司法機關才能夠根據個人請求提供憲法救濟，所以對立法的審查由普通法院以附帶性審查方式進行，具有被動性。如果沒有權利受損的主體提起訴訟，法院不能主動對規範性文件進行審查。因此，美國式的違憲審查制度又稱為「私權保障型」。[24] 大陸法系國家除了保障個人權利，更加強調維護憲法秩序，不管有沒有個人權利受到侵害，維護法制的統一都是違憲審查的首要任務，因此選擇由專門機關進審查的模式，憲法法院等專門機關可以在沒有具體案件的情況下審查法律是否符合憲法，而對立法的抽象審查，普通法院的司法審查在這些國家並沒有太多作用的空間。

（二）政治體制與權力架構

　　一國的政治體制和司法機關在國家權力架構中的地位直接決定了司法審查存在的空間。在堅持人民主權、議會至上的國家，由選舉產生的代議機關負責制定法律，代表了人民的意志，具有直接的民主正當性。很難想像作為主權代表者的立法機關要接受來自非民選的法院的審查，因此，法院只能依照立法進行審判而無權審查立法。而且，在堅持議會至上的國家，法院依照法律審查行政行為，此時法院

23　Jesse H. Choper, *Judicial Review and the National Political Process: A Functional Reconstruction of the Role of the Supreme Court*, Introduction. 轉引自任東來、顏廷：〈探究司法審查的正當性根源——美國學界幾種司法審查理論述評〉。

24　胡錦光：〈論公民啟動違憲審查程序的原則〉。

審查行政行為是在貫徹以代議機關為代表的人民的意旨。但是，在這一過程法院始終是議會的僕人，法院並不擁有與代議機關不同的獨特法律權威，所以，司法審查的作用有限，更多是國家內特殊的技術作用：監督、糾正和便利於其他國家機關活動的進行，它們只是謙遜的工作者。在實行三權分立政治體制的國家，司法權與立法權、行政權地位平等，假設人民的權力在立法權與司法權之上，而憲法代表人民的意志，所以包括立法權在內的任何國家權力都不能「與憲法代表的人民意志相違反」，法官受憲法而非「立法機關通過立法表達的意志」約束。[25]

例如，中國實行人民代表大會制度，政府和法院都由同級人民代表大會產生並對人民代表大會負責。人大具有絕對的權威，法官在法律秩序中的作用就是執行代議機關通過的立法，法院只能堅定地執行法律，而沒有任何質疑人大立法是否符合憲法的權力。因此，中國司法審查的範圍是非常有限的，在上文的論述中，筆者得出的結論是如果我們以對立法合憲性的審查作為司法審查的實質和核心內容的話，中國甚至可以說是沒有實質意義上的司法審查制度。這是由中國的政治體制所決定的。

法國是一個長期信奉「法律至上」的國家，自法國大革命以來，「法律乃是公意的行為」[26] 的論斷一直支配著法國的公法學。「多數主義的民主原則在法國是如此根深蒂固，以致由少數法官來控制代表社會多數的議會所制定的立法，在法國人來看近乎於『大逆不道』。」[27] 司法權不僅要服從立法權，甚至不能與行政權對抗，例如 1789 年 12 月 22 日發佈的一項法律規定：「各部門和地區的行政人員在其行使管理功能時不受司法權任何行為的干擾。」[28] 在此之後，雖然法國學者

25　參見【美】漢密爾頓、傑伊、麥迪遜著，程逢如等譯：《聯邦黨人文集》，第 393 頁。
26　【法】盧梭著，何兆武譯：《社會契約論》，北京：商務印書館 1994 年版，第 39 頁。
27　張千帆、包萬超、王衛明：《司法審查制度比較研究》，第 23 頁。
28　引自沈宗靈：《比較憲法——對八國憲法的比較研究》，第 344 頁。

狄驥等人對主權不受限制的觀點進行強烈抨擊，[29] 但直到 1958 年憲法通過和法蘭西第五共和國成立之後，法國議會的權力大為削弱，才有了對議會立法進行審查的可能性。即便如此，「將審查法律有效性的權力授予一個法院，既不符合議會制的精神，也不符合法國的傳統」，[30] 因此，法國 1958 年憲法設計了一個特別的機構，由具有政治性質的憲法委員會行使違憲審查的職能，2008 年憲法修正案第 29 條第 1 款規定，「在法院審判過程中，如有法律規定侵犯了憲法保障的權利和自由，該法律可經國家行政法院或最高法院在規定的期限內移送憲法委員會審查」。在法國議會主權制度下，法院並沒有對立法的司法審查權。

英國傳統上受「議會至上」觀念的影響，立法權優越：「任何司法的或別的廢除議會立法、宣佈議會法律無效或違憲的權力均不存在。」[31] 在議會主權下，法院自然無權宣佈議會立法無效。與強調「三權分立、權力制衡」的美國相比，英國司法審查的範圍大大縮小，「英國的司法審查（Judicial Review）是指法院審查行政機關的行政行為是否符合憲法和法律」，[32] 直到加入歐洲聯盟之後，英國議會立法不得不接受歐洲人權法院等機構的審查，1998 年《人權法》的通過也使得英國法院獲得宣告議會立法抵觸《人權公約》的制定法依據，但英國的司法審查也僅屬於「弱型違憲審查權」。[33]

（三）法治意識與司法權威

從來沒有哪項法律制度像司法審查這樣直接反映了不同國家權

29　參見【法】狄驥著，鄭戈譯：《公法的變遷》，北京：商務印書館 2013 年版，第 9-35 頁。

30　方建中：《超越主權理論的憲法審查 —— 以法國為中心的考察》，北京：法律出版社 2010 年版，第 84 頁。

31　A. V. Dicey, *Introduction to the Study of the Law of the Constitution* (London: Macmillan, 1959), p. 91.

32　羅豪才主編：《中國司法審查制度》，第 3 頁。

33　參見李蕊佚：〈議會主權下的英國弱型違憲審查〉。

力在政治生活中的力量博弈，在當今法治社會的大背景之下，誰掌握了憲法和法律的最終解釋權，誰將成為政治生活和社會政策的掌舵手。誠如漢密爾頓所言，法院既無軍隊，又無財權，法院判決的執行需要立法機關和行政機關的配合，宣告立法、行政行為違憲並不意味著立法機關和行政機關一定會遵從判決修改法律或調整相關政策、行為，歷史上，法院和議會、政府之間的矛盾和衝突也並不罕見。

法國歷史上，法院曾經扮演專制制度的維護者，由於人們對舊制度下「高等法院」的反感，以及大革命後「主權在民」思想深入人心，議會具有壓倒性的權威，決不容許司法機關的冒犯。即使在1958 年憲法通過後，議會的權力有所減損，但人們對司法機關的信任感不足，法院仍然沒有足夠的權威審查立法。因此傾向於建立另外一個獨立的機構來行使違憲審查權，而不是採取司法審查的方式。

英國也是奉行「議會之上」的國家，19 世紀中期圍繞「議會特權」的一場鬥爭中，法院在還沒有足夠的權威之前，試圖限制議會權力，結果只能以失敗告終。[34] 這起鬥爭傳達了一個明白的信息：法院根本沒有對議會進行「違憲審查」的足夠權威。[35] 無獨有偶，英國法院與議會立法正面衝突的另一典型例證是安尼斯米尼克案，[36] 法院在

---

34 《英國議會議事錄》刊載了一位獄監關於一本書的評論，稱其噁心、下流。1836 年起，該書作者對議事錄的編輯連續提起幾個訴訟，指控上述評論構成對他的誹謗。被告辯稱，他們編輯議會議事錄是奉議會命令，涉及「議會特權」。法院籠統地承認議會特權的存在，但堅持認為某項特權是否存在應當由法院決定，而在這起訴訟中議會所稱的特權並不存在。最後，法院認為誹謗成立並判決被告賠償。然而，這個案件並沒有結束，當兩名治安官奉法院的執行令，進入被告辦公地點、扣壓應付款項時，下院議長以「藐視議會」為由直接逮捕了治安官，最終法院只能無奈地表示議會有逮捕治安法官的權力。參見何海波：〈沒有憲法的違憲審查 —— 英國故事〉，《中國社會科學》2005 年第 2 期。

35 何海波：〈沒有憲法的違憲審查 —— 英國故事〉。

36 在 1956 年的蘇伊士運河事件中，安尼斯米尼克把該公司被徵收的財產以極低的價格賣給一間埃及公司。後來，根據英、埃兩國政府協議，埃及支付英國政府一筆基金，作為對被徵收財產的一攬子賠償，具體由英國分發。1959 年，安尼斯米尼克公司向國外賠償委員會提出分取賠償款的申請。賠償委員會拒絕了該公司的賠償申請。英國 1950 年的《國外賠償法》明確規定：「賠償委員會對於賠償申請所做的決定，任何法院都不得審查。」然而，本案中，法院繞開議會「不得審查」的禁令，給予安尼斯米尼克司法救濟。參見何海波：〈沒有憲法的違憲審查 —— 英國故事〉。

該案中廢置了議會立法「任何法院不得審查」的禁令。然而,具有諷刺意味的是,政府在法院判決後迅速地向議會提交了新的國外賠償法案,明確排除法院的司法審查,並且在下院順利通過。30 多年後,類似的衝突再次發生,政府在向議會提出移民和避難法案中,明確規定法院不得審查此類案件。但與 30 多年前相比,此時的人權、法治觀念和權力限制的思想已經形成更加廣泛的共識,法院在維護人權和法治方面的權威地位已經確立,政府最終只能選擇主動撤回法案。在政治體制沒有改變的情況下,英國法院與議會、政府之間的角力為什麼會在不同的階段有截然不同的結果?不可否認,社會主流意識的轉變和司法權威性的強化在其中有重大的影響作用。

更加多的例子比比皆是,歷年來法院與議會、政府「鬥爭」結果的「成敗」,往往與法院的權威性和當時的社會共識有莫大的關係。美國羅斯福新政時期,政府在國家經濟發展方面的作為更加符合人們當時擺脫經濟蕭條的迫切願望,再加上羅斯福本人享有極高威望,司法審查成為政府推行新政的阻礙因素,被冠名為「九老院」的聯邦最高法院在這一時期的司法審查空間大大萎縮,法院極少審查涉及經濟、社會政策的法律。

當然,司法權威與司法審查制度的影響是相互的,法院行使司法審查權本身就是提高司法權威性的過程,而司法權威又有助於法院獲得司法審查權並拓寬司法審查的範圍,使法院的審查結果得到充分的尊重。例如在美國建國初期,聯邦最高法院的地位遠沒有如今這麼顯赫,直到 1803 年馬伯里訴麥迪遜案正式確立司法審查權之後,才逐漸扭轉了美國聯邦最高法院的弱勢地位。值得注意的是,民眾的意識和對司法的觀感不可能一成不變,當司法的權力過度擴張時,同樣容易引起人們的焦慮。尤其是過多的介入國家政治議題,容易使法院陷入政治的漩渦之中不可自拔,失去其獨立性和中立性。有學者對美國最高法院和德國聯邦憲法法院進行分析後總結說,為了鼓勵立法者

尊重以及最終執行法院的判決，兩國法院的法官在涉及法律是否合憲的案件中，均非常嚴謹地闡述法理，並在實踐中以各種形式保持自我抑制。[37] 兩國法院的做法給了我們一定的啟示，即為了維持司法審查的正當性，維持司法的權威性，法院必然要對自身的裁量權進行有意的克制，以免成為超級決策者，從而避免在爭議和唾罵聲中喪失自己的正當性存在。也就是說，司法審查必須有一定的限度。

▎三、我們應當如何建構香港特區的司法審查制度

任何一項法律制度的移植和建構，都需要充分考慮制度所適應的文化土壤和環境，不同國家、不同階段的司法審查制度都是在特定的歷史傳統、社會背景下才能理解。影響司法審查制度的因素包括但遠不止於上述幾項，歷史傳統形成的路徑依賴往往對司法審查制度的建構也有很大的影響作用，例如曾經為英國殖民地的國家和地區，司法審查制度多與英國的司法審查制度一脈相承，即使會稍作調整，但也基本類似。總之，司法審查制度是由多方面因素決定的，而這些因素的變化，如人們對法院的認可程度和法治觀念的轉變等，也會帶來司法審查制度的發展。通過上文對司法審查制度的差異以及影響因素的論述，我們可以得到以下幾點啟示：

（一）不同的司法審查模式有相應的理論基礎和制度機理，要用聯繫的觀點看待香港特區的司法審查制度。建構香港特區的司法審查制度必須立足於中國歷史和香港的文化傳統，立足於中央與香港特區的關係，立足於香港特區的憲制地位，立足於香港特區的政治體制和社會現實條件。「香港從來都不是一個政治實體，從不享有任何獨立

37　See L. Baum, "The Implementation of the United States Supreme Court Decisions" , in R. Rogowski, and T. Gawron (eds.), *Constitutional courts in Comparison: The U.S Supreme Court and the German Federal Constitutional Court* (Oxford: Berghahn Books, 2002), p. 230. 轉自李蕊佚：〈議會主權下的英國弱型違憲審查〉。

的主權和治權。」[38] 香港是單一制國家的一個地方行政區域，特區的高度自治權是中央授予的，本身並不享有任何獨立的權力。香港的憲制地位直接決定了香港特區司法審查權只能在一定的範圍內行使，而不能超越自治權的範圍。

（二）司法審查並沒有統一的範式。「企圖對所有可能的憲法提出統一的解決方式……是不可能的：違憲審查必須根據每一種憲法各自的特點來組織。」[39] 設立專門機構進行違憲審查的國家，司法審查的空間和範圍一般僅限於對行政機關具體行政行為的審查，由普通法院進行違憲審查的國家，司法審查既包括行政法意義上的司法審查，又包括憲法意義上的司法審查。從審查機構的數量和司法審查的集中程度來看，司法審查又可以分為分散審查和集中審查兩種。可見，在具體制度的安排上，司法審查存在多種不同的類型，並沒有統一的範式，也沒有標準的模式。

（三）司法審查是一個動態的過程，要用發展的眼光看待香港特區的司法審查制度。隨著民眾法律素養的提高、法治意識的增強、權利觀念的深化，社會經濟條件和人們需求的轉變，司法審查會有不同的範圍和限度，司法審查的具體制度也會有所調整。在不同因素的交互影響下，司法審查與時並進的修正不可避免，既要讓權力發揮應有的管治作用，又要將權力控制在一定的範圍內，其中的張力長期存在，而從嚴審查與權力尊讓的雙向要求也將長期存在著。

（四）一個不容爭辯的事實是，隨著社會法治文明的進步、權利觀點的深入人心，司法權在國家治理中發揮著越來越大的作用。隨著司法權的日益強大和司法規範化的不斷提高，司法審查在社會生活各領域，尤其是民權領域的作用空間不斷加大。司法審查與人權保障、權力制衡等「主流意識」有高度契合性，「在批評最高法院的合唱聲

38　董立坤：《中央管治權與香港特區高度自治權的關係》，第 22 頁。

39　【美】路易斯·亨金、阿爾伯特·J·羅森塔爾編，鄭戈等譯：《憲政與權利》，第 45 頁。

中，雖然不時地迴蕩著這類廢除司法審查的聲音，但是，這種聲音唯一的作用是喚起人們對最高法院作用的注意，根本不可能動搖已經制度化了、並且根植於美國民間法律信仰之中的司法審查制度」。[40] 因此，與其糾結於司法審查的民主正當性問題，不如將目光投放於如何控制司法審查權的過度擴張，防止司法審查演變為司法至上的問題。

40　任東來：〈試論美國最高法院與司法審查〉。

本章小結

◇◇◇

本章主要為後文關於香港特區司法審查制度的具體分析，和考察進行理論研究的鋪墊，共有三節內容。第一節闡釋了香港特區司法審查的基本內涵。廣義的司法審查包括普通法院、憲法法院、憲法委員會等司法機構，或者其他有司法性質的機構對具體行政行為、規範性文件、法律是否符合憲法或者其他上位法的審查。我們對司法審查採取狹義的定義方式，將審查的主體限定在普通法院，包括行政法意義上的司法審查和憲法意義上的司法審查兩個層次的內容。

第二節探討了香港特區司法審查權的性質。司法審查的主體和審查程序決定了司法審查本質上是法院行使司法權的一種形式。這也決定了司法審查的範圍和限度。法院不可能像憲法法院等專門機構一樣審查涉及選舉、彈劾總統等案件，[41] 也不能對法律法規進行抽象審查，否則司法審查權將超出司法權的性質而成為另一種不應當由司法機關來行使的權力，司法審查的正當性也必將遭致更多的質疑。與其他國家司法審查權不同的是，香港特區的司法審查權還是一項地方性權力，香港特區司法審查具體制度的建構不能脫離其作為地方性權力的根本性質。

第三節分析了司法審查制度的差異性及其影響因素。司法審查制度並沒有統一的範式，而是由各國根據自身歷史文化傳統或政治制

41　例如，德國憲法法院管轄的案件包括政黨違憲的案件、關於聯邦議院或聯邦參議院對聯邦總統提出的彈劾案等；俄羅斯憲法法院有權審理與指控彈劾總統相關的案件。參見胡建淼主編：《世界憲法法院制度研究》，第 19、127 頁。

度等具體情況來組織。各國的司法審查制度也不是一成不變的，而是在不同的階段呈現出不同的審查強度，交織在司法能動與司法克制之間。司法審查制度的這些差異，主要是由價值取向、政治體制、司法權威等因素決定的，我們在全面考察香港特區司法審查制度時，尤其不能忽略這些因素對香港特區司法審查範圍的影響。

第二章

香港特區法院
行使司法審查權的
合理性探討

◇◇◇

所謂「合理性」，是相對於合法性而言的，即符合一般規律並為
人所接受和認可。司法審查包括憲法意義上的司法審查和行政法意義
上的司法審查兩個層面，而關於香港特區法院司法審查權問題的爭
論，一般針對的是憲法意義上的司法審查。雖然兩個多世紀以來，
對司法審查民主正當性的探討，即使在美國本土也未曾停止，但不
可否認的是，司法機關這種以少數幾位「柏拉圖式衛士」，[1] 根據自
身對憲法的理解，否決人民代表意志的做法，最終得到了包括歐亞
大陸在內的大多數國家的肯認。據統計，「迄今全球 195 個國家中，
已經確立並已實際實施了司法審查制度的國家有 171 個，約佔總數
的 88%」。[2] 漢密爾頓口中「危險最小的部門」，[3] 最終卻能夠通過司
法審查制度行使監督制衡的權力，而成為「權力異乎尋常地巨大的
法院」。[4]

當我們將目光從美國轉向香港特區，會更加驚訝地發現，香港
特區作為單一制國家下的地方行政區域，享有的自治權達到了罕見的
高度，特區法院行使獨立的司法權和終審權，「基本法框架下香港特
區的司法審查範圍要比原有制度下的範圍大得多」。[5] 特區法院不僅在
實踐中確立了其對立法和行政行為的審查權，甚至在判決書中宣稱特

1　張千帆：《西方憲政體系》（上冊），北京：中國政法大學出版社 2004 年版，第 34 頁。

2　包萬超：〈憲政轉型與中國司法審查制度〉，《中外法學》2008 年第 6 期。

3　【美】漢密爾頓、傑伊、麥迪遜著，程逢如等譯：《聯邦黨人文集》，北京：商務印書館 1980 年
　　版，第 391 頁。

4　【美】亞歷山大·M·比克爾著，姚中秋譯：《最小危險部門 —— 政治法庭上的最高法院》，北
　　京：北京大學出版社 2007 年版，第 2 頁。

5　Yash Ghai, *Hong Kong's New Constitutional Order: the Resumption of Chinese Sovereignty and the Basic
　　Law* (Hong Kong: Hong Kong University Press, 1999), p. 306.

區法院有權在發現全國人大及其常委會立法行為抵觸基本法時，宣佈此等行為無效。[6] 一石激起千層浪，特區法院的這美國式的「偉大的篡權」[7] 馬上引起激烈爭論，即香港特區法院是否享有憲法意義上的司法審查權？香港法院對基本法有限的解釋權、香港原有判例、普通法的傳統能否為香港特區法院行使司法審查權提供足夠的理據？香港特區司法審查制度的正當性基礎是什麼？對上述問題的探討是非常有必要的，因為只有先確定香港特區法院是否有權進行憲法意義上的司法審查，才有必要進一步分析司法審查權行使過程中的具體問題以及司法審查權的邊界問題。因此，本章將通過對上述問題的思考，力求在前人研究的基礎上得出個人的分析結果。

6　參見吳嘉玲訴入境事務處處長，FACV 14/1998。

7　See William Trickett, "The Great Usurpation", (1906) *American Law Review* 40, pp. 356-376.

對兩種典型觀點的分析與批駁

　　目前，學界關於香港特區司法審查權的正當性探討，主要以基本法的相關規定和香港特區的普通法傳統為中心展開爭論。在此基礎上，支持香港特區法院有權審查立法論者的依據也分為兩個方面：第一個是以基本法的規定為出發點的論證思路，即基本法中關於基本法的地位、香港特區法院司法權和終審權、基本法解釋權等相關規定，蘊含（Implies）了特區法院審查立法的權力。[1] 第二個是以香港特區的普通法傳統和實踐為依據的論證思路，即基本法雖然沒有明確規定香港特區法院有權審查立法，但「香港的普通法傳統為特區法院的違基審查權提供了法理依據」。[2] 相關論述可以說都具有一定的合理性，但是否能夠充分證明香港特區法院有審查立法的權力？下文中筆者將針對這兩種典型觀點分別進行分析。

一、基本法的規定能否推導出香港特區的司法審查權

　　儘管司法審查制度的開山鼻祖美國並沒有在憲法中，明確規定司法機關的此項職能，但世界上大多數國家，尤其是歐洲大陸法系國家，都在國內的憲制性法律明確規定憲法的監督和實施方式，畢竟，

1　See Yash Ghai, *Hong Kong's New Constitutional Order: the Resumption of Chinese Sovereignty and the Basic Law*, p. 306.

2　李樹忠、姚國建：〈香港特區法院的違基審查權 —— 兼與董立坤、張淑鈿二位教授商榷〉，《法學研究》2012 年第 2 期。

該制度涉及國家基本公權力的配置特別是公權力的監督和制約問題，是國家政治體制的核心內容。當一國基本法律沒有明確規定時，法院能否在訴訟中審查立法、行政行為的合憲性和合法性，司法審查的正當性、審查範圍、審查強度等根本問題，都需要進一步探討和論證。關於法院對政府具體行政行為合法性的審查權，[3] 爭議並不大。問題的焦點在於基本法並沒有明確授予特區法院審查立法是否符合基本法的權力，那麼，該項權力能否從基本法的其他條款推導出來？基本法的規定是否「默認」了香港特區法院的司法審查權？美國聯邦最高法院自我創設司法審查權的邏輯和理論基礎是否適用於香港？

（一）基本法中與司法審查有關的規定

有學者認為，「特別行政區《基本法》和世界上許多憲法和憲法性法律一樣，也沒有明確規定法院是否享有司法審查（違憲審查）權，但是我們仍然可以找到特區法院進行司法審查的基本法依據」。[4] 學者分析的依據和邏輯主要如下：

1. 基本法在香港特區的「上位法」地位

眾所周知，「一國兩制」是一項偉大的發明創造，在世界上沒有先例可循。「一國兩制」要如何實施？如何處理特別行政區制度與中國《憲法》規定的社會主義基本制度之間的關係，如何繼續保持特區的繁榮穩定？這些問題在全世界來講都是一個全新的議題，為此，中國《憲法》在第 31 條專門規定，國家在必要時得設立特別行政區。在特別行政區內實行的制度按照具體情況由全國人民代表大會以法律規定。從立法背景和立法機關來看，基本法是國家最高權力機關根據中國《憲法》第 31 條制定的基本法律。從內容上看，基本法確定了中央與香港特區的關係、香港特區的憲制地位、香港特區實行的基

3　參見基本法第 35 條第 2 款，「香港居民有權對行政部門和行政人員的行為向法院提起訴訟」。

4　王振民：《中國違憲審查制度》，北京：中國政法大學出版社 2004 年版，第 356 頁。

本制度和政策，以及香港居民的基本權利和義務等一個地區最為根本性的問題。從基本法的效力上看，根據基本法第 8 條和第 160 條，香港普通法、衡平法等原有法律與基本法相抵觸的，不得保留。如以後發現有的法律與基本法相抵觸，可依照基本法規定的程序進行修改或停止生效。第 11 條也明確規定，香港特區的制度和政策，均以基本法的規定為依據，香港特別行政區立法機關制定的任何法律，均不得同基本法相抵觸。據此，基本法具有高於香港特區其他法律的地位，甚至被稱為「小憲法」。[5] 儘管學者對基本法的性質和地位，包括基本法與憲法的關係，基本法與全國人大制定的其他基本法律之間的關係等問題尚存爭議，如有的學者認為基本法是「憲法的特別法」，[6] 有的學者認為基本法是「全國的憲法性法律和香港特別行政區的根本法」，[7] 也有的學者認為基本法的地位「僅次於憲法而高於其他的規範性文件」，[8] 但學者在基本法作為全國性的基本法律，具有高於香港特區本地立法的法律位階等方面是存在共識的。「香港基本法是根據憲法制定的、規定香港特別行政區制度的基本法律，在香港特別行政區具有憲制性法律地位。」[9] 既然基本法是香港特區的憲制性法律，香港特別行政區的行政、立法和司法行為都必須符合基本法，那麼，包括特別行政區立法在內的任何違反基本法的行為都是無效的。「這就為香港特區法院對香港特別行政區立法機關制定法律，以及香港特區政府制定附屬法規、行政長官發佈行政命令等，行使司法審查權提供了法律依據。」[10]

---

5 参見徐靜琳：〈從「居港權」爭訟案看香港基本法的司法解釋〉，《法治論叢》2003 年第 1 期；陳弘毅：《香港法制與基本法》，香港：廣角鏡出版社有限公司 1986 年版，第 178 頁。

6 李琦：〈特別行政區基本法之性質：憲法的特別法〉，《廈門大學學報》2002 年第 5 期。

7 季金華：〈香港基本法解釋的權限和程序問題探析〉，《現代法學》2009 年第 4 期。

8 許崇德主編：《港澳基本法教程》，北京：中國人民大學出版社 1994 年版，第 16 頁。

9 中華人民共和國國務院新聞辦公室：《「一國兩制」在香港特別行政區的實踐（2014 年 6 月）》，北京：人民出版社 2014 年版，第 32 頁。

10 王德志、翁加偉：〈論香港特別行政區司法審查權的限制〉，載周葉中、鄒平學主編：《兩岸及港澳法制研究論叢》（第一輯），廈門：廈門大學出版社 2011 年版，第 326 頁。

2. 基本法充分保障香港居民的基本權利

與港英政府時期的《英皇制誥》、《皇室訓令》等憲制性文件不同，基本法中有大量關於人權保障的條款。一方面，基本法明確規定了香港居民的政治權利和自由、言論自由、人身自由、通訊自由和通訊秘密、信仰自由、擇業自由等多項基本權利和自由；另一方面，基本法第 39 條規定《公民權利和政治權利國際公約》等公約適用於香港的有關規定繼續有效，並且香港居民享有的權利和自由，除依法規定外不得限制，此種限制不得與本條第一款規定抵觸。因此，當公民基本權利受到侵害時，基本法連同公約的權利保障條款，經常被作為維權的依據和武器。基本法關於香港居民基本權利的保障條款，大大提高了香港特區法院適用基本法進行審判的機率。在司法適用的過程中，既然基本法在香港特區有高於立法機關制定的任何法律的地位，「作為規範性文件，當位於低位階的法律與高位階的法律相抵觸時，高位階的法律必須優先適用」。[11] 那麼，基本法關於人權保護的許多條款，「均有可能在訴訟中被援引作為要求法院審判某個法律規範違反基本法和無效的依據」，「從這個角度看，《基本法》的實施，有可能導致香港法院對立法的司法審查權的擴大和提升」。[12]

3. 香港特區享有獨立的司法權與終審權

首位系統講述國家主權學說的法國學者博丹認為，主權具有永久性和絕對性，其中終審權是第四項主權特權，[13] 終審權是國家主權的重要標誌。[14] 依照國家主權理論，香港特區終審權應當屬於最高人民法院，但在「一國兩制」、「高度自治」、「港人治港」的原則下，基本法規定香港特區享有獨立的司法權和終審權（基本法第 2 條、第 19 條），香港特區各級法院是香港特區的司法機關，行使香港特區的

11　Guiguo Wang, "Wang's Business Law of China", (1997) *Butterworths Aisa*, pp. 28-30.

12　陳弘毅：〈香港回歸的法學反思〉，《法學家》1997 年第 5 期。

13　參見陳端洪：《憲治與主權》，北京：法律出版社 2007 年版，第 51-55 頁。

14　鄒平學、潘亞鵬：〈港澳特區終審權的憲法學思考〉，《江蘇行政學院學報》2010 年第 1 期。

審判權（基本法第 80 條）。香港特區獨立的司法權和終審權有兩個不同層次的內涵。一是在中央與香港特區的關係層面，香港特區法院自行審理其管轄權範圍內的案件，並且作出最終裁決，不能上訴到最高人民法院，中央也不干涉香港特區法院的審判活動。所以，當香港居民權利受到侵害時，只能通過香港特區法院尋求司法救濟。二是在香港司法機關與立法機關、行政機關的關係層面，香港特區各級法院行使司法權不受其他機關的干預，法官獨立、公正進行審判，其他機關不能質疑或者改變法院的終審裁決。香港特區獨立的司法權與終審權為香港特區法院行使司法審查權，提供了制度保障和理論前提，「三權分立的目的是分散權力，防止權力的濫用。正是這種思想，使司法審查成為法院的天然、固有的職能，無須制定法的授權」。[15]

4. 香港特區法院的基本法解釋權

基本法的憲制性法律地位和基本法中關於人權保障的規定，只是表明司法審查的必要性，而特區獨立的司法權和終審權以及特區法院有限的基本法解釋權，則為香港特區法院的司法審查提供可能性。

基本法第 158 條規定了基本法的解釋機制，在全國人大常委會的授權下，香港特區法院有權在審理案件時自行解釋基本法中關於香港特區自治範圍內的條款。據此，香港特區法院獲得了有限的基本法解釋權。眾所周知，相對穩定的法律條文並不能涵蓋千變萬化的社會情況，「法律的不確定性」[16]和「規範與事實之間的差距」使得法律必須通過解釋才能更加清晰、確定，滿足法律實踐的需要。然而，不同的解釋原則和方法，將直接影響規範的適用，香港特區法院對基本法的解釋權使其對基本法內容具有了絕對的「話語權」，法院有權解釋法律意味著法院在判斷規範性文件是否符合基本法方面的權威性。因

15　湛中樂、陳聰：〈論香港的司法審查制 —— 香港「居留權」案件透視〉，《比較法研究》2001 年第 2 期。

16　參見【德】哈貝馬斯著，童世駿譯：《在事實與規範之間 —— 關於法律和民主法治國的商談理論》，北京：生活·讀書·新知三聯書店 2003 年版，第 240-244 頁。

此，香港終審法院才得出結論，認為香港特區享有獨立的司法權和終審權，基本法第 158 條又授予了香港法院對基本法的解釋權，使得香港法院「行使這一方面的司法管轄權乃責無旁貸，沒有酌情餘地」。[17]

（二）法解釋學證成思路的合理性

總結上文有關香港特區司法審查權基本法依據的推導思路，一方面，基本法在香港特區具有高於其他規範性文件的地位，任何立法、行政行為都不得與基本法相抵觸。另一方面，基本法關於人權保障的條款，使基本法成為香港居民提起訴訟，維護個人權利和自由的重要依據，基本法被廣泛適用於司法裁判之中。香港特區享有獨立的司法權和終審權，這些涉及基本法條款的案件是由享有獨立司法權的香港特區法院審理的。法院享有一定的基本法解釋權，所以能夠在適用基本法的過程中，對相關行為和規範是否符合基本法作出權威性判斷。故而有學者認為，「考慮到任何法律或決定都有高於它的效力等級的法律或憲法存在，只要法院擁有終審權，就沒有任何辦法完全剝奪法院的司法審查權」。[18]

基本法作為香港特區的憲制性法律，規定「立法機關制定的任何法律，均不得與基本法相抵觸」，通過對該條文的文理解釋可以確認，「任何與基本法相違背的法律法規均不得適用」。這是建立司法審查制度的首要條件，也是司法審查制度存續最重要的前提。在此基礎上，法解釋學方法對審查主體進行了仔細的推理：一方面，法院作為適用法律的機關，有監督基本法實施的義務和不可推卸的責任；另一方面，中央授予香港特區法院對自治範圍條款自行解釋的權力，也意味著承認二元監督主體的存在。因此，司法機關有義務且最適合在裁判過程中審查其他規範性文件是否符合基本法。

17　吳嘉玲訴人境處案，FACV 14/1998。

18　陳欣新：〈香港與中央的「違憲審查」協調〉，《法學研究》2000 年第 4 期。

不可否認，對基本法規定的這種解釋和推理是具有一定合理性的。在憲法並無明文規定司法機關能否審查立法行為，而違憲審查在現實中又確有需要的情況下，對與這一職權有關的條款作出必要的解釋是最為合理的選擇。從邏輯上說，相關條文的解釋雖然不能直接證明香港特區法院具有憲法意義上的司法審查權，但「至少可以保證基本法沒有禁止法院行使司法審查權，並為法院承擔此項職能預留了必要的空間」。[19]

（三）法解釋學證成思路的局限性

由基本法相關條文的解釋，間接推導出香港特區法院司法審查權的法解釋學證成思路，雖然具有一定的合理性，但還不具有充分的說服力。具體理由如下：

第一，基本法的「上位法」地位和權利保障條款只能說明對法律法規進行審查的必要性，但是審查法律法規是否符合基本法的權限並不必然要分配給司法機關。「如果憲法只是規定了憲法的最高地位，而沒有進一步授權司法審查，將被認為是不夠的，因為最高效力條款只是為法院拒絕適用違憲條款提供了憲法上的可能性。」[20] 事實上，基本法也確實規定了全國人大常委會備案審查香港特區立法是否符合基本法的制度，[21] 也就是說，基本法已經規定了違反基本法的專門審查制度，而沒有明確授予香港特區法院審查立法的權力。

第二，從獨立的司法權和終審權並不能夠推導出法院審查立法的職能。首先，司法權與司法審查權是兩個不同的概念。基本法第80條規定，香港特區各級法院行使審判權，第84條規定，香港特區

---

19 郭天武、孫末非：〈澳門司法審查制度的存續理據和前景展望〉，載楊允中主編：《「一國兩制」與澳門特區法制建設——大型學術研討會論文集》，澳門：澳門理工學院一國兩制研究中心 2010 年版，第 101 頁。

20 張千帆：〈從憲法到憲政——司法審查制度比較研究〉，《比較法研究》2008 年第 1 期。

21 參見基本法第 17 條。

法院依照相關法律審判案件，可見，基本法的司法權主要是法院「依據」法律進行「審判」，而司法審查權不僅僅是對案件作出審判，還包含審查法律法規是否符合上位法的內容。其次，司法審查權有不同的範圍和限度，須由國家具體的政治體制和法律制度加以確定，司法審查權本身也可能僅限於對行政行為的審查，而不代表其中包括審查立法的權力。「基本法沒有明確的條款表明香港法院獨立司法權和終審權中包含了違反基本法審查權，法院就無權去推斷或認定獨立司法權和終審權中蘊含違反基本法審查權。」[22] 最後，司法機關適用基本法的方法並不是只能宣佈法律法規無效，選擇不適用而不對其效力作出宣告也是其中一種方式。

　　第三，擁有對基本法的解釋權並不意味著司法機構必然享有審查法律法規是否符合基本法的權力。首先，香港特區法院的基本法解釋權是不完整的。「在英美法系，由法院解釋法律是其傳統，因此傳統而形成了固有的思維模式，即只有司法機關才能解釋法律，並依據居於最高地位的法律進行司法審查。」[23] 但這種觀念沒有認識到香港回歸後「基本規範的根本變革對香港原有法律秩序的革命性影響」，[24] 香港特區法院的基本法解釋權既不是自有的，也不是全面的，基本法的解釋權屬於全國人大常委會。其次，解釋權與司法審查權具有不同的性質和功能。解釋權是一種釋明權，而司法審查權是一種判斷權，[25]「法律解釋權是將法律規範適用於具體案件或者事項時，對有關法律規範所做的解釋，對象是成文法律規範的條文、概念和表達方式，功能是消減成文法的局限性以便更好適用於豐富的社會現實」。[26] 法院審查法律法規是否符合基本法的權力是為了消除違反

22　董立坤、張淑鈿：〈香港特別行政區法院的違反基本法審查權〉，《法學研究》2010 年第 3 期。

23　胡錦光：〈關於香港法院的司法審查權〉，《法學家》2007 年第 3 期。

24　李緯華：〈香港特別行政區法院是如何確立基本法審查權的〉，《政治與法律》2011 年第 5 期。

25　參見董立坤、張淑鈿：〈香港特別行政區法院的違反基本法審查權〉。

26　黃江天：《香港基本法的法律解釋研究》，香港：三聯書店（香港）有限公司 2004 年版，第 211 頁。

基本法的立法，確保法制的統一性。最後，「違憲審查權往往與憲法性規範的解釋權不可分離」，[27] 不可否認，「將法律解釋與司法適用分離出來是不切實際的」，[28] 適用法律、行使司法審查權必然涉及解釋權，但解釋權卻不能推導出司法審查權，也就是說，解釋權只是司法審查權成立的必要條件而非充分條件。

綜上，由基本法的相關規定並不能夠直接推導出香港特區法院有權審查立法的結論。香港特區法院能否依據基本法審查特區立法還需要進一步的探討。

▍二、香港特區的普通法傳統能否證明司法審查的正當性

香港特區沿襲英國法制傳統和觀念，實行判例法制度。特別行政區成立後，原在香港實行的司法體制，除因設立香港特別行政區終審法院而產生的變化外，予以保留，包括普通法、衡平法在內的香港原有法律，除同基本法抵觸或經香港特區立法機關作出修改外，也予以保留。[29] 香港特區的司法審查權不能從基本法中找到明確的依據，但是「香港特別行政區法院在一系列案例中已明確地宣稱它們有這樣的審查權，並在一些案例中就特區立法行使了司法審查權」。[30] 那麼，香港的普通法傳統和回歸前後法院審查法律法規的先例，能否成為香港特區司法審查權的存續理據？

（一）普通法的觀念對司法審查的影響

英國 100 多年的殖民統治，對香港的影響是直接而深遠的。尤

27　林來梵：《從憲法規範到規範憲法：規範憲法學的一種前言》，北京：法律出版社 2001 年版，第404 頁。

28　【美】羅斯科·龐德著，唐前宏等譯：《普通法的精神》，北京：法律出版社 2010 年版，第 105 頁。

29　參見基本法第 81 條、第 8 條。

30　陳弘毅：《一國兩制下香港的法治探索》，香港：中華書局（香港）有限公司 2010 年版，第 15 頁。

其在法律制度方面，我們看到的不僅是具體法律規則的融合，而且是法律精神和文化的傳承。「香港同胞儘管沒有真心接受英國殖民者的統治，但卻已完全認同了英國的法律及與此相應的文化觀念。」[31] 普通法的觀念正是隨著英國的殖民擴張而植入並深深扎根於香港。普通法是不成文法，內容涉及各個部門法域，所以沒有完整的規範體系，但「形式分散的法律規則並非雜亂無章，而是以其中蘊含著的豐富的法治理念和精神為紐帶的統一體。所以，普通法不僅僅作為一種法律規則體系而著稱，更加重要的是，普通法是一種獨特的法律思維，蘊含著獨特的法治理念」。這些思維和理念，影響著香港司法審查制度在內的各項法律制度。

1. 法官造法與司法中心主義的形成

普通法是指法院通過「遵循先例」的司法原則，在判例的基礎上發展起來的、具備司法連貫性特徵並在一定司法共同體內普遍適用的各種理念、原則、規則和技術的總稱，即「判例法」。[32] 在普通法系國家，判例法是基本的法律淵源，法官在將法律適用於具體情況的過程中，承擔的不是「自動售貨機」的功能，而是「活著的法律宣示者」。「法官們通過在具體案件中檢驗法律原理規則及標準的過程，觀察它們實際運作，並依據種種訴因緣由經過逐漸發現如何適用它們並藉助它們以主持公道，創造實際上的法律。」[33] 因此，梅利曼教授在比較大陸法系和普通法的差異時指出：「普通法是由法官創造和建立起來的。」[34]

正是因為普通法的特點和法官的特殊地位，有學者認為「大陸法

31　蘇亦工：《中法西用 —— 中國傳統法律及習慣在香港》，北京：社會科學文獻出版社 2002 年版，第 1 頁。

32　李樹忠、姚國建：〈基本法與普通法的關係研究〉，載饒戈平、王振民主編：《香港基本法澳門基本法論叢》（第一輯），北京：中國民主法制出版社 2011 年版，第 31 頁。

33　【美】羅斯科‧龐德著，唐前宏等譯：《普通法的精神》，第 103 頁。

34　【美】約翰‧亨利‧梅利曼著，顧培東等譯：《大陸法系》，北京：法律出版社 2004 年版，第 34 頁。

以成文的形式使法律公開化和明確化,而普通法則以司法為主,由法官在法律與社會的發展之間保持了平衡」,[35] 司法中心主義是普通法區別於大陸法的重要特徵。大陸法系國家社會治理以立法者為主,立法者利用自己的理性為社會設計各種行為規範和模式,而普通法系則以法官為主導,社會治理以司法中心主義為立場。在這種觀念下,法官作為「法律和理性的保護人」,[36] 是解釋法律的唯一主體,由法官來監督憲法的實施,審查立法和行政機關的行為是否違反憲法,也就順理成章了。

2. 法律至上與權力制衡思想的盛行

法律至上是普通法的重要精神,是英國封建社會歷史上的司法權與王權鬥爭勝利的直接成果。[37] 法律至上原則意味著「君王及其所有代理機關都必須依照法律原則,而不是依照武斷的意志行事,更不得以任性替代理性行事」。[38] 因此,任何人都不能有超出法律之外的特權。權力受制於法的精神在早期的作用體現在與王權的鬥爭上,隨著資產階級革命的勝利,國王的權力轉移到代表多數人的議會手中。但是,「普通法對待國王、議會和多數派是一視同仁的」,任何機關都必須在憲法和法律的授權範圍內行使權力,即使是立法機關,也存在違反憲法的可能性,但是議會不能進行自我審查,因為一個人不可能既是當事人又是法官。柯克大法官甚至認為:當一項議會的法令有悖於共同權利和理性、或自相矛盾、或不能實施時,普通法將對其予以審查並裁定該法令無效。[39] 「共同權利和理性」指的就是「高級法」,一般以憲法為表現形式。當然,我們知道,對於強調「議會至

---

35 李紅海:〈普通法研究在中國 —— 問題與思路〉,《清華法學》2007 年第 4 期。

36 參見【美】愛德華‧S‧考文著,強世功譯:《美國憲法的「高級法」背景》,北京:生活‧讀書‧新知三聯書店 1996 年版,第 43 頁。

37 李樹忠、姚國建:〈香港特區法院的違基審查權 —— 兼與董立坤、張淑鈿二位教授商榷〉。

38 【美】羅斯科‧龐德著,唐前宏等譯:《普通法的精神》,第 107 頁。

39 【美】愛德華‧S‧考文著,強世功譯:《美國憲法的「高級法」背景》,第 43 頁。

上」和沒有成文憲法的英國而言,當時的法院還沒有足夠的力量與議會抗衡。但是,法律至上、立法權也不是專斷任意的權力、立法權至上是在法律範圍內至上這些觀念流傳了下來,為司法審查提供了其中一個理論前提,並且先在美洲開花結果。

3. 法官釋法與司法解釋憲法的權威性

文字本身具有不確定性,其符號意義在不同的語境下可以作出不同的理解,更何況具有抽象性和高度概括性的法律條文,在適用於千差萬別的社會現實時,更加可能有多種不同的解釋。因此,對法律的解釋權往往具有直接決定法律內容的效果。在中國內地,立法解釋和司法解釋是分離的,立法機關作為法律的制定者,被認為是最了解立法原意,最有權威闡明法律真實含義的機關,因此,立法機關可以按照解釋法律的程序,對相關法律作出補充規定或者進一步闡明相關法律條文的含義。然而,按照普通法的法律解釋制度,法律解釋權「完全由普通法院行使,法院以外的任何組織或個人對法律都沒有解釋權,也不得干涉法院對法律的解釋活動」。[40] 立法機關對於法律的補充規定或者解釋說明,被認為是一種立法行為,只能通過立法程序才能進行,而解釋法律是適用法律的司法行為,專屬於司法機關。法院對法律的解釋權,當然包括具有高級法地位的憲法,既然憲法只能由法院作出解釋,法院對憲法規範的內容享有不可撼動的話語權,那麼只有法官才能判斷其他法律或者規範性文件、行政行為是否違反憲法規定。因此,在法官釋法的普通法傳統下,只有法官才能確定某項法律是否符合憲法,是否適用於具體案件,法官對憲法的解釋具有至上的權威性。

40　李太蓮:《〈香港特區基本法〉解釋法制對接》,北京:清華大學出版社 2011 年版,第 87 頁。

（二）普通法實踐中的司法審查制度

有香港學者認為，「香港特別行政區司法機構的違憲審查權並不是由《基本法》某一條文明確授予的，而是在實施《基本法》的過程中確立的」。[41] 內地也有學者認為，雖然基本法未明確規定香港特區法院享有司法審查權，但從香港法院對基本法的解釋權以及香港的先例約束原則可以推導香港法院應當具有司法審查權的結論。[42] 考慮到香港的普通法傳統，我們有必要先對香港回歸前後的相關判例進行梳理，理清香港特區司法審查權的發展脈絡，以對司法審查權的判例法基礎作出客觀的評析。

1. 1991 年以前的司法實踐

我們以 1991 年作為一個分水嶺，是因為對於香港司法審查制度的發展而言，1991 年是一個具有特殊意義的年分。一方面，經過中英談判後中國對香港恢復行使主權已成為必然，而基本法也已於 1990 年通過。另一方面，港英政府於 1991 年 6 月制定《香港人權法案條例》，並對《英皇制誥》作出相應的修訂，使香港的釋憲原則和方法發生根本性改變。總之，在香港即將回歸之際，英國通過一系列措施，改變香港行政、立法、司法機關的憲制地位和關係，使香港長期實行的行政主導模式虛空化。

1991 年以前，香港的憲法性文件《英皇制誥》和《皇室訓令》賦予港督會同立法局廣泛的立法權。港督具有雙重法律地位，既是英皇在香港的代表，又是港英政府的首長。香港憲制性法律明確規定，「本殖民地一切文武官員平民須服從、協助及支持總督」。[43] 港督主持立法局，在香港立法過程中佔有頭等重要的地位，[44] 彼時港督會同其

41　戴耀廷：《香港的憲政之路》，香港：中華書局（香港）有限公司 2010 年版，第 137 頁。

42　胡錦光：〈關於香港法院的司法審查權〉。

43　"Letters Patent", *Laws of Hong Kong* Vol. 28, Appendix I, C9, (Hong Kong: Hong Kong Government Printer, 1989).

44　《皇室訓令》第 21 條規定，「總督主持立法局會議」。See "Royal Instructions", *Laws of Hong Kong* Vol. 28, Appendix I, D8.

主持的立法局行使立法權「沒有受到人權保障原則的規限，政制中也沒有有效的分權安排」，[45] 因此，香港法院沒有對本地立法進行審查的判例。

然而，沒有審查立法的實踐不代表香港法院沒有審查立法的權力，因此，有學者從學理上分析，認為既然香港法院有權解釋和執行包括《英皇制誥》在內的法律，那麼理應有權根據《英皇制誥》等憲法性文件審查香港本地立法的合憲性，這一時期香港法院鮮有依據《英皇制誥》審查本地立法是因為總督和立法局的立法權沒有受到明確的約束。例如，有學者認為，1991 年之前從憲制框架而言，法院有違憲審查權，但由於司法機關權力較弱，無法審查行政和立法，而在實踐中法院也從未行使過違憲審查權。[46] 香港法院「在法理上享有對香港本地立法進行合憲性審查的權力」。不過，「由於《英皇制誥》賦予總督與立法局的立法權非常廣泛，對立法權行使的約束比較鬆散，基本上不存在有章可循的規範性條款，所以這種主張僅僅在觀念層面具有意義，表明了司法權所可能觸及的範圍」。[47]

2. 1991 年到香港回歸前的判例

1991 年 6 月，港英政府制定了《香港人權法案條例》（以下簡稱《人權法案》），將早在 1976 就批准適用於香港的《公民權利和政治權利國際公約》（本章簡稱《公約》）引入成為香港本地的立法。《人權法案》第 3 條第 2 款規定，「所有先前法例，凡不可作出與本條例沒有抵觸的解釋的，其與本條例抵觸的部分現予廢除」。同時，《英皇制誥》在 1991 年 6 月作出相應的修訂，根據修訂後的《英皇制誥》第 7 條，香港立法機關在 1991 年 6 月 8 日後，不得制定與《公約》規定有抵觸的限制權利和自由的法律。《人權法案》制定和《英皇制

45　陳弘毅：《一國兩制下香港的法治探索》，第 31 頁。

46　陳弘毅：〈論香港特別行政區法院的違憲審查權〉，《中外法學》1998 年第 5 期。

47　See Yash Ghai, *Hong Kong's New Constitutional Order: the Resumption of Chinese Sovereignty and the Basic Law*, p. 305.

諾》修訂後，香港法院開始有了審查立法合憲性的判例。

　　第一個案例是 1991 年 9 月香港上訴法院判決的冼友明案，[48] 該案的主要爭議是《危險藥品條例》（第 134 章）中第 46 條關於以販運為目的管有危險藥物的推定，以及第 47 條關於管有及知悉危險藥物的推定是否違背了《人權法案》第 11 條關於無罪推定原則的規定。最終，上訴法院裁定《危險藥品條例》（第 134 章）中若干有利於控方的證據法上的推定條款 [49] 因違反《人權法案》中的無罪推定條款而無效。

　　《危險藥品條例》施行於 1969 年，是《人權法案》制定之前的法例。如果說冼友明案「只屬《香港人權法案條例》第 3 條和『後法優於前法』的原則的應用」，[50] 那麼接下來的 *Lum Wai-ming* 案就是名副其實的「違憲審查」案例了。在冼友明案判決之後，香港立法局隨之對《危險藥物條例》進行修訂，廢除第 46 條，修訂第 47 條。[51] 但在 *Lum Wai-ming* 案中，修訂後的第 47 條第 1 款 c 項仍被高等法院判定因抵觸《公約》第 14 條第 2 款關於無罪推定原則的規定而被廢除。[52]

　　相關的「違憲審查」判例還有 1994 年香港上訴法院判決的 *Chan Chak-fan* 案，該案的爭議焦點在於《入境條例》（第 115 章）第 37K 條第 1 款關於「未獲授權進境者」的推定，是否因抵觸《人權法案》的第 11 條第 1 款而無效，上訴法院雖然最終認定相關條款沒有違反《人權法案》，但其在判決書中強調：

48　*R v Sin Yau-ming*, [1992] 1 HKCLR 127.

49　例如，如果被告人藏有 0.5 克以上的危險藥品，則推定其藏有該藥品的目的乃是作販毒用途，除非被告人能予以反證。

50　陳弘毅：〈論香港特別行政區法院的違憲審查權〉。

51　修訂後的內容為：（1）任何人經證明實質管有：（a）任何容載或支承危險藥物的物件；（b）任何容載危險藥物的行李、公文包、盒子、箱子、碗櫃、抽屜、保險箱、夾萬或其他類似的盛器的鎖匙；（c）任何容載危險物品的機動車輛的鎖匙；則直至相反證明成立為止，須被推定為管有該藥物。（2）任何人經證明或被推定管有危險藥物，則直至相反證明成立為止，須被推定為已知悉該藥物的性質。（3）本條規定的推定，不得藉證明被告人從未實質管有該危險藥物而被推翻。

52　*R v Lum Wai-ming*, HCCC 75/1991, para. 50.

《英皇制誥》禁止立法機關在立法時違反香港適用的《公民權利和政治權利國際公約》，從而使《人權法案》享有凌駕性地位。《人權法案》是香港適用於《公約》的體現。因此，任何與《人權法案》相抵觸的立法都是違憲的，法院作為憲法的監護者將會予以推翻。[53]

也就是說，法院在本案判決中明確闡明《人權法案》的凌駕性地位，以及自己作為「憲法監護者」推翻「違憲立法」的權力。上訴法院的這一觀點在 *Lee Miu-ling* 案 [54] 中得到重申。可以說，「《人權法案》的制定，把香港帶進違憲審查（即法院可審查立法的合憲性）的時代」。[55] 據此，有學者認為，「在回歸前，香港法院是擁有司法審查權的，這特別體現在 1991 年《人權法案條例》通過之後判決的有關案件之中」。[56]

3. 香港特區成立後的司法審查判例

香港特別行政區成立後，基本法取代《英皇制誥》而成為香港的法制和憲制的基礎。[57] 雖然基本法沒有明確賦予特區法院審查立法機關立法的權力，但我們從回歸以來的司法實踐中可以看到，特區法院不僅完全肯定了自己的「違憲審查權」，還在一些判例中推翻了部分臨時立法會的立法。下面簡要分析其中幾個具有代表性的案例。

第一宗訴訟是被譽為「香港特別行政區法制史上的馬伯里訴麥迪遜案」[58] 的馬維騉案，案件涉及的爭議主要是包括普通法在內的香

53　*The Queen v Chan Chak-fan*, CACC 328/1993, para. 48.

54　*Lee Miu Ling v Attorney General*, CACV 145/1995, para. 2. 該案的爭議是 1994 年香港立法機關制定的《立法局（選舉規定）條例》中關於功能組別選舉的規定有沒有違反《人權法案》中「普及和平等的選舉權」和「人人在法律下一律平等並受法律平等保護」等原則。

55　陳弘毅：《一國兩制下香港的法治探索》，第 81 頁。

56　朱國斌：〈重新檢視香港特區法院司法審查權〉，載周葉中、鄒平學主編：《兩岸及港澳法制研究論叢》（第一輯），第 306 頁。

57　參見陳弘毅：〈香港九七回歸的法學反思〉，載陳弘毅：《法治、啟蒙與現代法的精神》，北京：中國政法大學出版社 1998 年版，第 252 頁。

58　參見陳弘毅：《一國兩制下香港的法治探索》，香港：中華書局（香港）有限公司 2010 年版，第 43 頁。

港原有法律是否在回歸後自動繼續生效，「香港原有法律」的截止日期，以及臨時立法會的合法性問題。上訴法庭裁定香港原有法律的截止日期是 1997 年 6 月 30 日，在回歸後繼續有效，香港特區籌委會成立臨時立法會是全國人大《關於香港特別行政區第一屆政府和立法會產生辦法的決定》賦予它的職權範圍內的事，沒有違反基本法。[59] 本案沒有涉及對具體法律是否符合基本法的審查問題，但值得注意的是，上訴法庭在案中接受了律政專員馮華健的觀點，認為「香港法院作為地區性的法院，無權審查或者推翻全國人大或其常委會這些主權機關的行為」。[60]

香港特區法院首次推翻特區立法的案例是吳嘉玲案，基本法第 24 條第 2 款第 3 項規定，具有香港永久性居民身份的中國公民在香港以外所生的中國籍子女，也屬於香港特區永久性居民，但臨時立法會於 1997 年通過兩項有關《入境條例》（第 115 章）的修訂條例，規定這些內地所生子須同時辦妥來港「單程通行證」和「居留權證明書」才能來港定居，而且香港特區的男性居民在中國內地的非婚生子女不能享有基本法第 24 條第 2 款第 3 項授予的居留權，由此產生了一系列關於《入境條例》是否違反基本法第 24 條規定的居港權案件，[61] 吳嘉玲案就是例子。在這一案件中，香港特區法院雖然對法例是否抵觸基本法存在不同的意見，但從判決書看來，都承認並且接受了審查立法的重大權力。因此，終審法院在吳嘉玲案中才說：「毫無疑問，香港法院有權審核特區立法機關所制定的法例或行政機關之行為是否符合基本法，倘若發現有抵觸基本法的情況出現，則法院有權裁定有關

---

59 *HKSAR v Ma Wai-Kwan David and Others*, CAQL 1/1997, para. 35, 18, 72.

60 Ibid, para. 57.

61 包括張麗華訴入境事務處處長案，後上訴至終審法院時此案稱為「吳嘉玲案」，終審法院與吳嘉玲案同一天判決的還有陳錦雅案。1998-2000 年期間，高等法院還審理了呂尚君案、謝曉怡案、莊豐源案等涉及居港權的案件。

法例或行為無效。」[62] 更有甚者，終審法院還在判詞中宣稱其有權審核全國人大或其常委會的立法行為是否符合基本法，[63] 由此引發了第一次「釋法」風波。

（三）基本法的實施對香港普通法的影響

「一國兩制」基本原則的實施，使中國出現一國內多法域並存的局面，香港沿襲英國普通法傳統，適用「遵循先例」原則，先例對法院的裁判具有約束作用。回歸後，原有法律和司法體制基本保留下來，香港原有普通法、衡平法、條例、附屬立法和習慣法，除同基本法相抵觸或者經香港特區立法機關作出修改者外，予以保留。在這一制度背景下，探討香港特區回歸前後的司法審查實踐顯然具有非常重要的意義。普通法的基本理念和原則為香港法院行使司法審查權提供了理論依據，而實踐中「香港法院在回歸以前已有處理憲法性訴訟和行使違憲審查權的經驗，在回歸後繼續有處理這方面的訴訟」。[64] 香港法院一直都在行使著憲法意義上的司法審查權。這些判例對於具有普通法傳統的香港特區而言，無疑是香港特區法院具有司法審查權的重要依據。

但是，我們也應當看到，普通法與司法審查沒有必然的聯繫，英國作為普通法的起源國家，其法院對議會立法的審查也是直到加入歐盟之後才逐漸建立起來的「弱型違憲審查」。[65] 普通法的思想和原則還不足以為香港特區行使憲法意義上的司法審查權提供充分的理據。前文已述，司法審查制度的具體建構要與本國政治體制和具體情況相適應，並不存在所謂的必然能夠推導出司法審查權的「學理」依據。因此，認為香港在 1991 年以前雖然沒有司法審查權，但從學理

62　吳嘉玲訴入境事務處處長（中譯本），FACV 14/1998，第 61 段。

63　同上，第 62 段。

64　陳弘毅：《一國兩制下香港的法治探索》，第 31 頁。

65　李蕊佚：〈議會主權下的英國弱型違憲審查〉，《法學家》2013 年第 2 期。

上講有權審查本地立法的觀點是有待商榷的。那麼，1991 年之後的司法審查判例是否作為香港「原有法律」保留下來？既往的司法審查實踐能否成為香港特區法院審查立法的「先例」？筆者認為，香港特區的法律制度必須在基本法的框架下建構。以回歸前香港法院具有司法審查權作為回歸後司法審查權依據，忽略了基本法的實施對香港法制傳統的影響，忽略了基本法的實施給普通法帶來的變化。下面分別對這兩點予以闡述。

1. 1991 年以前的香港法院沒有司法審查權

第一，從實際情況上來看，1991 年以前香港法院沒有對立法進行審查的能力和實踐，司法審查的範圍僅限於有關行政行為的合法性審查。香港的憲制性法律包括《英皇制誥》和《皇室訓令》，英國對香港實施殖民統治，該時期香港政治體制的最大特點就是代表英國管治香港的港督集立法、行政大權於一身，「立法局是協助港督制定法律的諮詢機構」，[66] 政治體制中也沒有有效的分權安排。司法相對獨立，首席按察司的任命來自英國，但港督按照一定的程序擁有對其他法官的任命權和罷免權，律政司署與法院人員也時有交流，「港督實際上也享有一定的司法權」。[67] 港英時期，香港的司法終審權在倫敦，香港最高法院的判決可上訴至英國樞密院，「最高法院因此便成為英國與香港司法的連接點，從而保證了英國對香港司法活動的控制權」。[68] 在這種體制下，一方面港督獨攬大權，另一方面香港法院沒有終審權，香港法院很難真正發揮對立法和行政行為的監督制衡作用。第二，從英國對香港實行殖民統治時期的政策和法律規定來看，1991 年以前，香港法院也從來沒有宣佈法律無效的權力。根據 1865 年英國國會通過的《殖民法律有效法》，殖民地法院不能因為當地法

66　劉曼容：《港英政治制度與香港社會變遷》，廣州：廣東人民出版社 2009 年版，第 199 頁。

67　同上，第 87 頁。

68　楊奇主編：《香港概論》（下卷），香港：三聯書店（香港）有限公司 1993 年版，第 123 頁。

律與英皇的指示或訓令不符，而宣佈該法律無效。[69]「香港法院不可能擁有美國聯邦法院複查法律的權力，如果立法局所制定的法律違反了憲法，或者違反了人權，或者通過了《皇室訓令》第26條所載明的10項立法禁區的法案，香港的最高法院不能宣告該法例為無效，因為，否決的權力在於英皇，而不在於法院。」[70]因此，認為香港特區法院在1991年以前沒有「違憲審查」的實踐，但從學理上講有對本地立法進行審查的權力的觀點，是不符合當時香港法院的憲制地位和法律制度的。

2. 與基本法相抵觸的司法審查判例不得遵循

早在1976年，英國已經成為《公民權利和政治權利國際公約》的締約國，並在同年批准適用於當時為英國殖民地的香港。但是，一直到1991年以前，英國也沒有將《公約》轉化為本地立法予以實施。一直到《中英聯合聲明》簽署、香港進入過渡時期以後，英國才制定《人權法案》實施《公約》，並隨之修訂《英皇制誥》，其用心昭然若揭。香港法院審查立法的權力是「出自港英政府擴權的政治需要」。[71]根據1991年修訂後的《英皇制誥》第7條，《公民權利和政治權利國際公約》中適用於香港的規定，將通過香港的法律予以實施；香港立法機關在此之後制定的法律，不得與《公約》規定有抵觸。「這個條文的字眼是模仿《基本法》第39條的，用意是使香港法院在1997年前在《英皇制誥》第7條的基礎上建立的思維方法和判例法，可以在《基本法》實施後繼續發揮其影響力。」[72]「英國政府為其在香港的長期利益，採取了一系列法律措施，試圖在香港建立法院的『違憲審查』制度，並將其作為政治遺產留給香港特別行政區政

69　史深良：《香港政制縱橫談》，廣州：廣東人民出版社1991年版，第147-148頁。

70　易賽鍵：《香港司法終審權研究》，廈門：廈門大學出版社2013年版，第50-51頁。

71　鄭賢君：〈論香港法院的司法審查權〉，載饒戈平、王振民主編：《香港基本法澳門基本法論叢》（第二輯），北京：中國民主法制出版社2013年版，第97頁。

72　陳弘毅：《一國兩制下香港的法治探索》，第33頁，注釋。

府。」[73]《人權法案》是英方不顧中方反對而制定的，隨後英方依據該條例的凌駕性地位，對原有法律作了一系列重大修改，這是「英方改變對港政策，背離聯合聲明的產物」，[74] 違反了中英聯合聲明所確定的「現行的法律基本不變」的原則和基本法的有關規定。[75]

香港雖然實行「遵循先例」的原則，但基本法為特區確立了新的憲制框架，普通法予以保留的前提是不得與基本法相抵觸。根據全國人大常委會根據基本法第 160 條處理香港原有法律的決定，《香港人權法案條例》（香港法例第 383 章）的部分條款抵觸基本法，第 2 條第（3）款有關該條例的解釋及應用目的的規定，第 3 條有關「對先前法例的影響」和第 4 條「日後的法例的釋義」的規定，不採用為香港特區法律。也就是說，《人權法案》在香港不再具有凌駕性法律地位，那麼依據《人權法案》相關條款審查立法的判例也不得保留。因此，香港回歸前，英國通過制定《人權法案條例》和修改《英皇制誥》建立起來的香港本地的「違憲審查」制度，不能作為香港特別行政區法院行使違反基本法審查權的法律根據。[76]

綜上所述，香港的普通法理念和回歸前的司法審查判例，不能作為香港特區成立後法院審查立法的依據。普通法的傳統雖然為香港特區法院行使司法審查權提供了可能性和理論前提，但普通法與司法審查之間的聯繫不是必然的。法院「事實上」享有的司法審查權並不能說明這種權力在「理論上」的正當性，對香港特區司法審查存續理據的綜合考察，還需要另闢蹊徑。

73　董立坤、張淑鈿：〈香港特別行政區法院的違反基本法審查權〉。

74　易賽鍵：《香港司法終審權研究》，第 63 頁。

75　〈關於法律小組工作情況的報告 —— 香港特別行政區籌備委員會第八次全體會議〉（1997 年 1 月 31 日），載香港特別行政區籌備委員會秘書處編印：《全國人民代表大會香港特別行政區籌備委員會第八次會議文件彙編》，第 8 頁。

76　董立坤、張淑鈿：〈香港特別行政區法院的違反基本法審查權〉。

第二節

司法審查的必要性：
以功能為導向的證成思路

◇◇◇

現有的關於香港特區司法審查權的正當性依據，要麼因缺乏基本法明確授權而陷入「自我設權」的泥沼不可自拔，要麼因忽略基本法對香港特區法律秩序的根本性影響而遭到質疑。香港特區司法審查權的存續理據，不能僅從傳統因素和既往實踐中尋找，回歸後的香港特區是否需要維繫司法審查制度，這也是判斷司法審查制度存續與否的重要一環，並且直接預示著司法審查制度未來的發展趨勢。

一、中央審查範圍的探討

基本法並非沒有關於特區立法違反基本法的審查機制。相反，無論是對於香港特區成立以前的原有法律，還是香港特區成立以後立法會新制定的法律，基本法都規定了相應的審查機制。因此，有學者認為，「基本法有違反基本法審查的機制。全國人大常委會對於香港法律是否符合基本法擁有審查權的規定是充分全面的」。[1] 其實並不然，「全國人大常委會審查權的不完整性使特區法院的違基審查成為必要」。[2]

---

1 董立坤、張淑鈿：〈香港特別行政區法院的違反基本法審查權〉。
2 李樹忠、姚國建：〈香港特區法院的違基審查權 —— 兼與董立坤、張淑鈿二位教授商榷〉。

（一）中央對原有法律的審查

在香港特區實施的任何法律，都不得與基本法相抵觸。對於特別行政區成立以前的「原有法律」，基本法第 160 條規定，香港原有法律除「由全國人民代表大會常務委員會宣佈為同本法抵觸者外」，採用為香港特區法律，「如以後發現有的法律與本法抵觸，可依照本法規定的程序修改或停止生效」。以此為依據，香港特區籌委會對香港原有法律進行審查並提出建議，1997 年 2 月 23 日，第八屆全國人大常委會第二十四次會議審理了籌委會的建議，最終通過了《全國人民代表大會常務委員會關於根據〈中華人民共和國香港特別行政區基本法〉第一百六十條處理香港原有法律的決定》（以下簡稱《決定》）。根據《決定》，部分香港原有的條例及附屬立法抵觸基本法，不採用為香港特區法律，有些條例及附屬立法的部分條款抵觸基本法，抵觸的部分條款不採用為香港特區法律。

但是，本次對原有法律的審查是非常有限的。「由於對香港普通法、衡平法和習慣法是否符合基本法進行審查的任務過於繁重，香港特區籌備委員會放棄了對這三種香港原有法律的審查，而僅僅對屬於成文法性質的條例和附屬立法進行了審查。」[3] 香港實行普通法，法律內容紛繁複雜，規則體系很難完整地概括、清理出來，中央沒有必要也沒有辦法對所有規範一一審查，只能排除部分明顯抵觸基本法的法律，並做一些原則性的規定。《決定》第 6 條規定，如以後發現與基本法相抵觸者，可依照基本法規定的程序修改或停止生效。但問題在於，中央並不是香港特區法律的具體適用機關，很難主動發現原有法律與基本法抵觸的地方。因此，發現並審查原有法律是否符合基本法的任務只能落在香港特區身上。《決定》第 4 條規定，原有法律在適用時，應作出「必要的變更、適應、限制或例外」，以符合中國對

3　See Yash Ghai, *Hong Kong's New Constitutional Order: the Resumption of Chinese Sovereignty and the Basic Law*, p. 379.

香港恢復行使主權後香港的地位和基本法的有關規定。香港特區法院作為法律的適用機關，最適宜作為原有法律是否符合基本法的審查主體。

同時，香港特區雖然實行「遵循先例」原則，但違反基本法的先例不採用為香港特區的法律，有關香港原有法律中的普通法、衡平法和習慣法可以在司法實踐中通過新的判例使之符合基本法，不需要一一審查。[4] 這種處理方式實際上賦予了特區法院通過司法活動對這些法律進行是否違反基本法的審查權，這符合普通法、衡平法的基本原則，讓法院通過以後的判例來修改以前的判例，從而發展法律。[5]

（二）中央對新法例的審查

基本法第 17 條規定了香港特區立法機關制定的法律報全國人大常委會備案審查的制度。全國人大常委會如認為香港特區立法機關制定的任何法律，不符合基本法關於中央管理的事務及中央和香港特區的關係的條款，可以將有關法律發回。但全國人大常委會的備案審查制度存在以下問題：

第一，審查的範圍有限。全國人大常委會對香港特區法律的審查，只限於涉及基本法關於中央管理的事務及中央和香港特區關係條款的立法，「香港特別行政區自治範圍內的事務則不屬於全國人大常委會的審查範圍」。[6] 香港特區享有立法權，對於香港特區自治範圍內的立法，全國人大常委會無法進行實質性審查。

第二，審查的方法有限。以備案的方式進行審查，難以有效發現相關法律與基本法不一致的地方。很多時候法律的條文並不會明顯或者直接地與基本法相抵觸，而是要在具體適用於現實的過程中才能

4　希文：〈香港法律發展史上的里程碑 ── 淺談全國人大常委會關於香港原有法律處理問題的決定〉，《中國法律》（香港）1997 年第 2 期。

5　王振民：《中國違憲審查制度》，第 355 頁。

6　陳欣新：〈香港與中央的「違憲審查」協調〉。

逐漸被發現。實踐中，香港特區成立以來，中央還從未發回過一部特區立法機關制定的法律。

第三，審查的效果有限。備案並不影響法律的生效，如果有關法律因不符合中央管理的事務及中央和香港特區關係的條款而被全國人大常委會發回，法律立即失效，但這種失效除另有規定外並無溯及力。也就是說，在全國人大常委會發現並發回抵觸基本法的法律之前，相關法律可能已經生效並且實施了一定的時間，但由於法律失效並沒有溯及力，失效法律產生的危害後果已經無法消除。因此，需要香港特區法院在審判過程中，對立法機關制定的香港特區自治範圍內的法律進行實質性審查。

二、香港社會對司法審查的實際需要

香港社會對司法審查的實際需要構成香港特區法院行使司法審查權的重要依據。如前文所述，基本法充分保障香港居民的基本權利和自由，除了中英聯合聲明第 3 款中列明的人身、言論、出版、集會、結社、旅行、遷徙、通信、罷工、選擇職業和學術研究以及宗教信仰等各項權利和自由之外，還增加了一些新的內容，包括香港居民在法律面前一律平等、香港居民享有新聞自由、文學藝術創作和其他文化活動的自由等。[7] 同時，基本法第 35 條明確規定，香港居民有權向法院提起訴訟，有權對行政部門和行政人員的行為向法院提起訴訟。「憲法規定權利的目的是為了保障人的基本權利不受法律的侵犯。」[8] 基本法中有大量關於人權保障的規定，但「紙面」上的權利要成為現實，必須有相應的救濟途徑，才能保證居民的基本權利不會遭到侵犯，尤其是來自公權力機關的侵犯。權利要求的核心「意味著

---

7 參見基本法第 25 條、第 27 條、第 34 條。

8 張千帆：《憲政原理》，北京：法律出版社 2011 年版，第 282 頁。

個人，有權利保護自己免受大多數人的侵犯，即使是以普遍利益為代價時也是如此」。[9] 但「如果沒有司法審查制度做後盾，即使制定法的形式也無法保證高級法作為個人求助的源泉」。[10] 對於居民的權利保障而言，司法審查是最重要且最有效的途徑。具體來說，司法審查對於香港居民權利保障的重要意義體現在以下幾個方面：

第一，香港特區其他權力機關無法充分保障香港居民的基本權利。在香港特區權力架構中，立法機關根據基本法制定法律，行政機關執行相關法律和政策，兩者在基本法實施中扮演著重要的角色。但是，「某些權利是如此基本，因而不應受到公權力的侵犯，即使是多數人通過法律的方式」，[11] 僅有立法機關和行政機關的保障還不夠，因為即使是代表多數人的立法機關也可能出現違反基本法，侵犯少數人利益的情況。而且，對公民基本權利造成侵犯的，往往就是來自於立法機關和行政機關。因此，只有經過司法審查，才能抗衡民主體制下的多數人專制，防止產生對某些法律的不合理性視而不見的現象。「列舉權利並由司法保護的做法已被普遍認為是民主和自由的最重要防護。」[12] 一方面，當市民的基本權利受到侵犯時，立法、行政機關很難進行自我審查和自我糾錯，既違背了「運動員不能兼任裁判」的原理，也不符合思維的連貫性和一致性特徵。因此，需要另一個獨立的公權力機關對市民與政府之間的糾紛作出公正裁決。另一方面，「任何法律都會產生權利和義務爭議」，[13] 通過訴訟的方式是解決爭議最有效的方式。與立法機關、行政機關主動實施基本法的方式不同，「司法機關按照基本法賦予的司法權審理本地案件，維持本地法律秩

9　【美】羅納德·德沃金著，信春鷹、吳玉章譯：《認真對待權利》，上海：上海三聯書店 2008 年版，第 200 頁。

10　【美】愛德華·Ｓ·考文著，強世功譯：《美國憲法的「高級法」背景》，第 93 頁。

11　張千帆：《憲政原理》，第 281 頁。

12　【美】路易斯·亨金著，鄭戈等譯：《憲政與權利 —— 美國憲法的域外影響》，北京：生活·讀書·新知三聯書店 1996 年版，第 531 頁。

13　張千帆：《憲政原理》，第 169 頁。

序，矯正違法行為並予以適當的救濟，從而使得基本法規定的法律秩序得以實現」。[14] 其作用主要是事後的「矯正」與「救濟」。

基本法中有關基本權利的規定，意味著香港居民可以獲得維護這些基本人權的救濟手段。基本法中的這些規定均有可能被援引作為請求法院進行司法審查的根據。回歸後香港特區的司法審查實踐也印證了這一點，「自 1997 年以來，不少基本法的條文，包括關乎個人權利，如言論自由、集會自由、以及牽涉財產和經濟利益的條文，都曾在司法覆核案件中考慮過。不少案件關乎對個人權利加以限制是否有效的議題」。[15] 通過提請司法審查，可以有效遏制立法、行政機關的侵權行為，防止違反基本法的法律或行政行為繼續實施。最後即使敗訴了，也可以引起社會的廣泛關注和討論，促使相應機關反思、調整相關規範和行為，或者達到拖延政策實施的目的。[16] 可見，對香港居民來說，提請法院進行司法審查是保障自身權利的常用且有效的方式。

第二，香港特區需要通過司法審查明確自由和權利的內容。基本法是香港特區的憲制性法律，規定的內容非常廣泛，既包括對中央與香港特別行政區關係的規定，又包括香港特別行政區的政治、經濟和文化各方面的原則性規定，因此，「對居民的權利和自由不可能規定得很具體、詳細」，[17] 只能作一些原則性的規定。而且，「現實中的法律規範並不是與社會規範截然分開的孤立體系，而是在流動不拘的具體狀況下不斷地被重新界定，並對照種種價值不斷加以衡量的東

14　楊曉楠：〈澳門基本法的司法適用研究 —— 與香港基本法司法適用的比較〉，《港澳研究》2015年第 2 期。

15　香港終審法院首席法官李國能在 2008 年 12 月 10 舉行的「有效的司法覆核：良好管治的基石」會議上的演辭。

16　例如，2010 年，正在施工的港珠澳大橋遇到東涌一位婆婆就其環評報告提出司法覆核，工程被迫停工，幾經波折後，政府雖然上訴得直，但工程已被拖延，工程成本亦因此增加約 65 億港元。

17　蕭蔚雲主編：《一國兩制與香港基本法律制度》，北京：北京大學出版社 1990 年版，第 186 頁。

西」。[18]「權利這個詞在不同的背景中有不同的含義。」[19] 對於基本法中所規定的基本權利的具體內容，在不同的時期和環境下可能會有不同的理解，對基本權利的限制程度也不同，需要法院在司法審查的過程中加以闡明。例如，同樣是言論自由和發表自由，但因行為主體身份的不同，對這項權利的限制程度就不同。例如，在香港律師會訴一名事務律師案[20] 中，上訴法庭經過審理後認為，律師作為社會與法律的橋樑，在公眾擁有崇高的地位，有必要規範其行為而確保其他同業的尊嚴不受影響。對比一般市民，律師應該對個人的行為更加小心在意。最終裁定《香港律師會專業守則》第 1.02 條沒有抵觸基本法。

第三，香港特區需要通過司法審查平衡權利保障和社會治理的關係。「在 18 世紀，得到人們普遍承認的國家的目的，除了維護社會內部公共秩序和抵禦外來侵略之外，就沒有什麼更多的內容了。」[21] 自由資本主義時期，人們對於政府的要求就是「管得越少的政府越好」。如今，人們賦予政府的功能越來越多，「國家不應僅僅保證公民享有的最起碼的生存條件，它還應當以提供福利設施、防止壓榨個人資源、破壞社會整體利益等，來提高人民的生活質量」。「人們要求國家所做的事情越多，實現這些目標所必須的、對個人自由的限制也就越大。」[22] 但有時候，國家為了社會公共秩序和社會福利而實施的法律或者政策，在一定程度上會減損個人的自由。這個時候就需要對不同的利益加以衡量，考慮法律或者行政行為對公民基本權利和自由所施加的限制是否必要，平衡權利保障和社會秩序之間的關係。例

---

18 【日】棚瀨孝雄著，王亞新譯：《糾紛的解決與審判制度》，北京：中國政法大學出版社 1994 年版，第 264 頁。

19 【美】羅納德·德沃金著，信春鷹、吳玉章譯：《認真對待權利》，第 252 頁。

20 *The Law Society of Hong Kong v A Solicitor*, CACV 280/2003.

21 【英】彼得·斯坦、約翰·香德著，王獻平譯，鄭成思校：《西方社會的法律價值》，北京：中國法制出版社 2004 年版，第 204 頁。

22 同上，第 204 頁。

如，在 1999 年的國旗案 [23] 中，涉及的是《國旗及國徽條例》和《區旗及區徽條例》是否違反基本法的問題。香港特區終審法院在綜合考量兩個條例對公民言論自由，和發表自由的限制是否有充分理據支持之後，認為：為保護作為國家獨有象徵的國旗，以及作為香港特別行政區獨有象徵的區旗，該限制是必要的，並沒有超出相關的範圍和限度。[24]

三、提升香港居民「基本法意識」的需要

　　法治精神是香港特區的核心價值觀，對於香港特區的繁榮發展具有十分重要的意義。香港特區有非常發達的法律制度，制定法、普通法、衡平法、習慣法等構成了一個完整的法律體系，規範了社會生活的方方面面。但是，「法治不僅包括法律制度及其良好的運行狀況，而且包括良好的法律觀念和法律意識」。[25] 特別行政區成立後，基本法正式在香港特區實施，基本法與憲法共同構成香港特區的憲制基礎。「由重大革命所確立的新法律制度雖然保持在後來的法律傳統之內，但卻改變了該法律的傳統。」[26] 基本法雖然保留了香港原有的法律制度，但特別行政區憲制地位的變化以及基本法的實施，確立了香港特區新的法律秩序以及精神內核，包括「一國兩制」的基本精神、基本法的憲制性地位、不同法律傳統下基本法解釋機制的對接等。這種新的法律秩序需要香港社會的普遍理解、認同和維護。基本

23　*HKSAR v Ng Kung Siu*, FACC 4/1999. 案中兩名被告人在一次示威中使用了自製的、經有意損毀和塗污的中華人民共和國國旗和香港特別行政區區旗，結果被控觸犯臨時立法會在回歸時制定的《國旗及國徽條例》（第 7 條）和《區旗及區徽條例》（第 7 條）中關於禁止侮辱國旗和區旗的規定。被告人的抗辯理由是這些規定違反了基本法、《公民權利和政治權利國際公約》和《香港人權法案條例》所保障的言論自由和表達自由，因而是無效的。

24　*HKSAR v Ng Kung Siu*（中譯本），FACC 4/1999，第 61 段。

25　葉海波：〈論公民憲法意識的培養〉，《湖北社會科學》2008 年第 5 期。

26　【美】哈羅德‧J‧伯爾曼著，賀衛方等譯：《法律與革命 —— 西方法律傳統的形成》，北京：中國大百科全書出版社 1993 年版，第 34 頁。

法意識，即香港居民對基本法精神與基本內容的理解、認同、思維與情感，是基本法得以順利實施和正常運轉的精神動力。

令人不無憂慮的是，近幾年來，隨著香港特區政治光譜越拉越長，香港社會撕裂現象愈發明顯。部分香港市民對基本法的認識存在以下幾點錯誤傾向：第一，只講「兩制」而不講「一國」。基本法是「一國兩制」精神在香港制度化的憲制性法律，「一國」是「兩制」的前提和基礎，香港特區享有高度自治權，但香港特區的高度自治權是中央授予的。[27] 部分港人卻過分強調「高度自治」而忽略中央授權，打著「高度自治」的旗號而排斥中央正當管治行為，抵觸全國人大常委會行使解釋基本法等基本法明確賦予的權力。[28] 第二，只講權利不講義務。基本法充分保障了香港特區居民的基本權利和自由，但權利和義務總是相伴而生的，港人有義務遵守特區法律，在維護國家統一和安全方面均有不可推卸的責任和義務。例如，在前述「國旗案」中，相關人士只認識到自己有言論、集會、遊行、示威等自由，卻忽視了任何自由都是有限度的，港人還有遵守法律的義務。第三，選擇性守法、隨心所欲解說「法治」。近年來，激進的青年本土派興起，以違法甚至暴力手段開展社會運動並滲透香港管治，其行為已經直接觸犯了香港特區的法治底線，違背了基本法和其他法律的規定。例如，2016 年「旺角暴亂」事件、立法會部分前任候選議員的「宣誓鬧劇」，反映了部分港人法治意識淡薄，一邊強調香港是個法治社會，一邊又行破壞法治之事。以上種種現象表明，部分港人缺乏對基本法的正確認識，或者故意曲解基本法的內容。香港居民的基本法意

27　參見基本法序言、第 1 條、第 2 條。

28　歷次全國人大常委會「釋法」都有部分港人抗議人大釋法。例如 2016 年 11 月全國人大常委會對基本法第 104 條進行解釋時，就出現所謂的「中文大學生畢業禮抗議人大釋法」和「法律界人士黑衣靜默抗議釋法」等示威遊行行動。參見《信報》，2016 年 11 月 18 日，http://www2.hkej.com/instantnews；觀察者網：http://www.guancha.cn/local/2016_11_09_379941_2.shtml（最後訪問時間：2016 年 11 月 25 日）。

識還有待提升。

司法審查制度有利於維護基本法的權威。基本法的生命在於實施，基本法的權威也在於實施。只有在司法實踐中反覆被運用，才能使民眾充分認識到基本法的重要性，逐漸樹立起維護基本法的意識。基本法在香港特區具有憲制性法律地位，這種地位必須貫徹在實施基本法的每個環節，才能最終在香港特區樹立牢固的基本法權威思想。肯定香港特區法院審查立法是否符合基本法的權力，「由法官在審判過程中不斷宣示和強調基本法在特區的上位法效力，並以此來判斷特區立法是否與其相一致，將有利於維護基本法在特區的上位法地位」，[29] 使「基本法的諸項原則和條款得到落實，基本法成為香港特別行政區真正意義上的具有最高效力的法律」，[30] 奠定香港特區的法制基礎。

司法審查制度有助於凝聚社會共識。「所有的規則都有一個不確定的灰色地帶」，[31] 基本法的內容並不是沒有爭議的，相反，不同的主體對基本法會有不同的理解，而這些爭議最終將表現為權利義務的糾紛，通過司法程序加以解決。事實上，有關「一國」與「兩制」的關係、香港特區法院的管轄權範圍、基本法的解釋權、基本權利的範圍和界限等，許多曾經在香港社會中引起廣泛爭論的重要議題，往往都是伴隨著一些涉及基本法的重要訴訟而產生的，這些爭議最終由審判經驗豐富、法律知識淵博的法官「在成文法之語詞具有選擇性的意義之間做出選擇，或是對判決先例之要旨究竟是什麼的相互競爭的詮釋間做出選擇」，[32] 其論證和選擇的過程無疑是一個宣傳基本法、闡明基本法原理的過程，而且更具權威性和說服力，一般能夠得到香港

29　李樹忠、姚國建：〈香港特區法院的違基審查權 —— 兼與董立坤、張淑鈿二位教授商榷〉。

30　鄭賢君：〈論香港法院的司法審查權〉，載饒戈平、王振民主編：《香港基本法澳門基本法論叢》（第二輯），第111頁。

31　【英】哈特著，許家馨、李冠宜譯：《法律的概念》，北京：法律出版社2011年版，第12頁。

32　同上。

社會的廣泛認同。正是這一次又一次的司法適用賦予了基本法新的生命力，司法審查的過程，就是法官對立法和行政行為「合憲性」的裁斷過程，是法官對國家權力和公民權利的價值均衡過程，法院通過行使司法審查權解決與爭議有關的「重要的法律問題」，其審查的結果將有助於解決糾紛、消除爭議、凝聚共識，確保基本法的順利實施，保障中央和特區之間關係的平穩有序發展。例如，「在馬維騉一案中，被告人挑戰臨時立法會的法律地位，如果不是法院在很短的時間肯定了它的地位，特區的立法機關通過的法律的合法性將會受到長期的質疑，必然影響特區的穩定」。[33]

---

33 蕭蔚雲、饒戈平主編：《論香港基本法的三年實踐》，北京：法律出版社 2001 年版，第 1 頁。

司法審查的必然性： 香港特區法院的角色和權威

◇◇◇

司法審查的上述功能只能說明我們需要一個機制來保障基本法的實施，而司法審查很好地契合了我們的需求，是一個可供選擇的方向。但是，僅有需求不足以說明為什麼一定要選擇司法審查立法的方式，因為方法總是多樣的，我們可以尋求其他的途徑保證基本法的實施，例如可以採取在立法機關內部設置，或者由不同機關共同組成的專門機構審查的模式。那麼，香港特區的司法審查制度是如何從必要轉變為必然的呢？這要從香港特區法院在香港社會上的角色及其本身的權威性、優越性說起。

一、普通法傳統中香港特區法院的功能與權威性

（一）解釋和適用法律的功能

法院有三個不同層次的功能。[1] 最基礎的層次是法院作為法律的解釋者和適用者，把立法機關制定的法律應用到具體案件中，審理案件「以法律為準繩」，這是法院最基礎的功能。如果我們將法院的角色嚴格限定為法律的解釋者和適用者，那麼對於法院而言，在案件審理過程中探究立法者的意願，實現立法者的「原意」，得出立法者願

1　參見陳弘毅：《一國兩制下香港的法治探索》，第 59-61 頁。

意看到的結果，是最為根本的要求。對法院功能的定位直接影響司法審查的範圍。例如在中國內地，法官對法律、法規只能闡述法律和法規的立法原意，不能改變原意或創造新的含義，法官沒有「造法」的功能，法官在審理案件中須依據法律和法規，無權審查法律和法規的合法性。[2] 因此，中國內地司法審查的範圍僅限於對具體行政行為合法性的審查。同時，法院功能的定位也影響司法審查的限度和審查的標準。如果法官僅僅是法律的「傳聲筒」，[3] 那麼對行政行為的審查標準應以是否超越法律授權為標準，只要行政機關的行為在法律授權範圍內，不管是否合理，都屬於行政機關自由裁量的範圍，法院無權干涉。在這種情況下，法院對行政行為的審理力度較弱。

（二）參與政策決定的功能

法院第二個層次的功能，是處理一些可以通過其他途徑解決的糾紛，即「政治問題的法律化」。這些糾紛往往涉及一些政策或政治問題，可以通過其他的途徑解決，也可以通過訴訟的方式解決，如果沒有得到及時處理，將會產生愈來愈嚴重的社會矛盾，而訴訟方式在解決這些問題上具有獨特的優勢，能夠起到舒緩社會矛盾的作用。同時在解決糾紛的過程中，參與了政策的制定，在社會公眾關心的問題上，香港法院扮演了非常重要的角色。例如，有關教育方面的政策。經香港政府教育署研究發現，到了小學六年級，女生的成績一般比男生好，為了平衡中學裏的男女生比例，政府對相關制度做出調整，同樣成績下，男生要比女生更有機會升讀較好的學校，因此，有些女生的家長到平等機會委員會投訴，最後，平等機會委員會向法院提起訴訟，要求法院作出裁決。法院認為，教育署的規定違反了《性別歧視

2　李太蓮：《〈香港特區基本法〉解釋法制對接》，第 72 頁。

3　參見【美】羅伯特·麥克洛斯基著，任東來等譯：《美國最高法院》，北京：中國政法大學出版社 2005 年，第 269 頁。

條例》，要求政府盡快改變這個制度。[4] 這個判決影響到的不是一兩個人，實際上改變了小學升中學的評分制度，直接推動了一些社會政策的改革。「香港法院已經把其功能擴展到參與社會政策的制定或者處理一些政治問題，把一些政策或政治問題通過法律的途徑來解決。在涉及社會不同利益群體之間利益平衡的一些重大的公共政策，例如環境保護政策、財政政策、教育政策，法院也扮演愈來愈重要的角色，來參與決定這些政策。」[5]

（三）「造法」功能

法院第三個層次的功能為造法功能，即創造性地製造一些法律規範。法官在判案過程中，當出現法律規則的「灰色地帶」，[6] 即法律沒有明確規定而法院又必須作出裁決的情況下，由法官在判詞裏創造新的法律規範。例如，香港的維多利亞港是大家都非常喜歡的地方，承載了無數港人共同的回憶，回歸前香港立法機關通過了《保護海港條例》，將維多利亞港作為自然的遺產，適用不能在海港填海的推定。2003 年 2 月，「保護海港協會」針對政府在香港島的灣仔區進行的填海工程提起訴訟，認為這項工程違反了《保護海港條例》。[7] 由於《保護海港條例》的內容非常簡短，並沒有確定在什麼情況下可以推翻上述不能填海的推定，高等法院在判決中確定了填海必須符合的三個條件：第一，政府要證明當前有非常迫切的需要；第二，政府要證明沒有可行的替代辦法；第三，要證明填海的面積已經減到最低。經過審理，法院認為灣仔填海項目不符合這三個標準，所以政府敗

4　*Equal Opportunities Commission v Director of Education*, HCAL 1555/2000, para. 142.

5　陳弘毅：《一國兩制下香港的法治探索》，第 74 頁。

6　【英】哈特著，許家馨、李冠宜譯：《法律的概念》，第 12 頁。

7　*Society for Protection of the Harbour Limited v Town Planning Board*, HCAL 19/2003.

訴了。上述政府能夠填海的三個條件，[8] 不是源自於《保護海港條例》的規定，該條例非常簡單，只有五個條文，填海的標準實際上就是法官「造法」的過程，並且通過「遵循先例」原則，對相似的案件產生約束力。當然，法官造法必須遵守一定的原則，否則將造成司法權的濫用，與民主原則相衝突。

在普通法傳統下，香港特區法院遠不僅止於法律解釋者和適用者的角色，還對社會公共政策的決定發揮了重要作用，以及具有「造法」的功能，壟斷了法律適用的權力。法院的這種角色和功能奠定了其在基本法的解釋和適用上的絕對權威地位，使法院順理成章地獲得了司法審查權。對於具有普通法傳統的香港特區而言，判例法在香港法律淵源中具有優越性地位。儘管香港自 19 世紀末、特別是 20 世紀後半期以來，不斷加強成文立法，但與其他普通法系國家、地區一樣，判例法在香港法律體系中仍佔主導地位並起著決定性作用。[9]

普通法的傳統使香港法官在法律的發展過程中起著突出的作用。一方面，法院是唯一可以解釋法律的機關，「一位法官在發展和運用關於如何理解一項法規的理論和適用法律解釋方法時，最終必須依靠自己的理解作出審判。在沒有循環論證的情況下，法官不能把這項任務的任何部分交給立法機構去完成，他應自行去理解立法機構所制定的法規」。[10]「特定解釋方法的使用可幫助提升法官造法的能力」，[11] 對法律的解釋採取「目的解釋」這種寬鬆的解釋方式，不拘泥於立法原意，可以使法官擺脫立法者的影響，最大程度體現自身意志。在這種情況下，可以說，法官才是真正的法律創造者，法律主要

8　現在這三個條件已經不再完全有效，因為灣仔填海案後來被上訴到終審法院，終審法院把這三個標準改為一個新的標準，即「壓倒性公眾需要」的標準。

9　顧敏康、徐永康、林來梵：〈香港司法文化的過去、現在與未來 —— 兼與內地司法文化比較〉，《華東政法學院學報》2001 年第 6 期。

10　【美】德沃金著，李常青譯：《法律帝國》，北京：中國大百科全書出版社 1996 年版，第 297 頁。

11　鄭賢君：〈論香港法院的司法審查權〉，載饒戈平、王振民主編：《香港基本法澳門基本法論叢》（第二輯），第 105 頁。

是法官司法活動的產物。另一方面，普通法的複雜性使法律職業共同體壟斷了法律的創造和適用，「香港原有法律傳統和法律體制至今仍然依靠具有高度同質性與專業性的一群人 —— 即香港的法律共同體 —— 來維繫和發展」。[12]普通法並沒有一個完整的體系，需要法官在無數先例中尋找、總結出判例中的原則、精神和具體規則，並且運用到新的案件中，普通法的運用、解釋技巧等，沒有長期的普通法訓練是沒辦法能掌握的，這也導致普通法的運用只能掌握在少數法律職業共同體之中，其他人並沒有太多質疑的能力和置喙的餘地。

▎二、基本法新秩序下香港特區法院的優越地位

特別行政區的成立和基本法的實施，使香港特區的政治體制發生了翻天覆地的變化，而後在香港特區的發展過程中，由於各種原因，司法機關又獲得了遠超過行政機關和立法機關的權威性。獨立的司法權與終審權使香港特區法院獲得了其他權力無可比擬的優越性。

港英政府時期，「總督凌駕於行政和立法兩局之上，在港英政府中處於支配地位」，[13]雖然也強調司法獨立原則，但司法機關還遠不具有挑戰和撼動總督的權威。關於回歸後香港特區立法、行政、司法三機關的關係問題，在基本法起草階段已經引起廣泛的爭論，最後達成的共識就是「司法獨立，行政機關和立法機關相互制衡、又互相配合的原則」。[14]需要注意的是，「香港的三權制衡不完全等同美式的三權分立」，[15]對於香港特區的政治體制，學者更多的是以「行政主導」

12　黃明濤：〈普通法傳統與香港基本法的實施〉，《法學評論》2015 年第 1 期。

13　王叔文主編：《香港特別行政區基本法導論》，北京：中國民主法制出版社、中共中央黨校出版社 2006 年版，第 210 頁。

14　香港特別行政區基本法起草委員會秘書處編：《中華人民共和國香港特別行政區基本法起草委員會第三次全體會議文件彙編》，1986 年，第 32 頁。轉引自蕭蔚雲主編：《一國兩制與香港基本法律制度》，第 225 頁。

15　梁美芬：《香港基本法：從理論到實踐》，北京：法律出版社 2015 年版，第 230 頁。

體制來形容。[16] 基本法沒有行政主導的字眼，但基本法賦予行政長官
較高的地位和較大的權力，從基本法的規定來看，香港特區的政治體
制是「行政主導」的體制，行政主導的原則與行政立法相互制衡和配
合、司法獨立並行不悖。[17] 但是，基本法所設計的「行政主導」體制
在實踐中並沒有實現。特區成立以來，香港不但未能建立一個強勢
的政府，反而在 2003 年七一以後，行政長官和政府的認受性和權威
每況愈下，「特區政府權威不彰，施政艱難，常常處於被動和弱勢地
位」。[18] 其中既有行政長官民主認受性不足，和不具有政黨背景缺乏
盟友支持等制度層面的原因，又有香港政治熱情高漲和政黨興起的政
治環境影響，同時特區政府還要回應立法權和司法權擴張給政府權威
帶來的挑戰。[19] 總之，行政主導的弱化說明香港特區政府沒有能力，
也沒有足夠的權威承擔起監督基本法實施的責任。

　　香港特區立法會體現著民主政治，直選產生的議員的民望和認
受性凌駕於行政機關的領導人。[20] 但一方面，目前仍有部分立法會議
員非由直選產生，立法會的民主程度仍然遭到質疑；另一方面，隨著
香港特區各政黨的興起和政治光譜的拉長，民粹主義抬頭，立法會
內部分化現象嚴重，立法會成為少數人士撈取政治資本的舞台。2010
年五位反對派議員發起「五區公投」，浪費了大量公帑；2012 年後少
數激進派議員又濫用立法會議事規則的漏洞，樂此不疲地使用「拉

16　參見蕭蔚雲、傅思明：〈港澳行政主導政制模式的確立與實踐〉，《法學雜誌》2000 年第 3 期；
　　毛峰：〈論香港政治體制中的行政主導〉，《法學評論》1997 年第 2 期；楊建平：〈論香港實行行
　　政主導的客觀必然性〉，《中國行政管理》2007 年第 10 期；朱孔武：〈行政主導：《基本法》對香
　　港政府體制的民主安排〉，《嶺南學刊》2008 年第 1 期；劉曼容：〈行政主導：香港特區管治之所
　　需〉，《廣東社會科學》2006 年第 6 期，等等。

17　參見王叔文主編：《香港特別行政區基本法導論》，第 210 頁。

18　胡榮榮：〈香港行政主導體制的邏輯演進及啟示 —— 以政治權威理論為考察視角〉，《甘肅理論
　　學刊》2015 年第 6 期。

19　具體原因分析可參見曹旭東：〈論香港特別行政區行政主導制〉，《政治與法律》2014 年第 1 期；
　　程潔：〈香港憲制發展與行政主導體制〉，《法學》2009 年第 1 期。

20　Yash Ghai, *Hong Kong's New Constitutional Order: the Resumption of Chinese Sovereignty and the Basic
　　Law*, pp. 292-302.

布」來拖延立法會議程，大肆耗費社會資源，立法會長期未能正常運作，引起市民的反感，嚴重減損了立法會的威信力。

與上述兩種權力相比，司法權具有獨特的優勢地位。獨立的司法權與終審權使香港特區法院，尤其是終審法院扮演了非常重要的角色。在一個以法治為核心價值，而又缺乏完全民主的社會之中，人們對司法機構的信心要遠勝於行政或立法機構。香港的司法獨立原則保證了香港特區法院的權威性，使其能夠承擔起守護基本法，監督其他權力實施的責任。「香港的司法獨立是沒有人質疑的，沒人會說法院是偏袒政府的，……香港從來沒有所謂法官偏袒政府的指控和相關的證據。」[21] 民意覺得法院比較積極的參與社會政策的制定或者政治決策，可以彌補香港民主制度發展的不足。[22]

另外，香港特區法院在維持香港和內地之間的平衡上扮演了極其重要的角色。法院「被認為是行政特區內唯一真正有自主權的機關」。[23] 與行政和立法相比，唯有司法領域是一塊愛國愛港陣營和中央都無法直接施加影響的獨立領地。[24] 香港特區享有高度自治地位，各項制度與內地相區隔。但相對而言，法律制度、司法制度具有更明顯的獨立性和封閉性。[25]「在所有制度中，法律制度，或者更確切地說，司法機構仍在中國的控制之外。」[26] 因此，必然有部分港人把捍衛香港的高度自治、防止中央干涉的責任寄託於法院。

在司法權威性高於立法和行政機關的情況下，其他權力主體對

21　陳弘毅：《一國兩制下香港的法治探索》，第 72 頁。

22　同上，第 74 頁。

23　佳日思、陳文敏、傅華伶主編：《居港權引發的憲法爭論》，香港：香港大學出版社 2000 年版，序言。

24　強世功：〈和平革命中的司法管轄權之爭：從馬維琨案和吳嘉玲案看香港憲政秩序的轉型〉，《中外法學》2007 年第 6 期。

25　See Yash Ghai, *Hong Kong's New Constitutional Order: the Resumption of Chinese Sovereignty and the Basic Law*, p. 350.

26　佳日思：〈《基本法》訴訟：管轄、解釋和程序〉，載佳日思、陳文敏、傅華伶主編：《居港權引發的憲法爭論》，第 7 頁。

香港特區法院司法審查結果的遵守或者默認促使法院順利行使憲法意義上的司法審查權。司法權的行使離不開其他機關的配合。更加重要的是，香港特區的一切權力均須來自中央的授權，根據基本法第 20條，全國人大及其常委會及中央人民政府還可以授予香港特區其他權力。自香港回歸後，中央從未明確否定香港法院在維護國家主權的前提下行使違憲審查權。[27] 吳嘉玲案中引起中央強烈反對的是終審法院有關司法審查全國性法律的主張，但對於特區法院從未中斷過的審查本地立法的行為，中央採取了默認的態度，不予置評。所以筆者認為，我們從基本法中關於基本法的「上位法」地位、獨立的司法權與終審權、基本法的解釋權等規定中不能推導出香港特區享有司法審查的「默示性」權力。但是，從回歸以來的實踐中可以看出，中央實際上是根據基本法第 20 條的規定，以默認的方式授予了香港特區法院相應的權力。當然，對於中央的授權能否以默認的方式進行，我們仍然是存有疑慮的，只是以目前情況來看，確實已經不存在其他更好的解釋方式。除了中央的默認之外，政府和立法機關也充分尊重法院的司法審查結果，例如在莊豐源案 [28] 中，法院的判決將導致大量「雙非」孕婦赴港產子，給香港社會帶來龐大的人口壓力，但香港特區政府也予以支持和配合，甚至宣稱他們將會採取適當措施，落實終審法院關於非婚生子女問題的判決，不尋求國務院提請全國人大常委會進行立法解釋。[29] 香港法院在判例中宣佈特區立法違反基本法的情況也時有發生，而特區立法機關一般都會根據法院的審查結果對相關條例

27　李樹忠、姚國建：〈基本法與普通法的關係研究〉，載饒戈平、王振民主編：《香港基本法澳門基本法論叢》（第一輯），第 31 頁。

28　入境事務處處長訴莊豐源，FACV 26/2000。

29　參見香港特別行政區行政長官《關於提請中央人民政府協助解決實施〈中華人民共和國香港特別行政區基本法〉有關條款所遇問題的報告》。

的內容作出調整。例如，在梁國雄訴行政長官[30]中，法院不但宣佈相關條例和行政命令違反基本法，同時頒令規定有關宣告於六個月後才生效，為當局創制補救條例設置了時間，這種直接指導立法的情況即使是在其他實行司法審查的地區也是非常罕見，最終立法會通過《截取通訊及監察條例》，修改了被法院認定為違反基本法的內容。

綜上所述，司法審查權「並非來自基本法的明示規定，亦非原有司法體制下法院實際擁有與掌握的權力，而是在回歸過程中各方政治勢力博弈與鬥爭的產物」。[31]香港特區法院的司法審查權來自於司法機關自身的權威性和優越地位。回歸後香港特別行政區秉承英國普通法傳統，法院的判例具有約束力，由終審法院創制的這一權力其後具有了法律約束力，成為一項「默示」或者「隱含」的權力受到包括香港各類機關的尊重，其裁決也得到了實施與執行。尤為重要的是，這一權力得到了中央人民政府的承認和尊重，及香港民眾的遵從與信仰。[32]如果我們從實用主義法哲學的角度出發，將司法審查的「正當性」，理解為公眾的「接受度」。[33]那麼，香港特區法院的司法審查權無疑是必要而且正當的。

---

30 梁國雄及古思堯訴香港特別行政區行政長官，HCAL 107/2005，該案涉及的法律爭議是《電訊條例》第33條與《執法（秘密監察程序）命令》是否無效，《電訊條例》第33條規定，行政長官認為為公共利益而有此需要時，可以截取通訊；而《執法（秘密監察程序）命令》則授權執法進行秘密監察。

31 鄭賢君：〈論香港法院的司法審查權〉，載饒戈平、王振民主編：《香港基本法澳門基本法論叢》（第二輯），第90頁。

32 同上，第92頁。

33 Richard A. Posner, *Law, Pragmatism, and Democracy* (Cambridge, Mass.: Harvard University Press, 2003), p. 234.

本章小結

　　本章共有三節內容。第一節主要分析學界中關於香港特區司法審查權合理性常見的兩種證成思路。基本法的「上位法」地位、權利保障條款以及香港特區法院獨立的司法權和終審權、有限的基本法解釋權，只能說明基本法並沒有排除司法審查的可能性，但作為一項直接影響憲制的關鍵性權力，缺乏基本法的明確授權始終是香港特區法院行使憲法意義上司法審查權的「硬傷」。普通法的傳統雖然為法院行使司法審查權提供了可能性和理論前提，但普通法與司法審查之間的聯繫不是必然的。法院「事實上」行使的司法審查權並不能說明這種權力在「理論上」的正當性。普通法傳統的證成思路忽略了基本法對普通法的影響，迴避了新秩序下原有法律的保留條件。

　　第二節和第三節分別論證司法審查的必要性和必然性。司法審查很好地彌補了由中央審查的非完整性帶來的監督缺位，滿足香港居民權利保障的基本需求，同時有利於提升香港居民「基本法意識」，維護基本法的權威。但是，司法審查的上述功能只能說明我們需要一個機制來保障基本法的實施，而司法審查很好地契合了我們的需求，是一個可供選擇的方向。僅有需求不足以說明為什麼一定要選擇司法審查立法的方式。筆者認為，香港特區法院的角色和權威才是香港特區法院能夠行使司法審查權的根本原因。香港實行普通法，法官不僅是法律的解釋者和適用者，更是社會政策的決定者和法律的製造者，法官的多重角色與功能使法院在香港特區佔據極

其重要的地位，回歸後香港特區行政和立法本身的不足，與堅持司法獨立的司法機關相比，更加彰顯了司法的權威性。因此，由司法機關審查立法和行政行為，得到香港其他權力機關和民眾的支持，以及中央的默認。

第三章

香港特區
司法審查制度的
實踐問題分析

◇◇◇

　　考察香港特區的司法審查制度，必然涉及香港特區司法審查判例的分析與研究。畢竟，司法審查是一項實踐中的制度，而不僅僅存在於理論之中，更何況香港特區還是一個實行普通法的地區，判例在香港特區法制中的重要地位不言而喻。有關司法審查的判例集中體現了香港特區司法審查的價值取向、審查範圍、審查程度，以及司法審查的具體程序與適用的規則、方法；反映了司法機關以及其他機關、社會各界對司法審查所持的基本立場和態度，而司法審查的效果或者司法審查制度存在的問題最終也只能通過實踐顯現出來。[1] 回歸以來，香港特區法院已經在不少案件中行使了司法審查權，既包括行政法意義上的，也包括憲法意義上的司法審查權。而在相關司法審查判例中，支持政府、立法機關決定的比例和宣佈違反基本法的比例各有多少？不同法院、不同時期、針對不同類型的爭議，司法審查的程度是否一致？從判例中分析，司法機構處理司法審查案件的常規做法是什麼？香港特區司法審查實踐有哪些特點與規律？對香港特區政治體制和中央權威有哪些方面的影響？存在什麼問題？這些都需要通過對相關判例的量化統計和系統分析來解答。因此，本章將採取系統分析的方法，力圖對香港特區司法審查的實踐狀況有一個較為細緻、全面的觀察，並在此基礎上分析香港特區法院在司法審查實踐中表現出來的趨向以及存在問題。

1　吳嘉玲案後，法院的判決對香港特區的人口造成壓力。在進行調查和統計之後，香港政府在
　　1999 年 4 月 28 日公佈了令港人大吃一驚的評估報告：如果終審法院對基本法的有關解釋是對的
　　話，那麼在未來十年內，便會有 167 萬名內地居民有資格來香港定居。香港政府認為這樣大量的
　　移民是香港社會和其經濟資源所無法承受的。（參見陳弘毅：《法理學的世界》，北京：中國政法
　　大學出版社 2003 年版，第 370 頁。）最後，特區政府不得不提請全國人大常委會進行第一次釋
　　法。本次香港特區行使法院司法審查權的實踐也引起了廣泛的關注和討論，包括司法審查的範圍
　　和界限在哪，法院在審查有關社會經濟的政策或法律時要在多大程度上尊重行政機關和立法機關
　　的考量結果，以及法院行使司法審查權對社會的影響等。

第一節

香港特區司法審查判例的實證考察

◇◇◇

　　目前學界關於香港司法審查判例的研究，主要是選取個別典型
案例，對其中蘊含的法理進行深入分析和研究，[1] 或者少數注意到對
判例進行系統研究的，也主要集中在案例彙編的層面，[2] 而很少將每
個案例中的某些要素提取出來進行量化分析和統計。個案研究「是指
針對單個司法案例進行的深入研究，其研究重點在於該特殊個案所蘊
含的法律規則及法律解釋領域的問題」。[3] 個案研究具有非常重要的意
義，因為在法律發展過程中，某些個案往往發揮了關鍵的作用，甚至
成為法律發展的轉折點。[4] 對個別經典案例的深入研究，可以發現法
院在具體案件中的局部立場，發現該個案所揭示的具有一般意義或理
論價值的法律問題。「但個案研究也有其局限性，就是有可能以偏概
全、過於誇大個案的作用。」[5] 忽略了不同案件發生的特殊背景和不
同法官裁判的行動邏輯。更為重要的是，個案研究無助於我們對香港

1　其中尤以居港權案件的分析和研究最為廣泛，例如佳日思、陳文敏、傅華伶主編：《居港權引發
　　的憲法爭論》，香港：香港大學出版社 2000 年版。部分學者研究香港特區法制發展進程，也只是
　　擇取其中部分具有代表性的案例進行分析，包括居港權案、國旗區旗案、立法會剪布案等，例如
　　梁美芬：《香港基本法：從理論到實踐》，北京：法律出版社 2015 年版；陳弘毅：《一國兩制下香
　　港的法治探索》，香港：中華書局（香港）有限公司 2010 年版。
2　例如李浩然、尹國華編著：《香港基本法案例彙編（1997-2010）》，香港：三聯書店（香港）有限
　　公司 2012 年版；P. Y. Lo, *Hong Kong Basic Law: Annotation and Commentary* (Hong Kong: Thomson
　　Reuters Hong Kong Limited, 2010).
3　李友根：〈論案例研究的類型與視角〉，《法學雜誌》2011 年第 6 期。
4　例如美國的馬伯里訴麥迪遜案；香港特區 1999 年的吳嘉玲和劉港榕案；中國內地的孫志剛
　　案、佘祥林案等都可以納入這一類案件。
5　程潔：〈香港基本法訴訟的系統案例分析〉，《港澳研究》2016 年第 2 期。

特區司法審查整體狀況的宏觀把握，無法觀察到司法審查制度的發展脈絡和演變過程。不可否認，任何一種研究方法都可能存在某些方面的局限，司法審查判例的系統分析同樣如此。通過計量和系統分析的方法所獲得的數據，有可能導致對一些具有轉折點意義的典型判例的疏忽，但系統分析類型案件的普遍特點與整體趨勢，能夠更好地反映法律發展的一般特點和方向。考慮到以上因素，筆者採取系統分析的方法研究香港特區司法審查制度的實踐樣態。

一、樣本的選擇方式

案例在一定意義上就是社會學研究中的「樣本」，如何選擇樣本、樣本選擇是否適當直接決定著相關研究的質量。[6] 基本法對香港特區法制的巨大影響毋庸置疑，而且與市民的生活息息相關，回歸以來，已經出現了大量涉及基本法的訴訟。截至 2016 年 11 月 28 日，筆者在香港司法機構網站 [7] 上搜索到涉及基本法的判決書數量為 5283 項，基本法在香港特區的司法適用範圍之廣泛可見一斑。

然而，對於本章研究的樣本選擇而言，一方面，涉及基本法的案件並不都是司法審查類案件；另一方面就 5000 多項判決書進行系統分析具有極高的技術難度。我們也無法直接通過「司法覆核」或者「Judicial Review」等關鍵詞對相關判例進行篩選，因為「司法覆核」並不能涵蓋所有司法審查的類型，雖然香港特區法院的司法審查有大部分通過司法覆核程序進行，但也有不少是在刑事案件或者民事案件中對相關法例進行的附帶審查。綜合考量各方面因素，最終筆者選取來自香港律政司編輯出版的《基本法簡訊》2001-2015 年第 1-17 期所

6　章志遠：〈行政法案例研究方法之反思〉，《法學研究》2012 年第 4 期。

7　香港司法機構，http://www.judiciary.gov.hk/tc/legal_ref/judgments.htm（最後訪問時間：2016 年 11 月 28 日）。

載有關基本法的案例作為研究的樣本。《基本法簡訊》是由香港律政司、公務員事務局和政制及內地事務局聯合出版的官方出版物，至少代表了香港特區政府對相關案件重要性的肯定。所選樣本庫案例一共62 起（具體見本書附錄：香港特區司法審查判例列表），數量雖然不算特別多，但從時間跨度來看，基本涵蓋了回歸後近二十年各個時間段的司法審查實踐；從訴訟類別來看，既有憲法與行政法訴訟案件，又有刑事訴訟案件和民事訴訟案件，包含了有可能進行司法審查的所有訴訟類型；從審查法院來看，雖然多數由終審法院裁決，但也有部分高等法院裁決的案件，較之單獨分析某一起或幾起終審法院的典型案例，更能反映香港特區不同層級司法機構和不同階段，行使司法審查權的特點和總體趨勢。

▌二、司法審查的主體及案件類型

從審理法院來看，香港特區的司法審查分散於各個法院之中。從作出終審裁決的法院來看，司法審查案件多數由終審法院終審，62 宗案件中由終審法院終審的案件共有 46 件，佔總數的 71.2%，餘下的案件由高等法院原訟法庭或者上訴法庭結案。從案件類型來看，司法審查在民事、刑事和行政訴訟程序中均能進行。具體情況見表 3-1：

表 3-1：審理法院（終審）及案件類型（單位：宗）

終審法院				高等法院			
民事上訴 FACV	刑事上訴 FACC	邢事雜項案件 FAMC	民事雜項案件 FAMV	民事上訴 CACV	高院憲法及行政訴訟 HCAL	高院裁判法院上訴 HCMA	高院雜項案件 HCMP
35	9	1	1	7	7	1	1

由此可見，香港特區的司法審查是分散式的。一般而言，從審查機構的數量和司法審查的集中程度來看，司法審查可以分為「分散審查」和「集中審查」兩種。分散審查是指所有法院在審理具體案件的過程中，都可以附帶審查法律、法令的合憲性或者合法性，美國的司法審查制度就屬於典型的分散審查。集中審查是指雖然由普通法院進行司法審查，[8] 但在具體的安排上，只有一定級別的法院或者法院下的專門法庭才能行使司法審查權。如菲律賓規定只有最高法院才有違憲審查權。[9] 愛爾蘭 1937 年憲法第 34 條授權最高法院和高等法院受理憲法案件，而其他法院沒有憲法管轄權。巴拉圭（1992 年憲法第 260 條）和薩爾瓦多（1983 年憲法第 174 條）規定在最高法院下設憲法審判庭。[10]

　　對於香港特區而言，由於司法審查涉及憲制性的重大理論問題，直接關係當事人基本權利的保障，最終上訴至終審法院的概率自然要高於普通案件。當然，其中也受樣本選擇的影響，我們研究的樣本庫來自《基本法簡訊》刊載的基本法案例，在載入《基本法簡訊》之前已經過一定的篩選，所選的案例本來就有大部分是由終審法院終審的具有重大理論爭議點的判例，因此，從審理法院上看，會有大比例的案件由終審法院終審。但也有一些案件由高等法院原訟庭或上訴庭結案，這也從側面表明，並非所有涉及司法審查的案件都由終審法院終審。

　　從涉及司法審查的案件類型來看，司法審查沒有專門的程序，不管是憲法和行政訴訟案件，還是民事、刑事案件，只要當事人提出相關條例或者附屬條例是否符合基本法的質疑，都可能引起法院的審

8　由專門法院進行的違憲審查也經常被概括為集中審查模式，但本文中的司法審查，僅指普通法院對行政行為和法律的審查，因此不包括由專門法院審查的類型。

9　胡錦光：〈憲法訴訟制度若干問題〉，載憲法比較研究課題組編：《憲法比較研究文集》（二），北京：中國民主法制出版社 1993 年版，第 165 頁。

10　參見張千帆、包萬超、王衛明：《司法審查制度比較研究》，南京：譯林出版社 2012 年版，第 104-105 頁。

查。在香港特區，對行政機關的越權行為或不作為，市民可以通過司法覆核程序尋求救濟，但申請人提起司法覆核必須先向高等法院原訴法庭申請許可，司法覆核申請包括要求覆核某項成文規則，或某項關乎行使公正職能的決定、行動或沒有做出行為的合法性的申請。[11]因此，憲法和行政訴訟案件在高等法院審理。但刑事案件和一般民事案件的情況就有所不同了，例如刑事案件中的司法審查，在裁判法院進行初審時，裁判官也有可能對相關法律是否符合基本法作出判斷。[12]可見，香港特區的司法審查是分散式的，並且沒有專門的審查程序。除了終審法院之外，其他層級的法院在審理各類案件過程中都能審查法律、法令的合憲性或者合法性。

三、司法審查的對象

香港特區法院除了對行政機構的決定進行審查之外，還審查立法或者附屬立法是否符合基本法。而且從數據上分析，香港特區法院審查立法或者同時審查立法以及行政行為的案件數量，遠多於只審查特區行政行為而不涉及相關條例或者附屬條例「合憲性」的案件數量。具體而言，涉及基本法的 62 起案例中，有 14 起涉及行政機構決定的審查。另外有 7 起是有關基本法其他重要問題的判例，包括：1 宗關於行政長官行使基本法第 48 條第（十二）項 [13] 的職權，1 宗涉及國家豁免原則以及香港特區法院管轄範圍，1 宗涉及香港特區立法會主席權力問題，1 宗關於普通法罪行 [14] 的適用問題，3 宗涉及紀律審裁機

11　參見《高等法院規則》（第 4A 章）第 53 號命令。

12　例如，在律政司司長訴丘旭龍（FACC 12/2006）一案中，裁判法院裁判官嘉理仕先生裁定，兩名被告人的控罪所依據的《刑事罪行條例》（第 200 章）第 118F（1）條違憲，因此他必須撤銷有關控罪。

13　參見基本法第 48 條：（十二）赦免或減輕刑事罪犯的刑罰。

14　即作出有違公德行為的罪行，參見香港特別行政區訴陳宥羲，FACC 3/2013。

構的聆訊程序 [15] 問題。餘下的 41 宗案例均涉及特區立法和附屬立法
是否符合基本法的審查（其中有一起是關於《香港人權法案條例》第
11 條是否符合基本法的案件）。[16] 被審查的具體法律內容見表 3-2。

表 3-2：司法審查涉及的具體法律條文

涉及的內容	相關法律條文	案件數量
基本權利	《入境條例》附表 1 第 2（a）段、附表 1 第 1（4）（b）段、附表 1 第 1（2）（c）段、附表 1 第 3（1）（c）段、附表 1 第 1（5）（b）段、第 11（10）條、第 42（2）（a）（ii）條、第 2（4）（vi）條、第 2（4）（b）條，《國旗及國徽條例》第 7 條，《區旗及區徽條例》第 7 條，《侵害人身罪條例》第 2 條，《刑事訴訟程序條例》第 9D 條，《危險藥物條例》第 47 條，《火器及彈藥條例》第 20（1）條，《刑事罪行條例》第 124 條，《破產條例》第 30A（10）（b）（i）條，《電訊條例》第 33 條及《執法（秘密監察程序）命令》，《刑事罪行條例》第 118C 條，《刑事罪行條例》第 118F（1）條，《證券條例》第 23（1）（c）條，《警察（紀律）規例》第 9（11）及（12）條規例，《警隊條例》第 17（2）（a）條，《立法會條例》第 31（1）（a）及（b）條及第 53（5）（a）及（b）條，《立法會條例》第 25 條及 26 條，《人權法案》第 11 條，《婚姻條例》第 21 條及 40 條，《婚姻訴訟條例》第 20（1）（d）條，《行政長官選舉條例》第 34（1）條，《公眾娛樂場所條例》第 2 及 4 條，《公安條例》第 14（1）、14（5）和 15（2）條	27

15　分別是律師紀律審裁組在紀律研訊程序中採用民事證明標準作出對上訴人不利的裁斷，香港醫務委員會在進行紀律研訊時由其法律顧問列席商議以及草擬裁決書的行為是否合法，以及聯合交易所紀律委員會主席關於在紀律聆訊中限制申請人法律顧問的功能的指示是否合法的問題。參見一名律師訴香港律師會，FACV 24/2007；香港醫務委員會訴陳曦齡，FACV 13/2009；香港聯合交易所有限公司訴新世界發展有限公司及其他人，FACV 22/2005。

16　Ubamaka Edward Wilson 訴保安局局長及另一人，FACV 15/2001。

涉及的內容	相關法律條文	案件數量
政治體制	《提供市政服務（重組）條例》，《法律執業者條例》第 13（1）條，《刑事訴訟程序條例》第 67C 條，《公職人員薪酬調整條例》第 4 至 6 條及第 10 條，《公職人員薪酬調整（2004 年/2005 年）條例》第 4 至 11 條及第 15 條，《破產條例》第 138 條，《證券及期貨條例》，《裁判官條例》第 88 條，《立法會條例》第 67（3）條，《仲裁條例》第 81（4）條，《法定語文條例》第 5 條	10
經濟、教育制度	《地租規例》第 2、4、5 條規例及《地租條例》第 8 條，《收回土地條例》第 12（c）條，《地租（評估及徵收）條例》第 4 條，《2004 年教育（修訂）條例》	4

從上述案例中可以得出以下幾點結論：

第一，香港特區司法審查範圍非常廣，相關數據充分體現了權力的分立和司法機構對立法權及行政權的制約。首先表現在審查立法的頻率上，62 宗案件裏有 41 宗涉及特區立法或者附屬條例的審查，相對而言，僅審查行政行為的案件數量反而少得多，為司法審查立法案件數量的三分之一。其次表現在審查涉及的法律領域上，除了居港權、獲得公正審判權、平等權、人身自由、言論和發表自由等有關市民基本權利的法律內容受到挑戰之外，還有涉及政治體制的法律內容也必須接受法院的審查，例如特區立法有關非政權性的區域組織的設立問題、[17] 終審法院的終審權、[18] 司法機關審判權 [19] 等內容，也在司

17　陳樹英訴香港特別行政區行政長官，HCAL 151/1999。

18　莫乃光訴譚偉豪，FACV 8/2010；另見一名律師訴香港律師會及律政司司長（介入人），FACV 7/2003。這兩個案件涉及將原訟法庭或者上訴法庭的裁定確定為「最終裁定」，被認為抵觸基本法第 82 條有關終審法院終審權的規定。

19　丘廣文及另一人訴保安局局長，HCAL 1595/2001。該案涉及《刑事訴訟程序條例》（第 221 章）第 67C 條，賦予行政長官經考慮終審法院首席法官的建議後，裁定有關罪犯須服包括在無限期刑罰內的最低刑期，法院認為該條實質上賦予行政長官行使一項本身是審判權的權力，因此抵觸基本法第 80 條而無效。

法審查的範圍之內。雖然案件數量少於基本權利類案例，但也接近總數的四分之一，這表明香港特區的司法審查制度不僅限於保障公民的基本權利，還處理不同部門之間的權力關係。

第二，針對不同的審查對象，香港特區法院進行司法審查的程度有所不同，決定香港特區法院是否對有關法律規範進行司法審查，以及在多大程度上審查的根本因素在於該規範對公民基本權利的影響程度。對於影響公民基本權利的法律規範，香港特區法院審查的概率更高，而且更加傾向於進行嚴格審查。這點不僅體現在上述表格基本權利類法律條文的司法審查案件數量中，也是法院在多個案例中一貫堅持的觀點。例如，在陳健森訴律政司司長案的判決書中，法院明確指出：

在適當情況下，特別是有關課題涉及社會或經濟政策時，法庭應尊重立法會或行政機關的看法和抉擇。然而，如果有關權利具高度憲政重要性，或有關權利屬於特別適宜由法庭評估是否需要提供保障的類別，則對尊重的要求會較低。[20]

實際上，上述列表中政治體制類法律規範的司法審查案例數量高達 10 起，其中也有基本權利的影響因素，因為有關終審法院終審權、司法機關審判權等內容，雖然涉及香港特區司法管轄權的範圍和各權力機關的關係，但同時也與當事人在訴訟中享有的基本權利密切相關，涉及對當事人「接受司法機關公正審判」等基本權利的限制。相反，有關經濟、教育、科學、文化、體育、宗教、勞工和社會服務等社會或經濟政策領域的法律，受到司法審查的次數很少，據統計只有 4 宗。

第三，香港特區的司法審查機制融合和了一些「抽象審查」的要

20　參見陳健森訴律政司司長判決書，HCAL 79、82、83/2008，第 154 段。

素，在一定程度上超越了司法權只涉及「個案與爭議」的先天界限。
我們將司法審查界定為普通法院審查立法或者行政行為是否符合憲法
或者其他法律的制度，在普通法院審查的機制下，有關司法審查的方
法與技術始終圍繞司法權的本質屬性展開，即司法審查必須以特定的
案件和具體的爭議為基礎。司法審查只能是附帶性審查與事後審查，
即法院只有在法案正式通過後或者行政行為作出（包括作為與不作
為）之後，在具體審理行政、民事、刑事案件的過程中，才能進行司
法審查。在審查對象上，「只允許法院審查具體爭議，而不能超然獨
立於訴訟案件之外僅就法律進行抽象審查」。[21] 事實上香港特區法院
的司法審查實踐，也明顯表現出具體審查與附帶審查的特徵。但是，
法院的附帶性審查和事後審查並不是絕對的。例如，在古思堯及另一
人訴香港特別行政區行政長官案中，特區法院在沒有具體爭議的情況
下，對《電訊條例》第 33 條及行政長官發佈的《執法（秘密監察程
序）命令》進行審查。[22] 又如，終審法院會在具體案件審理結果對當
事人已經無關重要時，基於「當中提出了重大的爭議點，為了公眾利
益」，仍然繼續審理有關上訴。[23] 此外，針對還沒作出的行政行為，
法院也有透過司法覆核提出的質疑作出「禁止宣告」[24] 的先例，帶有

21　林來梵主編：《憲法審查的原理與技術》，北京：法律出版社 2009 年版，第 2 頁。

22　在《執法（秘密監察程序）命令》發佈不久，梁國雄先生和古思堯先生便針對行政長官而展開司
　　法覆核程序，對該行政命令提出質疑。兩人提出司法覆核的依據是：身為曾經觸犯法紀的政治激
　　進分子，他們相信自己已成為秘密監察的對象；他們又堅稱自己有權挑戰違憲的法規，而提出這
　　項挑戰的身份則是基於他們身為公眾的一分子，有權要求禁止任何違憲的秘密監察行為，因為這
　　關乎他們的利益。以這種身份和理由提起對法律的司法審查其實是非常不充分的，因為不能確定
　　是否真正存在具體的爭議或者侵權行為，這實際上相當於對法律法規的抽象審查。

23　參見 GA 及其他人訴入境事務處處長，FACV 7/2013。在上訴法庭作出裁決後，部分申請人已經
　　獲得工作准許，而又有一名申請人無論如何也不能工作，終審法院審理上訴的結果對上訴人已經
　　無關重要，因此該上訴只屬於理論性質，儘管如此，終審法院仍然繼續審理有關上訴。

24　宣告式判決（Declaratory Relief）和事先禁止令（Injunctive Relief）是由衡平法院發展起來並在私
　　法領域長期行之有效的救濟手段。後來逐漸滲透進憲法領域，成為憲法審查的一種裁決手段，即
　　在一定條件下，原告可以向法官尋求宣告式救濟或禁止令救濟，以中止受審法律的適用，這實際
　　上具有「事先審查」的特徵。參見林來梵主編：《憲法審查的原理與技術》，北京：法律出版社
　　2009 年版，第 8 頁。

「事先審查」的特徵。例如，在律政司司長訴陳華及其他 [25] 案中，香港特區法院在其中一人選舉還未進行而另一人選舉雖然已經進行，但民政事務局局長還沒有作出認可村代表的決定時，法院即「宣告民政事務局局長不得認可在 1999 年選舉安排下獲選為布袋澳村村代表的人士，理由是該等安排與《香港人權法案條例》第 21 條（甲）及 / 或《性別歧視條例》第 35（3）條有抵觸」。

四、司法審查判決的依據和參考的內容

（一）司法審查判決的依據

香港特區法院司法審查的依據主要為基本法，但《公民權利和政治權利國際公約》（本章簡稱《公約》）和香港特區實施《公約》的本地立法《香港人權法案條例》（第 383 章）也經常被作為審查其他法律是否「合憲」的依據，而且從數據上分析，適用的頻率非常高。41 宗憲法意義上的司法審查案例中，只以基本法為審查依據的案例僅有 20 宗，不足一半。審查依據中包含《人權法案條例》的案例有 19 宗，包含《公約》的案例有 9 宗。具體情況見圖 3-1。

圖 3-1：香港特區憲法意義上的司法審查的依據

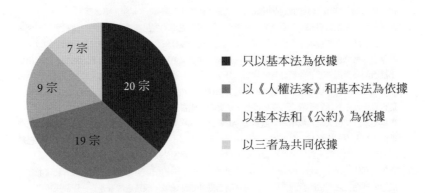

- ■ 只以基本法為依據
- ■ 以《人權法案》和基本法為依據
- ■ 以基本法和《公約》為依據
- ■ 以三者為共同依據

25　律政司司長訴陳華及其他，FACV 11、13/2000。

　　從上述分析中可以看出，在香港特區司法審查實踐中，《公約》和《人權法案條例》實質上被特區法院賦予了高於一般條例和附屬條例的地位。香港特區法院一般結合基本法第 39 條的規定，將《公約》和《人權法案條例》作為審查其他法律的依據，並且多次在判例中明確表示特區其他立法不得違反《公約》或者《人權法案》的內容，終審法院認為，「《人權法案》便由《基本法》第 39 條得到牢固憲政保證」。[26]「根據《基本法》第三十九條，《人權法案》具有憲法效力。」[27]「法庭在行使其獨立的司法權力時，有責任決定所制定的法例是否符合《基本法》和《人權法案》。」[28]

（二）司法審查判決參考的內容

　　基本法第 84 條規定，香港特區法院審判案件可參考其他普通法適用地區的司法判例。從法院在審理案件時所援引的其他普通法適用地區的司法判例來看，其中引用最多的判例是英國的判例，62 宗案例中有 19 宗參考了英國的判例，包括 1997 年香港回歸前的英國上議院和樞密院的判例，[29] 也包括 1997 年之後的英國判例。其次，歐洲人權法院的判例被援引的頻率也很高，有 14 宗。此外，澳大利亞、加拿大、新西蘭等國的判例也援引過，共有 11 宗。就全國性法律而言，由於選取的判例之中有相當數量的「居港權」類案件，因此對於全國人大常委會關於基本法第 22 條第 4 款和第 24 條第 2 款第（三）項解釋的援引較多，全國性法律中只有列於基本法附件三的《中國國

26　*Lam Siu Po v Commissioner of Police*, FACV 9/2008, para. 16.

27　官永義訴內幕交易審裁處，FACV 19、20/2007，第 25 段。

28　劉昌及另一人訴香港特別行政區，FACC 6/2001，第 101 段。

29　特區法院在一名律師訴香港律師會（FACV 24/2007）一案中指出，以樞密院對來自香港的上訴案的裁決為代表的一套法理，於 1997 年 7 月 1 日基本法生效後，在香港繼續具有約束力（參見判決書第 8 段）。樞密院對於並非來自香港的上訴案件的判決，與香港並無關係，於 1997 年 7 月 1 日前對香港沒有約束力，只屬具說服力的判例（參見判決書第 9 段、第 14 段）。上議院的判例與此類似。

籍法》曾被援引過作為審理的依據，其他全國性法律還未被已收錄的案件援引過。值得注意的是，內地有關的學術專著也曾被香港特區法院作為審理案件時可供參考的內容。[30] 由此可以得出以下兩點結論：

第一，香港特區法院在司法審查案例中參考的內容範圍極其廣泛，基本上沒有任何限制。考慮到香港特區屬於比較小的普通法司法管轄區，能夠比較參考各地的法理，對於法院妥善解決裁判中的各項問題具有非常重大的意義。只要法院認為相關判例或者學理與本案有關，並且具有說服力，均可在案件審理過程中加以考慮，作為裁判的參考內容。參考內容來源的廣泛性以及法院的自由選擇權力，直接導致法院司法審查的結果有很大的彈性空間。

第二，雖然香港特區法院可以自行決定在審判中參考哪些裁決，但特區法院對不同司法管轄區裁決的傾向性還是有明顯區別的。香港特區的普通法傳統和制度與中國其他地區差異明顯，特區法官普遍接受普通法的教育，傳承普通法的思維習慣，而且終審法院還可以根據需要邀請其他普通法適用地區的法官參加審判，法律制度和法官的組成使得特區法官在案件審理過程中，很少會選擇參照內地的司法判決或學術理論。但即使是在普通法系內部，香港特區法院的傾向性也是很明顯的，法官更加原意參照英國、歐洲其他地方或者其他與英國普通法制度一脈相承的國家的判例，反而很少參考美國的判例。「從歷史角度看，香港法律制度源於英國法律制度，既然如此，樞密院和上議院的裁決自然應備受尊重。」[31] 這也說明香港特區法官的觀念並沒有隨著中國對香港恢復行使主權後香港地位和政治體制的轉變而改變，普通法在香港仍然具有強大的優勢地位。

---

30 參見謝耀漢訴香港特別行政區護照上訴委員會及入境事務處處長，HCAL 1240/2000。法院認為，「其他普通法地區不會有案件或太多權威著作處理《中國國籍法》的問題，在該情況下參考中國出版有關《中國國籍法》的權威著作，以決定《中國國籍法》的基本原則及全國人大的立法目的是無可厚非」。

31 一名律師訴香港律師會，FACV 24/2007，第 17 段。

五、司法審查的結果

　　司法審查的結果能夠體現香港特區法院對法律和行政行為的審查力度和尊讓程度，反映了司法機構對其他機關的制約程度。一般而言，越是強調司法謙抑和司法對立法和行政行為的尊讓，則越少在判決中宣佈法律違反上位法或者行政行為違法。總體而言，香港特區司法審查的結果可以分為兩大類：一是認定既有的立法、行政決定違反基本法或者其他法律；二是認定既有立法或行政行為符合基本法或者其他法律。

　　經過統計，41 宗涉及對條例和附屬條例的司法審查案例中，法院認為相關法律符合基本法的有 27 宗（包含 1 宗法院裁定條文本身沒有違反基本法而適用「違憲」的情況，[32] 以及 3 宗法院通過「補救解釋」維持條例有效性的案例。），[33] 與基本法或者《人權法案條例》規定不符的有 14 宗。具體如下：1.《入境條例》（第 115 章）附表 1 第 2（a）段有關父母的規定與基本法第 24 條第 2 款第（一）項相抵觸；2.《刑事訴訟程序條例》（第 221 章）第 9D 條否定了原訟法庭關於自由的基本審判權；3.《入境條例》（第 115 章）附表 1 第 3（1）（c）段，將永久居住地解釋為申請人必須「已在香港定居」；以及附表 1 第 1（5）（b）段，把「定居」一詞界定為申請人必須「不受任何逗留期限的限制」，不符合基本法的規定；4.《法律執業者條例》（第 159 章）第 13（1）條有關上訴法庭決定的終局性的規定，不符合基本法第 82 條所隱含的「相稱性驗證標準」；5.《刑事訴訟程序條例》

32　參見 Gurung Kesh Bahadur 訴入境事務處處長，FACV 17/2001，法院認為《入境條例》第 11（10）條本身並無違反基本法，只有把這項條文引用於獲准逗留的期限尚未屆滿的非永久性居民時，才會抵觸他根據第 31 條享有的權利。第 11（10）條可繼續有效地引用於逗留期限尚未屆滿的並不是非永久性居民的人，例如訪客。

33　參見香港特別行政區訴洪鑠華及另一人，FACC 1/2006；香港特別行政區訴林光偉及另一人，FACC 4/2005；*W v The Registrar of Marriages*，FACV 4/2012。

（第 221 章）第 67C 條賦予行政長官行使一項本身是審判權的權力，抵觸基本法第 80 條；6.《公安條例》（第 245 章）第 14（1）、14（5）和 15（2）條為著「公共秩序」而賦予處長的酌情權違憲；7.《破產條例》第 30A（10）（b）（i）條的限制超越了為保障債權人的權利所必須採用者，因此違憲；8.《電訊條例》（第 106 章）第 33 條及由行政長官發佈的《執法（秘密監察程序）命令》違憲，同時下令暫停執行各項關於違憲的宣告；9.《刑事罪行條例》（第 200 章）第 118C 條違反了基本法和《人權法案條例》；10.《刑事罪行條例》（第 200 章）第 118F（1）條屬歧視性，侵犯平等權利。它不符合憲法；11.《證券條例》第 23（1）（c）條下判處罰款的權力因導致違反《人權法案》第 10 及 11 條的情況而無效；12.《警察（紀律）規例》第 9（11）及（12）條規例（附屬法例）排除審裁處行使該種酌情權的可能性，它們與《人權法案條例》第 10 條相抵觸，必須宣佈為違憲和無效；13.《立法會條例》（第 542 章）第 31（1）（a）及（b）條及第 53（5）（a）及（b）條有關剝奪在囚人士投票權的規定，違反基本法第 26 條和《人權法案條例》第 21 條對投票權所作的憲制保證；14.《立法會條例》第 67（3）條所含最終決定條文的限制遠遠超越為從速裁定選舉呈請這個目的而必須做出的規限，必須宣告《立法會條例》第 67（3）條違憲，抵觸基本法第 82 條。

14 宗涉及行政行為的司法審查案例中，法院裁定合法的案例有 8 宗，行政行為違法的案例有 6 宗。另外上述 7 宗涉及基本法其他重大爭議的案例尚未統計在其中。詳細情況參見圖 3-2。

圖 3-2：香港特區司法審查的結果（單位：宗）

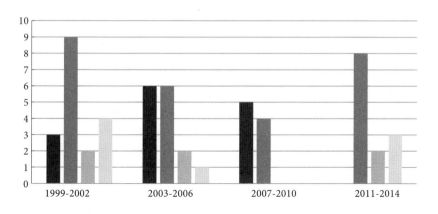

■ 立法違反基本法　　■ 立法符合基本法　　■ 行政行為違法　　▨ 行政行為合法

　　在有關司法審查結果的研究之中，本地的政治氣候、法官的個人偏好、社會經濟狀況、社會法治水平和公民權利意識等情況，往往是學者加以考慮的關聯因素。[34] 然而由於香港特區是一個年輕的城市，基本法實施至今僅 20 餘年，香港特區終審法院首席法官也還只到第三任。又由於法治、人權等觀念在香港並不新鮮，法治發達一直是香港特區引以為豪的地方，香港社會對待法院和政府的態度並沒有明顯的變化。又或許是選取的樣本數量還不足夠，總之，從目前研究結果來看，上述因素對香港特區司法審查制度的影響並不明顯，司法審查的結果在不同的時間段也沒有明顯差異。不過，我們仍然可以從現有的分析結果中總結出香港特區司法審查實踐的以下幾個特點：

　　第一，香港特區法院習慣將基本法和《人權法案條例》作為特區的「憲法」，不少案例均直接宣佈香港立法「違憲」或者「不符合憲法」，其中因相關立法違反《人權法案條例》而被宣佈無效的案例有

34　例如，學者在分析美國司法審查制度時，聯邦最高法院法官的個人偏好頗受關注，沃倫法官被普遍認為更傾向於制約政府權力而同情個人權利主張，沃倫法官將自由主義司法能動發揮到了極致。在羅斯福新政時期，考慮到美國當時的經濟狀況以及羅斯福的個人魅力，該時期的聯邦最高法院則更加傾向於支持政府決策。參見程漢大：〈司法克制、能動與民主——美國司法審查理論與實踐透析〉，《清華法學》2010 年第 6 期。

4 宗，再次印證了前文所述的觀點，即《人權法案條例》在香港法律體系中具有極高的地位，甚至與基本法並駕齊驅，共同作為審查其他法律的標準。

第二，香港特區司法機構積極行使司法審查權，顯然發揮了權力制約的重要作用。除了未統計的 7 宗案例，餘下的 55 宗審查立法或者行政行為的案例，宣佈違反基本法或者其他法律的案例 20 宗，約佔總數的 36%，這個比例確實非常高。從另外 7 宗案件來看，雖然沒有宣佈任何規範性文件違反基本法，但特區法院審理這類案件的行為本身以及判決中有關司法管轄權的主張已經足以說明司法權的強勢地位，司法覆核的範圍甚至已經輻射到了行政長官特權行為 [35] 以及立法會議事程序。[36]

第三，從被宣佈為違反基本法或者《人權法案條例》的法律條文內容來看，主要是關於居港權問題、同性戀問題以及對選舉權、通訊自由和通訊秘密、遊行示威自由進行限制等具有巨大爭議性的條款，特區法院在其中承擔了爭議最終裁判者的角色。涉及特區法院審判權和終審權問題的條款高達 6 項，可見特區法院將自己定位為居民權利維護者的同時，也不遺餘力地確立自己在特區政治體制中的權威地位。

第四，香港特區法院採取靈活方式解決「違憲」宣告的效力問題。經法院審查後被宣告與基本法相抵觸的法律，是否自始無效？對此，香港特區法院的主流觀點是認為司法機關所認定為違反基本法或者《人權法案條例》的規範自始無效。「依照普通法的情況，一

35　法院認為，按基本法，儘管行政長官所作的任何決定的是非曲直不得由法庭覆核，但作出有關決定的程序的合法性是可以覆核的，申請人就基本法第 48（12）條提出的挑戰，不會因法庭欠缺司法管轄權而成為無效。參見 Ch'ng Poh 訴香港特別行政區行政長官，HCAL 182/2002。

36　終審法院認為，在成文憲法賦予立法機關立法職權的情況下，法院會行使司法管轄權，以裁定立法機關是否具有某項權力、特權或豁免權。參見梁國雄訴香港特別行政區立法會主席及律政司司長，FACV 1/2014。

項裁定 1997 年 7 月 1 日以後的某項法律與《基本法》抵觸的法庭判決，除具有追溯效力外還具有適用於將來的效力。」[37] 在宣佈法例違反基本法的判決中，也有直接宣佈某一條文「因此無效」的案例。[38] 如果認為違反基本法的法律自始無效，那麼其無效性應當是貫徹始終的，並不存在類似警告性判決或者定期限生效的制度。然而，香港特區法院在司法審查實踐中，採取了靈活的處理方式，以等候糾正法例，消除因無效宣告而對公眾造成的危險。例如，在有關在囚人士的選舉權案 [39] 中，法院裁定有關剝奪在囚人士（以及已被定罪判處死刑或監禁，但既未服該刑罰，或未獲赦免的人）投票權的條文，違反基本法第 26 條和《人權法案條例》第 21 條對投票權所作出的憲制保證。在政府當局提出申請後，法庭發出為期 10 個月的「暫停執行令」（Temporary Suspension Orders），暫停執行與在囚人士投票權有關的宣佈。在古思堯案中，終審法院也裁定「暫停執行各項關於違憲的宣告，使之延遲執行，讓政府有機會制訂糾正法例」。[40]

六、司法審查案例中法院的解釋方法

法律解釋是指對法律的內容和含義所作的說明。「任何類型的文本如果要為人們所理解，首先要進行解釋。」[41] 對於法律工作而言，法律的適用離不開對法律條文的解釋，司法的目光需不斷往返於規範

37　香港特別行政區訴洪鑾華及另一人，FACC 1/2006，第 11 段。

38　例如，在丘廣文及另一人訴保安局局長（HCAL 1595/2001）案中，法庭宣告《刑訴條例》第 67C（2）、（4）及（6）條與《基本法》第 80 條相抵觸，因此無效；在官永義訴內幕交易審裁處（FACV 19、20/2007）案中，法院裁定《證券條例》第 23（1）（c）條下判處罰款的權力因導致違反《人權法案》第 10 及 11 條的情況而無效；在林少寶訴警務處處長（FACV 9/2008）一案中，法院裁定《警察（紀律）規例》第 9（11）條和（12）條抵觸《人權法案條例》第 10 條和基本法第 39 條，必須宣佈為違憲和無效。

39　*Chan Kin Sum v Secretary for Justice and Others*, HCAL 79, 82 & 83/2008.

40　古思堯及另一人訴香港特別行政區行政長官，FACV 12、13/2006，第 49 段。

41　【德】伯恩・魏德士著，丁小春等譯：《法理學》，北京：法律出版社 2003 年版，第 323 頁。

與事實之間，而對規範採取不同的解釋方法，往往直接決定案件的審理結果。從香港特區法院在司法審查案例中採取的法律解釋方法來看，直接在判決中強調法律釋義必須考慮立法目的的案件有 16 宗，但是，法院對法律的解釋方法也不限於目的解釋，還包括上下文解釋、限縮解釋、補救性解釋等。由此可以總結出香港特區司法審查實踐中法院釋法的以下幾點特徵：

第一，香港特區法院十分堅持其對法律解釋的權威地位。依照普通法，立法機關在完成法律制定工作之後，解釋法律的任務就交到司法機關手裏，「法律解釋被視為法官專屬的一項權力，是司法權的一部分」，[42] 雖然基本法第 158 條明確規定了全國人大常委對基本法的解釋權，以及香港特區法院必須提請全國人大常委會作出解釋的情形，但香港特區法院在判例中確立了提請全國人大常委會解釋的「類別條件」及「有需要條件」，[43] 法院有權判斷並決定是否提請解釋，使自己成為基本法實際上的權威解釋者。迄今為止，香港特區法院主動提請全國人大常委會解釋基本法的案例只有一宗。

第二，香港特區司法審判判例中強調文意解釋和目的解釋的方法，與中國內地的「立法原意」解釋存在較大區別。從案件反映出來的情況看，文意解釋和目的解釋是法院最主要的解釋方法。法院認為，「法律釋義這項工作需要法院找出有關條款所用字句的含義，而在這過程中需要考慮該條款的背景及目的」。[44] 對於「立法原意」，香港特區法院區分立法者通過「法律文本表達的原意」以及「立法者的原意」，法院的任務是詮釋法律文本所用的字句，以確定這些字句所表達的立法原意。[45]

第三，香港特區法院在積極行使司法審查權的同時，巧妙地運

42　郭天武等著：《香港基本法實施問題研究》，北京：中國社會科學出版社 2012 年版，第 194 頁。

43　參見入境事務處處長訴莊豐源，FACV 26/2000。

44　參見同上。

45　參見同上。

用各種解釋技巧，以此避免作出法律違反基本法的判斷，通過「合憲性補救解釋」等方式減少宣告法律違反基本法的概率。如前文統計的數據，在宣佈法律符合基本法的案例中，包含了 3 宗法院作出補救解釋的案例。例如，在變性人結婚權利案中，法院宣告：為符合基本法第 37 條及《人權法案》第 19（2）條，《婚姻訴訟條例》第 20（1）（d）條及《婚姻條例》第 40 條中的「女」及「女方」等字詞的涵義，必須解釋為包括接受手術後由男身變成女身的變性人，而該人的性別必須由適當的醫療當局證明在接受手術後已經改變，這種涵義必須給予法律效力。[46] 又如，在香港特別行政區訴洪鑠華及另一人案中，終審法院支持上訴法庭的做法，對《危險藥物條例》（第 134 章）第 47（1）及（2）條下的法定推定條文作出「限制性解釋」，即解釋為向被控人施加「提證責任」，不包括「說服責任」。[47]

46　*W v The Registrar of Marriages*, FACV 4/2012, para. 150.

47　香港特別行政區訴洪鑠華及另一人，FACC 1/2006，第 86 段。與反向舉證責任（舉證責任倒置）相關的還有另外一個案例，即香港特別行政區訴林光偉及另一人，該案涉及另外一部法例《火器及彈藥條例》（第 238 章）第 20 條的「反向舉證責任」條文，終審法院對第 20 條的反向舉證條文作出狹義解釋，視作只施加援引證據的責任，而不是具說服力的舉證責任，FACC 4/2005。

謹慎的擴張：
香港特區司法審查的趨向分析

◇◇◇

　　從上文香港特區司法審查的判例中，我們可以分析出香港特區法院在司法審查中所持的基本立場和對待立法、行政行為的態度。司法採取能動主義還是克制主義的價值立場，法院以保障自由為主還是以維護秩序為主的功能選擇，司法作為「法律執行者」還是「政策決定者」的角色定位，反映了香港特區司法權的強弱，決定了司法審查的程度和結果。這三者本身也是相互對應、不可剝離的關係。司法越是傾向於保護權利，意味著司法要採取更加能動的方式偏離制定法的規範，保護少數人的權利免受民主制下多數人決定的侵害，司法的能動性與政治性成正比，法官能動到極致，意味著法院成為社會政策的制定者，承擔了本應屬於立法和行政這兩個政治機構的職能。

▌一、能動與克制：特區法院司法審查的價值立場

　　司法能動與司法克制，通常被認為是具有司法審查權的法院的兩種基本立場選擇，「是法官在進行自由裁量時享有多大的自由或者

受到多大的限制的程度問題」，[1] 主要體現在法官對多數規則以及「政治部門」（即立法和行政部門）所持的基本態度上。從上文的分析中，我們可以對香港特區司法審查的實踐樣態有較為直觀的了解。回歸以來，香港特區法院積極行使司法審查權，有效地制衡了其他公權力的行使，在維護基本法的憲制性法律地位和保障居民基本權利方面發揮了巨大的作用。同時我們也看到，香港特區法院的司法審查制度是非常靈活的，法院在司法審查的範圍和程度上有極大的自由裁量空間。通過判決參考內容的選擇和法律解釋技藝的精緻構築，香港特區法院在人權保障領域表現出積極能動的一面，而同時在社會、經濟政策案件和政治性案件中保持必要的克制。總體而言，香港特區司法審查交織在司法能動與司法克制之間，並以司法能動和司法擴權為主要趨向。

（一）司法審查依據和參考內容的開放性

根據基本法第 39 條，《公約》適用於香港的有關規定繼續有效，但必須通過香港特別行政區的法律予以實施，而《人權法案條例》實際上就是香港特區實施《公約》的本地立法。基於 1991 年《香港人權法案條例》第 3 條和第 4 條的規定，[2]《人權法案條例》和《公約》被賦予憲制性法律的作用和地位，成為審查香港立法機關立法的依據。但是，在香港回歸時，《人權法案條例》的這兩條規定由於與基

1　【美】克里斯托弗·沃爾夫著，黃金榮譯：《司法能動主義 —— 自由的保障還是安全的威脅？》，北京：中國政法大學出版社 2004 年版，第 2 頁。關於司法能動主義的界定的一些傳統的指導方針包括：法官在憲法解釋的過程中，不應該受制憲者立法意圖的限制；傾向於更少強調必須絕對遵循先例；為獲得重要而且必要的司法判決傾向於減少程序上的障礙；並不那麼順從其他政治決策者，當案件初步證據顯示公民個人的權利遭到了侵害時，能動主義者可能傾向於對此進行不同程度的「嚴格審查」；喜歡作出更為廣泛的裁定，傾向於尋找更為廣泛的憲法依據；主張一種廣泛的司法救濟權。參見沃爾夫書，第 3-7 頁。

2　《人權法案條例》第 3 條第 2 款規定：「所有先前法例，凡不可做出與本條例沒有抵觸的解釋的，其與本條例抵觸的部分現予廢除。」第 4 條關於日後法例的釋義規定，「在生效日期或其後制定的所有法例，凡可解釋為與《公民權利和政治權利國際公約》中適用於香港的規定沒有抵觸的，須作如是解釋」。

本法相抵觸，已經由全國人大常委會宣佈不採用為香港特別行政區法律。[3] 基本法第 39 條第 2 款規定「香港居民享有的權利和自由，除依法規定外不得限制，此種限制不得與本條第一款規定抵觸」，是否賦予了《公約》以及與《公約》內容基本一致的《人權法案條例》凌駕於其他法律之上的憲法性地位？目前仍有爭議。然而，從上述判例的分析中可以發現，香港回歸後，特區法院仍然將《公約》和《人權法案條例》視為審查香港特區其他立法的依據。

回歸後的香港特區法院以更加開放以及能動的姿態使用域外法律資源，英國、澳大利亞、歐洲人權法庭等海外判例，經常被用來輔助解釋基本法和《人權法案條例》。審查依據和參照內容的廣泛性給了香港特區法院更加廣闊的裁量空間，法院得以在普通法的海洋中汲取自己需要的養分，使判決結果更加符合自己的正義觀。對於海外判例的選擇，「最終來說，香港法院必須自行決定何者適切本司法管轄區」。[4] 而且，「終審法院對海外判例的援用並不僵化，而是按普通法的精髓不斷發展這些案例」。[5] 這樣，司法審查的結果與基本法之間的聯繫被切斷了，法院對限制基本權利的立法或者行政行為的審查結果，實際上在很大程度上取決於自己的觀念。

（二）司法審查解釋方法的靈活性

解釋方法的選擇不僅僅是一個技術或者是法律傳統的問題，而是一個價值判斷和權力分配的問題。基本法作為一部憲制性法律，不

3　參見《全國人民代表大會常務委員會關於根據〈中華人民共和國香港特別行政區基本法〉第一百六十條處理香港原有法律的決定》附件二：香港原有法律中下列條例及附屬立法的部分條款抵觸基本法，不採用為香港特別行政區法律：……7.《香港人權法案條例》（香港法例第 383 章）第 2 條第（3）款有關該條例的解釋及應用目的的規定，第 3 條有關「對先前法例的影響」和第 4 條有關「日後的法例的釋義」的規定。

4　一名律師訴香港律師會，FACV 24/2007，第 17 段。

5　秦前紅、傅婧：〈在司法能動與司法節制之間——香港法院本土司法審查技術的觀察〉，《武漢大學學報》2015 年第 5 期。

可能事無巨細，其語言也具有原則性和高度概括性等這些「全世界範圍內的憲法文件都會遇到的問題」。[6] 從上文的分析中可以得知，香港特區法院對基本法及其他法律的解釋方式是非常靈活的，並且在靈活的解釋技藝之下實現了司法權的擴張。

第一，以「文本＋目的」的解釋方式排除立法者的原意。英國普通法傳統下，對成文法傾向於採取「字面解釋」的方法。香港特區終審法院雖然也在判決中強調「不能賦予文字所不能包含的意思」，但實際上這裏法院所要排除的是以立法者的原意（尤其是在基本法尚屬一部年輕的法律，很多參與立法的人士還健在）解釋法律。法院區分了法律文本表達的立法原意和立法者的原意，例如在莊豐源案的判決書中，法院指出：

> 法院根據普通法解釋基本法時的任務是詮釋法律文本所用的字句，以確定這些字句所表達的立法原意。法院的工作並非僅是確定立法者的原意。法院的職責是要確定所用字句的含義，並使這些字句所表達的立法原意得以落實。法例的文本才是法律。[7]

所謂的「法例的文本才是法律」，其實強調的不是法院嚴格按照立法文本解釋的立場，而是法院排除大陸法系「立法原意」解釋的立場。因為在堅持「法例的文本才是法律」之餘，法院同時強調「法院必須避免只從字面上的意思或技術層面、或狹義的角度，或以生搬硬套的處理方法詮釋文字的含義」，而是要參照條款的「背景和目的」。[8] 可見香港特區法院對於「字面解釋」的立場實際上並不堅定，通過立法「原意」向立法「目的」的轉換，法院實現了根據自己的理

---

6 秦前紅、黃明濤：〈文本、目的和語境 —— 香港終審法院解釋方法的連貫性與靈活性〉，《現代法學》2011 年第 1 期。

7 入境事務處處長訴莊豐源，FACV 26/2000，第 6.3 節。

8 參見入境事務處處長訴莊豐源，FACV 26/2000。

解而非立法者的意思來解釋法律的目的。

第二，雖然強調「目的解釋」，但法院的解釋方法遠不僅於此。通過多種司法技巧，特區法院獲得了「重塑」有關條文的權力。一方面，根據不同的目的適時調整，針對不同類型的條款對法律採取寬鬆的釋義或者狹窄的釋義，[9] 以實現對立法和行政機關權力的充分制衡。另一方面，在必要的時候，法院有可能背離文字通常的含義，作出超過一般普通法詮釋範圍的「補救解釋」，包括以狹義解釋（Reading Down）、插入字句（Reading In）和剔除條文（Striking Out）等，對條文作出牽強的解釋。[10]

解釋方法的靈活運用，使得法院司法審查在很大程度上背離制定法的規定，法院在法律解釋上展現出極大的能動性，脫離了制定法對法院的約束，實現司法權的自我擴張。法律解釋雖然以「文意解釋」和「目的解釋」為主，但法院在法律解釋方法上有非常大的自由空間，針對不同類型的條款，採取不同的解釋方式，甚至是超過一般普通法詮釋範圍的解釋，實際上是通過法律解釋方法的靈活運用，「將制定法轉化為符合法官正義觀念的普通法規則，是法官造法、修改制定法的過程」。[11] 法官「在包含籠統含糊原則的憲法所留下的『縫隙』間進行司法性立法」，這種司法審查代表了司法能動主義一方。[12]

（三）法院在涉及經濟、社會政策案件中的適當克制

相較於人權保障領域，香港特區法院在涉及經濟、社會和文化政策案件的司法審查上要克制得多，至少從司法審查的結果上看是如此。一方面表現在司法審查的案件以及被宣佈為違反基本法的案件數

9　參見 Gurung Kesh Bahadur 訴入境事務處處長，FACV 17/2001。

10　參見香港特別行政區訴林光偉及另一人，FACC 4/2005。

11　郭天武等著：《香港基本法實施問題研究》，第 198 頁。

12　參見【美】克里斯托弗·沃爾夫著，黃金榮譯：《司法能動主義 —— 自由的保障還是安全的威脅？》，第 51 頁。

量上，如上所述，有關社會、經濟政策案件的司法審查案件數量明顯低於有關基本權利保障的案件數量，而且審查結果多數為支持政府政策。[13] 另一方面，法院在審查相關法律是否違反基本法時，會考慮「酌情判斷餘地原則」（The Margin of Appreciation Doctrine）。法院在多個判例中提到該項原則，例如在一起涉及同性戀問題的案件中，法院裁定：

> 每當有人質疑法例違憲時，法院應給予立法機關對情況作恰度評估的權力（Margin of Appreciation）。這個概念的涵義，是法院承認立法機關在通過法例時，處於較佳的位置去評估社會的需要。法院不能代替立法機關擔當這個角色；事實上，法院在有關政策的事宜須尊重立法機關的見解。[14]

然而，該原則的適用空間可大可小，終審法院應當考慮立法機關的觀點，立法機關的判斷應佔的比重，要視乎問題的性質而定，每宗案件都不盡相同，亦視乎行政機關是否較法院更加具備條件去明瞭問題的後果及處理方法。[15] 通常而言，在經濟、社會政策案件「酌情判斷餘地原則」的適用空間明顯更大。法院在審查涉及社會經濟政策的事宜時，尤其強調要注意與酌情判斷餘地是否相關。因此，有學者認為，在涉及經濟、社會和文化政策案件的司法審查上，「香港法院又發展出一套基於司法技術理性的司法節制，以期維護特別行政區法治的統一與穩定」。[16] 如果從法院在涉及基本權利類案件的司法審

13　例如關於地租的差餉物業估價署長訴 Agrila Limited 及其他 58 家公司案，FACV 1、2/2000；關於教育政策的天主教香港教區又名羅馬天主教會香港教區主教法團訴律政司司長案，FACV 1/2011。

14　*Leung TC William Roy v Secretary for Justice*, CACV 317/2005, para. 52.

15　香港特別行政區訴林光偉及另一人，FACC 4/2005，第 45 段。

16　秦前紅、傅婧：〈在司法能動與司法節制之間 —— 香港法院本土司法審查技術的觀察〉。

查，和涉及經濟、社會和文化政策類案件的司法審查情況來看，這種觀點不無道理，相較而言，法院在該領域確實表現出一些司法克制的意味，但這一觀點沒有考慮到香港特區法院在司法克制的包裝下司法權自我擴張的野心和傾向。

香港特區法院在尊重立法和行政機關決策的基礎上，不失時機地強化立法和行政行為必須接受司法審查的觀點。每當法院在闡述對立法和政府機關裁量權的尊重時，總會有「但書」出現，強調法院對相關行為的司法管轄權。例如，法院在有關公立醫療資源分配政策的案件中裁定：「一般而言，裁定政府該等社會經濟政策的利弊，不屬於法院的職責範圍。不過，法院的一貫立場是，法院會基於責任作出干預，以確保有關的措施或政策合法合憲。」[17] 又如，在林光偉案中，法院裁定：「就嚴重罪行而言，法院得認同立法機關有責任釐定政策和界定刑事罪行的元素。不過，關於證明、舉證責任和證據的事宜，終審法院可自行裁定，而不必因為須考慮立法機關的判斷而受到限制。」[18] 在陳健森案中，法庭認為，「在適當情況下，特別是有關課題涉及社會或經濟政策時，法庭應尊重立法會或行政機關的看法和抉擇。然而，如果有關權利具有高度的憲政重要性，或有關權利屬於特別適宜由法庭評估是否需要提供保障的類別，則對尊重的要求會較低」。[19]（以上橫線均為筆者所加。）

可見，香港特區法院在司法審查中考慮「酌情判斷餘地原則」，體現了司法機關對立法與行政行為的尊重，尤其是在涉及經濟、社會政策類案件的司法審查中，更加強調司法的自我克制。在司法審查過程中，「法例越是涉及廣泛社會政策的事宜，法院越是不願干預」。[20] 但同時我們應該看到該原則的有限性，法院在強調尊重立法

17　*Fok Chun Wa and Others v The Hospital Authority and Others*, FACV 10/2011, para. 66.

18　香港特別行政區訴林光偉及另一人，FACC 4/2005，第 45 段。

19　*Chan Kin Sum v Secretary for Justice and Others*, HCAL 79, 82 & 83/2008, para. 54.

20　*Fok Chun Wa and Others v The Hospital Authority and Others*, FACV 10/2011, para. 68.

和行政的同時，又不遺餘力地宣示自己對相關行為是否符合基本法的最終決定權。在不同類型的案件中，法院對立法和行政行為予以多大程度的尊重，取決於法院自身的判斷。

（四）「憲法」補救方式的靈活運用：司法克制外衣下的能動主義

香港特區法院審核特區立法機關所制定的法例或者行政機關的決定是否符合基本法，傳統的方式是在發現有抵觸基本法的情況出現時，裁定有關法例或者行為無效。但在某些情況下法院會採取特定的補救方式，包括補救解釋、暫緩實施及暫時有效等，以此減少對立法的影響。然而，相關補救方式的適用，使得香港特區法院在維持法例效力的同時實現了司法權力的實質擴張。

第一，香港特區法院以盡量維持法例條文有效，避免作出「違憲」判斷為由，自我定義基本法中有對條例進行「補救解釋」的「隱含權力」。[21] 補救解釋的適用意味著法院可以採取狹義解釋、插入字句或條文等司法技巧，對法律條文作出超出一般普通法解釋的牽強解釋，相當於賦予了法院直接修改法例條文的權力。

第二，除了宣佈違反基本法的條文無效，法院甚至有權「推翻非侵犯權利的條文」。理由是《人權法案條例》第 6 條 1 款訂明了該條例遭違反時的補救措施，[22] 法院認為應當根據廣闊含義，將該條文理解為賦予法院或審裁處權力，在最符合立法意圖的情況下，推翻非侵犯權利的條文。在官永義案中，終審法院裁定「容許法庭在最能體現立法意圖的情況下單單廢除有關法規中導致違反或觸犯的部分，即使

21　參見香港特別行政區訴林光偉及另一人，FACC 4/2005，第 58 段。

22　參見《香港人權法案條例》第 6 條，該條規定法院或審裁處「可就該項觸犯、違反或威脅違反事件，頒發它有權在該等訴訟中頒發而認為在該情況下屬適當及公正的補救、濟助或命令」。

該部分本身並無違反《人權法案》」。[23] 由非民選的機關審查代表民主的議事機關的其中一個正當性抗辯理由是為了維護「高級法」的地位，拒絕執行任何違憲的法律，前提是法律與憲法相抵觸。香港特區法院有權宣佈本身「合憲」的法律條文無效，這已經大大超出了司法審查的傳統內涵，法院以實現立法機關的意圖為由，司法權又一次被大大擴張了。

第三，裁判效力的擴張。裁判效力涉及法院是否有權發出暫緩實施（暫停執行有關違憲宣告，使違憲宣告的生效日押後）及暫時有效（宣佈已被宣告為違憲的法律或行政行動暫時有效，行政機關可在過渡期內依循舊有法律運作並獲得保障）令，或者作出無追溯力的推翻判決。目前特區法院已經在數宗案例中發出「暫緩實施」的命令，[24] 而關於特區法院是否具有司法管轄權發出暫時有效令或作出無追溯力的推翻判決令，則留待日後審理的案件解答。[25] 雖然暫時有效令等補救措施使政府獲得修正法例的機會和時間，避免某段時間的法律真空，但特區法院據此在判決中宣稱「在某些情況下，必要性原則構成司法管轄權的來源，更使法庭獲授予近乎異常的特殊權力」，[26] 同時也為日後司法權的擴張奠定了基礎。

23　官永義訴內幕交易審裁處，FACV 19、20/2007。該案涉及《證券（內幕交易）條例》（第 395 章）（現已廢除並由《證券及期貨條例》〔第 571 章〕取代）的內容是否違反《人權法案條例》第 10 條「接受公正公開審問的權利」以及第 11 條「禁止強迫自證其罪」的規定。該條例第 17 條規定審裁處有權「要求任何人出席審裁處聆訊並作供」，同時第 23 條授權內幕交易審裁處對任何被其指出為內幕交易者的人作出「處以罰款」的命令。法院裁定因為這一懲罰的嚴重程度使得審裁處的研訊程序應當列為「刑事類別」，而非「民事性質」的程序。因此，《人權法案》第 10 條和第 11 條的規定適用於該研訊程序，《證券條例》有關調查權力的規定違反了《人權法案》。立法機關的意圖是寧可為保留《證券（內幕交易）條例》的其他條文而犧牲判處罰則的權力，也不願失去導致違反《人權法案》的調查權力。最終法院裁定該條例第 23 條「判處罰款」的權力因「導致」違反（**而非本身違反**）《人權法案條例》第 10 條、第 11 條而無效。

24　參見 *Chan Kin Sum v Secretary for Justice and Others*，HCAL 79、82、83/2008；古思堯及另一人訴香港特別行政區行政長官，FACV 12、13/2006。

25　參見前注古思堯案，第 32 段及第 61 至 62 段；關於無追溯力的推翻判決問題，參見香港特別行政區訴洪鑅華及另一人，FACC 1/2006，第 28 段。

26　前注古思堯案，第 24 段。

124

總之，特區法院在尊重立法和行政機關的決定、盡可能維護相關條例有效性的「包裝」下，小心翼翼地擴充著自身的司法管轄權。雖然從判決的實體結果上看法院更多地表現為遵從立法機關和行政機關的考量結果，但夾帶在判決之中的司法權自我定義和擴張，也是不容忽視的。通過各種司法技巧，法院在司法審查中實際享受著幾乎不受約束的權力。

二、秩序與自由：香港特區司法審查的功能選擇

司法審查「往往導致法院介入處理一些具爭議性的社會公共政策問題，在個人權利與社會整體利益之間、或在不同的相互矛盾的權益或價值觀念之間進行協調」。[27] 維護秩序和保障公民自由，是司法審查的兩項重要功能，而兩者之間的張力也是法院所必須要面對的，因為對公共秩序的維護，必然涉及對部分權利的限制。法院在司法審查中以維護秩序為導向還是以保障自由為導向，代表了法院將在多大程度上尊重與支持立法機關的考量和政府的決策，直接影響司法審查的力度和結果。高標準的權利保障，則意味著對立法和行政機關制約程度的加強。從上述香港特區司法審查的判例分析來看，香港特區法院將個人權利和自由置於首要位置，司法審查更加強調對香港居民基本權利的保障。

（一）對居民基本權利的高度保障

首先，香港特區法院對權利限制行為進行嚴格審查。法律或者政府限制基本權利，必須符合兩項要求：（1）有關限制必須由法律規定；（2）有必要才限制。例如，在梁國雄及其他人訴香港特別行政

27　陳弘毅：〈論香港特別行政區法院的違憲審查權〉，《中外法學》1998 年第 5 期。

區 [28] 案中，終審法院裁定：《公安條例》相關條款賦予處長為了公共秩序的目的，而限制和平集會的權力這項「酌情決定權」適用範圍過於寬泛，不符合「有關限制須由法律規定」的要求。在考慮有關限制是否必要時，特區法院採取「相稱的驗證標準」，即 a. 該限制是為了達致某個合法目的；b. 該限制必須有合理理據可以認定跟合法目的相關聯；c. 該限制不能超越為達致該合法目的所必須作出的限制。[29] 有關限制是否正當，須由政府提供證據加以證明。

其次，香港特區法院採取不同的解釋方式，以此擴大基本權利的範圍，嚴格控制公權力對個人基本權利和自由的限制。在審查有關限制居民基本權利的法律或者政策是否符合基本法時，特區法院「對於受憲法保障的權利應採取寬鬆釋義，對於任何針對該權利的限制則應作狹義詮釋」。[30] 例如，在 *Gurung Kesh Bahadur*[31] 案中，法院對基本法第 31 條有關旅行和入境權利的條文，給予寬鬆的釋義，而對基本法第 39 條第 2 款有關限制權利和自由的條文，則給予狹義的解釋。又如，在秘密監察案 [32] 中，特區法院對基本法第 30 條所指的「依照法律程序」中的「法律」限縮解釋為「立法會制定的法律」，因此裁定行政長官發佈的行政命令並不能作為執法機關進行秘密監察的依據。

（二）在秩序與自由之間的適度平衡

當然，香港特區法院的司法審查也並非一味強調對居民基本權利的保障，而盡量在秩序與自由之間保持適度的平衡。

28　梁國雄及其他人訴香港特別行政區，FACV 1、2/2005。

29　終審法院在多個判決中強調限制權利的「相稱的驗證標準」，如：破產管理署署長及其他訴破產人陳永興及林海三，FACV 7、8/2006；陳健森訴律政司司長，HCAL 79、82、83/2008；莫乃光訴譚偉豪，FACV 8/2010。

30　終審法院在多個判決中強調這一點，例如，梁國雄及其他人訴香港特別行政區，FACC 1、2/2005；破產管理署署長及其他訴破產人陳永興及林海三，FACV 7、8/2006。

31　Gurung Kesh Bahadur 訴入境事務處處長，FACV 17/2001。

32　古思堯及另一人訴香港特別行政區行政長官，FACV 12、13/2006。

　　一方面，法院在相關爭議涉及執行政府在社會、經濟政策上的選擇時，對基本權利的保護力度會有所減少，而更加傾向於尊重立法機關和行政機關的決定。例如，在內地孕婦使用香港公立醫院資源一案中採用了「明顯沒有合理理據」的驗證標準，充分尊重立法和行政機關在個人權利和社會需要之間的艱難取捨。終審法院裁定：

　　　　如果受爭議的政策轉變涉及執行政府在社會經濟政策上的選擇，而當中對有限公帑的分配不影響基本權利或招致因本質可疑的理由而可能造成的歧視，則法院旨在受爭議的政策轉變屬「明顯沒有合理理據」才會介入。[33]

　　另一方面，法院在審查過程中開始考慮判決是否會給政府帶來難以承受的風險和負擔。吳嘉玲案後，上訴法庭在審理雙非兒童案 [34] 時，考慮判決是否會引致大量移民湧入，雖然最後認為有關統計數字未有顯示判決會引致大量移民湧入，裁定在港出生的「雙非兒童」享有永久居留權，但該判決反映出判決結果對社會的影響也是法院進行司法審查時所考慮的因素。在後來的菲傭案 [35] 中，終審法院考慮了香港外傭計劃的特點和使用外傭的情況，裁定外傭不符合基本法第 24 條第 2 款第（四）項「通常居住」的含義。

三、司法與政治：香港特區法院的角色定位

　　司法與政治的兩分是現代政治的特徵，[36] 政治機構在公共政策上

33　*Fok Chun Wa and Others v The Hospital Authority and Others*, FACV 10/2011, para. 71.

34　入境事務處處長訴莊豐源，FACV 26/2000。

35　Vallejos 及 Domingo 訴人事登記處處長，FACV 19、20/2012。

36　白雅麗：〈司法的角色——行政訴訟視角的考察〉，中國政法大學博士學位論文，2007 年，第 123 頁。

的主導性是與其需要承擔的政治責任相聯繫的，而司法獨立原則和法官的選任制度使之遠離任何政治責任，法院作為法律裁判機關，可以依據自己的意思獨立行使審判權，卻無需為此所造成的社會影響承擔責任。然而，法律命題通常帶有政治色彩。[37] 尤其是有關憲制性法律的適用，司法審查的政治性更是不可迴避的事實，區別僅在於程度的不同。基本法擔負著重要的政治使命和價值，本身具有的政治性使得有關基本法的訴訟實踐在一定程度上總是與政治相關聯。香港特區法院在適用基本法的過程中，不得不面對一些政治問題的處理。法院在這些問題中所表現出來的積極介入或者消極而迴避的態度，則反映了特區法院在多大程度上堅守其作為司法裁判機關僅解決法律問題和具體爭議的本職，以及香港特區司法審查權具有多大的政治屬性。

雖然香港特區司法機構多次明確表示，「司法覆核所關乎的，單單是受爭議的決定是否合法的問題，而非某項政治、經濟或社會論點的是非曲直」，「任何政治、社會或經濟問題，都只能經由政治過程去謀求適當的解決辦法」。[38] 然而，由於香港政治問題進入法院的渠道十分寬廣，申請司法覆核的門檻較低，反對派人士經常以提起司法覆核程序來阻擾或者拖延政府施政，即使被法院拒絕或者敗訴，也能藉此作為平台，將自己打造成為對抗公權力的英雄和民主鬥士，利用司法制度作為達到政治目的的工具。[39] 這也導致很多政治爭議進入法院，法院就此主動或者被動地成為調整各種政治關係的權威機關。

37　在社會的結構中，法律命題是為政治權力所支配著的，在法律的命題之中，必須或多或少地體現著一定的政治理想。參見【日】川島武宜著，申政武譯：《現代化與法》，北京：中國政法大學出版社 1994 年版，第 232 頁。

38　終審法院首席法官多次在法律年度開啟典禮演講上強調法院只處理法律問題。參見終審法院首席法官 2016 年法律年度開啟典禮演辭、終審法院首席法官 2015 年法律年度開啟典禮演辭、終審法院首席法官 2007 年法律年度開啟典禮演辭。訪問網址：http://www.judiciary.hk/zh/about_us/speeches.html（最後訪問時間：2016 年 8 月 6 日）。

39　例如，2015 年 3 月，學聯前常委梁麗幗就政改諮詢提出司法覆核申請，以挑戰人大 8‧31 決定及政改五部曲，要求法院頒令禁止政改諮詢繼續進行。2015 年 10 月，香港眾志秘書長、前學民思潮召集人黃之鋒就《立法會條例》對參選立法會的年齡限制問題提出司法覆核申請。

（一）司法介入立法會內部權限爭議

2014 年的「剪布案」[40] 是立法會議員通過司法覆核挑戰立法會主席根據《議事規則》行使職權的經典案例。《立法會議事規則》是香港特區立法會的運作規則，回歸以來，立法會一直依據《議事規則》行事。在 2012 年《立法會條例修訂》草案進行二讀時，部分激進立法會議員以「拉布」[41] 手段拖延立法會會議的進行，時任立法會主席曾鈺成根據《立法會議事規則》第 92 條 [42] 直接終止了辯論。立法會議員梁國雄對主席終止辯論的行為提出司法覆核，原訟法庭和上訴法庭以法院不干預立法會內部程序為由駁回覆核申請，[43] 終審法院考慮到該案涉及的一個重要爭議性問題，即在何等情況下可就主席在立法過程中所作的決定提出司法覆核，接納了上訴人的上訴申請。法院裁定，根據不干預原則（The Non-intervention Principle），法院不會插手裁定立法機關的內部過程恰當與否。然而，法院同時也在判決中強調了以下兩點：（1）解釋基本法第 73 條第 1 款要按照「三權分立」在內的相關的普通法原則；（2）指明了不干預原則的例外，「不干預原則必須符合憲法規定。成文憲法可訂明，法例的效力依存於任何指明的事實、事件或情況；若指明的是立法機關程序或就立法機關須遵從的程序規定，法院必須就此作出審理，以裁定據稱的法例是否屬有效的法律」。「法院會行使司法管轄權，以裁定立法機關是否具有某項權力、特權或豁免權。」[44] 可見，不干預原則是有限度的，法院會在一定的情況下審查立法會內部權限爭議。

40　梁國雄訴香港特別行政區立法會主席及律政司司長，FACV 1/2014。

41　據常見解釋，所謂拉布，即「冗長演說、冗長辯論，是議員在議會利用議事程序，延遲或押後其反對的議案的表決。這些行動包括用拖延動議、特地缺席令到不夠法定人數開會、陳述一些超長或沒有意義的演說」。

42　《議事規則》第 92 條規定：「對於本議事規則內未有作出規定的事宜，立法會所遵循的方式及程序由立法會主席決定；如立法會主席認為適合，可參照其他立法機關的慣例及程序處理。」

43　參見上訴法院判決，*Leung Kwok Hung v The President of the Legislative Council of the Hong Kong Special Administrative Region*, CACV 123/2012, para. 25.

44　梁國雄訴香港特別行政區立法會主席及律政司司長，FACV 1/2014，第 32、39 段。

（二）司法介入政治選舉過程

與選舉過程有關的一個重大訴訟，是關於團體投票的問題，該案質疑立法會選舉功能界別的團體投票是否符合基本法，上訴法庭認為，基本法第 26 條賦予永久性居民選舉權和被選舉權，是指永久性居民的該項權利不得被剝奪，但不代表禁止立法機關賦予其他人透過選舉參與公共事務的權力。[45] 另外一宗是關於行政長官選舉的案件，2012 年行政長官選舉梁振英先生當選後，針對梁先生是否妥當當選的問題，另一名選舉候選人何俊仁先生提出選舉呈請和申請司法覆核。該案主要涉及兩個問題，第一個是《行政長官選舉條例》（第 569 章）第 34 條規定提出選舉呈請的 7 日期限，並且不允許延展，是否違反了基本法第 35 條保障的提起訴訟的權利，原訟法庭裁定 7 日期限「違憲」，而終審法院裁定 7 日期限不得延展並無不妥。第二個爭議問題是《行政長官選舉條例》第 32 條的選舉呈請程序 [46] 與第 39 條的行政覆核程序有何聯繫，可否同時提出？終審法院認為，選舉呈請並不是質疑選舉的唯一方法，第 32 條只是確定何人可以提出選舉呈請，以及基於何等理由，但並沒有排除所列人士基於這些理由之外的其他理由，提出司法覆核程序及其他法律程序。因此，除了依據選舉呈請程序質疑選舉，還可以採用司法覆核程序。[47] 這裏實際上把司法機關的審查作為確保「行政長官選舉保持廉潔，而且誠實可信和公開公平」的重要機制。

45　陳裕南訴律政司司長、羅堪就訴律政司司長，FAMV 39、40 /2011，第 93 段。

46　《行政長官選舉條例》第 32 條第 1 款訂明：選舉只可藉提出選舉呈請而受質疑，而提出選舉呈請的理由，須是（a）選舉主任根據第 28 條宣佈當選的人以下理由而非妥為當選⋯⋯（b）被選舉主任根據第 22（1AB）（c）條宣佈為在選舉中不獲選出的候選人因為有關的⋯⋯的具關鍵性的欠妥之處，而不獲選出。由於這裏訂明了「只可」提出選舉呈請質疑選舉以及選舉呈請的理由，因此涉及到不獲選出的候選人能否根據第 39 條又同時提出司法覆核的問題。

47　參見有關何俊仁系列法律程序的終審判決，FACV 24、25、27/2012，FACV 1/2013。

（三）司法介入行政長官專屬事務

基本法規定了香港特區的政治體制，列明了行政長官、特區政府、立法會和司法機關所行使的職權範圍。根據第 48 條第（十二）項，行政長官有權「赦免或減輕刑事罪犯的刑罰」。作為一種「彌補法律社會功能的不足」[48]的刑事政策工具，「個別赦免的決定權，原則上歸國家元首行使」，[49]在「一國兩制」方針下，基本法將這項特殊的權力授予了特區行政長官，由行政長官根據需要行使該項職權。然而，行政長官的這項專屬權力在 Ch'ng Poh 訴香港特別行政區行政長官案中遭到了挑戰。法院在該案判決書中指出：

> 《基本法》賦予行政長官若干特權，但顯然絕非將其置於法律之上。反而行政長官的權力是由《基本法》所界定和限制的。當行政長官根據《基本法》第 48（12）條行事時，他是在一個更廣的憲制架構內行事，而這個架構旨在保障所有居民的權利。[50]

法院雖然承認行政長官根據基本法第 48 條第（十二）項所作的「任何決定的是非曲直不得由法庭覆核」，但同時提出「有關決定的程序的合法性是可以覆核的」。[51]也就是說，犯罪人可以就赦免問題尋求訴訟救濟，法院有權就行政長官作出特赦決定的程序是否合法進行司法覆核。

雖然從實際結果看，上述關於立法會內部權限、特區選舉事務以及行政長官特權事項的挑戰均未成功，特區法院在判決中表現出了一定的克制與尊讓，但這些案例所釋放出來的法院對上述事項均有一

48　林志強、曾華豐：〈赦免制度的理性〉，《成都理工大學學報》2004 年第 4 期。

49　陰建峰：〈赦免程序比較研究〉，《雲南大學學報》2005 年第 5 期。

50　*Ch'ng Poh v The Chief Executive of The Hong Kong Special Administrative Region*, HCAL 182/2002, para. 35.

51　Ibid, p. 17, K-N, Q-T, p. 19, G-J.

定管轄權的信號同樣不容小覷。特區法院在避免介入政治爭議的同時，強調了自己對這些事項具有一定的司法管轄權。雖然判決沒有改變實際結果，但法院審理這些案件的行為本身，已經說明了司法管轄權範圍在相關領域的延伸和擴張。

第三節

香港特區司法審查實踐的問題省思

◇◇◇

基本法的實施使香港特區的憲制基礎發生了重大變化，而香港特區法院在獨立的司法權和終審權的保駕護航之下，幾乎壟斷了基本法的解釋權。通過積極行使司法審查權，潛移默化地改變了基本法既定的權力結構。從上文的分析中可以發現，香港特區司法審查實踐具有明顯的能動主義傾向，特區法院更加強調自由保障功能而忽略了維護社會秩序的功能。同時，法院主動或被動介入政治爭議使其陷於政治「漩渦」之中難以自拔。香港特區法院司法審查的範圍甚至比美國還要寬泛，而在法官的任命上卻缺乏美國式的「政治控制」過程。過於寬泛的司法權力打破了基本法對特區權力關係的設計，香港特區司法權力的「異軍突起」忽略了權力架構與政治體制對司法審查範圍的限制。藉助司法審查制度，在普通法的「技藝理性」下，「憲法由法官們說了算」，[1] 法院成為立法和行政行為的裁判者，隱約有超越其他權力機關之勢，司法獨立有演變為司法至上之虞。司法權力作為一項公權力，也有過度擴張的危險，傑斐遜總統關於「司法機構成為專制分支」[2] 的擔憂並非多餘，我們有必要對香港特區司法實踐中的問題保持高度警醒並加以反思。

1　該說法來自於美國聯邦最高法院首席大法官休斯（1930-1941 年在任），「我們在憲法下生活，但憲法是什麼意思，卻是法官們說了算」。參見李道揆：《美國政府和美國政治》（上冊），北京：商務印書館 1999 年版，第 516 頁。

2　參見張千帆：《西方憲政體系》（上冊），北京：中國政法大學出版社 2000 年版，第 55 頁。

一、司法能動對中央與特區關係的影響

中央與香港特區的關係是基本法的核心內容。「一國兩制」方針創造性地在中國社會主義的單一制框架下解決了實行資本主義的香港與澳門的統一。香港特區享有高度自治權,中央對香港恢復行使主權。在具體制度的設計上,中央授予香港特區獨立的司法權和終審權,但香港特區法院對國防、外交等國家行為無管轄權。[3] 全國性法律不在香港特區實施,但列於基本法附件三的全國性法律必須由香港特區在當地公佈或立法實施。中央授權香港特區法院在審理案件時,自行解釋基本法中關於特區自治範圍內的條款,但基本法的解釋權屬於全國人大常委會,在特定的情況下,部分條款不能由法院自行解釋,而是應由香港特區終審法院請全國人大常委會進行解釋。[4] 總之,基本法精心構築了中央與特區的關係的基本內容,然而,在香港特區的司法審查實踐中,基本法關於中央與特區關係的制度安排並沒有得到全面落實。

(一)司法審查重新詮釋了中央與特區的權力關係

雖然享有高度自治權,但香港特區仍然是中國的一個地方行政區域,特區與國家的關係本質上屬於地方與中央的關係。但通過司法審查制度,特區法院重新詮釋了這種關係,嚴重削弱了中央在香港特區的權威。

一是司法審查對基本法解釋權的重新詮釋。「基本法的解釋是關係到基本法實施後中央政府主權能夠得以保障的關鍵問題。」[5] 基本法第 158 條明確規定了特區法院須提請全國人大常委會解釋基本法的

3　參見基本法第 19 條。
4　參見基本法第 18 條、第 158 條。
5　陳端洪:《憲治與主權》,北京:法律出版社 2007 年版,第 177 頁。

條件，即（a）需要解釋的條款是關於中央人民政府管理的事務或中央和香港特區關係的條款；（b）對條款的解釋「影響」到案件的判決。在香港特區司法審查的實踐中，法院創造性地提出了提請全國人大常委會解釋基本法的另外兩個標準：（1）類別條件，即該條款屬於自治範圍之外的條款。在類別條件的判斷上，香港特區法院增加了一點內容，即「應考慮實質上，最主要需要解釋的是哪條條款」，也就是說如果某一案件的審理既涉及「範圍之外的條款」的解釋，又涉及自治範圍內的條款的解釋，而最主要需要解釋的是自治範圍內的條款，則法院不需要提請全國人大常委會解釋。（2）有需要條件，即該解釋會影響到該案的判決。並且「在審理案件時，唯獨終審法院才可決定某條款是否已符合上述兩項條件」。[6] 通過對基本法解釋權的重新詮釋，香港特區法院掌握了是否提請全國人大常委會解釋的主動權，並且增加了一個可參照的技術性標準，限縮了需要提請全國人大常委會解釋的範圍。在此後的莊豐源案中，終審法院在面對基本法第22 條第 4 款以及第 24 條的解釋時，「認為第二十四條是最主要的條款，裁定無須作出司法提請」。[7]「其所謂目的解釋的運用方式幾乎從實質上取消了全國人大常委會對於香港法院解釋權的限制。」[8]

二是司法審查對全國人大常委會解釋內容和效力的重新詮釋。全國人大常委會的解釋對香港特區法院具有約束力。吳嘉玲案後，全國人大常委會第一次對基本法作出解釋，解釋中提到基本法第 24 條第 2 款其他各項的立法原意，體現在 1996 年香港特區籌委會第四次

6　參見吳嘉玲及其他人士訴入境事務處處長，FACV 14-16/1998，第 89、90、103 段。

7　參見入境事務處處長訴莊豐源，FACV 26/2000，第 5 節。

8　秦前紅、黃明濤：〈文本、目的和語境 —— 香港終審法院解釋方法的連貫性與靈活性〉。

全體會議通過的意見之中。[9] 該解釋對基本法第 24 條第 2 款的立法原意進行澄清。也就是說，未來對基本法第 24 條第 2 款其他各項的理解，須符合籌委會通過的該份意見所表達的立法原意。然而，終審法院在其後莊豐源案的審理中並沒有完全遵循全國人大常委會的這一解釋。法院的理由是「有關陳述」對特區法院不構成具有拘束力的解釋。[10] 特區法院實際上是運用普通法下的「判決理由」和「附隨意見」區分規則，來對全國人大常委會的解釋進行了區分，也就是對這一解釋進行了再解釋，消解了全國人大常委會解釋對特區法院的約束力。[11]

三是司法審查對中央立法權力的重新詮釋。根據基本法第 18 條的規定，列於基本法附件三的全國性法律由香港特區在當地公佈或立法實施，其中包括《中華人民共和國國旗法》和《中華人民共和國國徽法》，[12] 特區立法會為此專門制定了《國旗及國徽條例》（香港法例1997 年第 116 號）。按照中央與特區的關係，香港特區法院作為一個地方性法院，無權審查全國人大及其常委會的立法行為，[13] 但是如果全國性法律已經通過本地立法實施，那麼法院是否可以對該實施全國性法律的本地立法進行審查？在國旗案中，終審法院認為，「本院要處理的爭議是保護國旗國徽及區旗區徽免受侮辱的本地法律是否符合

9　參見全國人民代表大會常務委員會關於《中華人民共和國香港特別行政區基本法》第 22 條第 4款和第 24 條第 2 款第（三）項的解釋，該解釋第二點提到：「本解釋所闡明的立法原意以及《中華人民共和國香港特別行政區基本法》第二十四條第二款其他各項的立法原意，已體現在 1996年 8 月 10 日全國人民代表大會香港特別行政區籌備委員會第四次全體會議通過的《關於實施〈中華人民共和國香港特別行政區基本法〉第二十四條第二款的意見》中。本解釋公佈之後，香港特別行政區法院在引用《中華人民共和國特別行政區基本法》有關條款時，應以本解釋為準。」

10　參見前注莊豐源案判決書，第 6.3 節。

11　姚國建：〈論 1999 年「人大解釋」對香港法院的拘束力〉，《法商研究》2013 年第 4 期。

12　參見全國人民代表大會常務委員會關於《中華人民共和國香港特別行政區基本法》附件三所列全國性法律增減的決定。

13　吳嘉玲案中，終審法院提出，特區有司法管轄權審核全國人大及其常委會的立法行為。但這一立場遭到內地官方和學者的強烈反對。後來終審法院作出澄清，表示其不會質疑全國人大及其常委會的權威。

憲法」,[14] 並且針對這一爭議進行裁決。雖然終審法院最後判決《國旗及國徽條例》沒有違反基本法,但特區法院已實際行使了對該條例的司法審查權,香港特區法院事實上審查了全國性法律在特區的轉換立法。

（二）司法審查間接加劇了兩地法律體系的隔離

如前文所述,香港特區法院在司法審查實踐中擴大了司法審查的依據範圍,並且廣泛參照域外普通法。香港特區回歸後,原有法律和司法體制幾乎完整地保留下來,繼續參照英國等其他普通法適用地區使得香港原有的法制傳統得到很好的傳承,但也加強了中國兩地之間法制融合的難度,導致中央與特區對基本法的理解難以達成共識,容易在基本法的實施過程中產生爭議。「《基本法》的創造與大陸法系和普通法系都有關係。」[15] 考慮到兩地法律制度的重大差異,為了實現香港的平穩過渡,保持香港的繁榮穩定,基本法延續了香港的普通法傳統。在適用的法律方面,規定普通法、衡平法在內的香港原有法律,除同基本法相抵觸或者經香港特區立法會作出修改者外,予以保留。同時規定其他普通法適用地區的司法判例可作參考。全國性法律除了列入基本法附件三者外,不在香港特區實施。[16] 在法官的選任上,除了終審法院和高等法院的首席法官應由既在外國無居留權,又是香港特區永久性居民的中國公民擔任之外,其他法官和司法人員可以從其他普通法適用地區聘用,終審法院也可以根據需要邀請其他普通法適用地區的法官參加審判。[17]

相關制度的安排在最高限度上維持了香港普通法法律體系的獨立性,但是,「國家是多樣性基礎上的統一性,多樣性是基礎,統一

14　香港特別行政區訴吳恭劭、利建潤,FACC 4/1999,第 71 段。

15　梁美芬:《香港基本法:從理論到實踐》,第 55 頁。

16　參見基本法第 8 條、第 84 條、第 18 條。

17　參見基本法第 90 條、第 92 條、第 82 條。

性是國家的本質」。[18] 基本法也存在大陸法系的規則，體現了維護國家的統一和主權的憲制安排。通過一系列制度的設計，期望在未來的基本法實踐中，兩地能夠有更多的交流和互動，最終能夠相互理解、相互借鑒、相互融合。然而，司法審查中對普通法的廣泛參照和選擇性適用，使香港特區徹底成為一個對大陸法系封閉的普通法王國，加劇了兩地法律體系的隔離。首先，加劇了兩地關於基本法解釋機制的隔離，使高度自治下香港終審法院沿襲普通法體系的解釋權，與全國人大常委會對基本法的立法解釋權更加難以統合。回歸以來關於基本法解釋權的衝突和爭議充分反映了一味強調普通法的解釋規則，忽略了基本法的實施帶來的法律秩序的根本性變革，將不利於基本法的實施，不利於加強兩地互信，而最終只能以中央強勢釋法或者「搶跑」[19] 平息風波。其次，對域外普通法的過度適用強化了司法能動性，從而加劇了香港法律生成機制和香港司法過程的不確定性，形成對中央與地方關係的挑戰，而中央對此卻沒有特別有力的制衡工具，在一定程度上導致了香港在回歸後的法治發展過程與祖國 —— 其最應當緊密聯繫的法域產生了疏離。[20]

二、司法擴權對香港政治體制的影響

「政治體制，在一定意義上說，主要是解決權力結構的問題。」[21] 香港特區政治體制被概括為「行政主導、司法獨立、行政與立法既相

18　陳端洪：《憲治與主權》，第 192 頁。

19　即中央在特區法院作出判決之前主動解釋基本法，例如 2016 年《全國人大常委會關於香港特別行政區基本法第一百零四條的解釋》。

20　李杏杏：〈域外普通法對香港司法的影響及對《基本法》實施的挑戰〉，載《2016 年香港基本法澳門基本法研究會年會暨「基本法與國家統合」高端論壇論文集》。

21　王叔文主編：《香港特別行政區基本法導論》，北京：中國民主法制出版社、中共中央黨校出版社 2006 年版，第 213 頁。

制約又相配合」。[22] 行政主導是指在行政與立法的關係中，行政長官的法律地位比立法機關的要高一些，行政長官的職權廣泛而大一些，行政長官在香港特別行政區政治生活中起主要作用。[23] 雖然基本法中沒有出現「行政主導」的字眼，但「基本法確定了香港特區實行以行政為主導的政治體制」[24] 基本是學界的共識，[25] 基本法按照行政主導的思想來設計香港的政治架構，是維護國家主權的要求，也符合香港現代化城市發展的需要，「一個決策及時、效率很高、運作平穩、起主導作用的行政體制」[26] 顯然更加有利於保持香港經濟的繁榮與發展。然而，實踐中香港特區司法機關在獨立的王國裏面具有至高無上的權威，司法獨立原則得到很好地保障，而行政主導卻未能實現。法院通過司法審查制度重新劃分了司法與立法、行政的權力邊界，直接影響甚至決定了社會、經濟政策的實施；打破了行政與立法之間的權力制衡關係。香港特區的行政主導除了要面對政黨政治發展所帶來的壓力，還要回應司法擴權所帶來的挑戰，不但行政主導難以實現，還出現了行政弱化、政府施政困難、政策難以推動的局面。

（一）司法擴權對立法權的影響

　　香港特區立法會是香港特區的立法機關，根據基本法的規定並依照法定程序制定、修改和廢除法律，司法機關依照香港原有法律和立法機關制定的法律審判案件，[27] 但司法審查權使法院獲得了審查審

22　許崇德：〈略論香港特別行政區的政治制度〉，《中國人民大學學報》1997 年第 6 期。

23　參見蕭蔚雲：《論香港基本法》，北京：北京大學出版社 2003 年版，第 829 頁。

24　朱孔武：〈行政主導：《基本法》對香港政府體制的民主安排〉，《嶺南學刊》2008 年第 1 期。

25　參見王叔文主編：《香港特別行政區基本法導論》，北京：中國民主法制出版社、中共中央黨校出版社 2006 年版，第 210-215 頁；郝鐵川：〈從國家主權與歷史傳統看香港特區政治體制〉，《法學》2015 年第 11 期；劉曼容：〈行政主導：香港特區管治之所需〉，《廣東社會科學》2006 年第 6 期；胡錦光、朱世海：〈三權分立抑或行政主導制 —— 論香港特別行政區政體的特徵〉，《河南省政法管理幹部學院學報》2010 年第 2 期；程潔：〈香港憲制發展與行政主導體制〉，《法學》2009 年第 1 期，等等。

26　蕭蔚雲、傅思明：〈港澳行政主導政制模式的確立與實踐〉，《法學雜誌》2000 年第 3 期。

27　參見基本法第 66 條、第 73 條、第 84 條。

判依據是否符合更高級別的法律的權力。有學者從被香港特區法院宣佈為違反基本法的條文內容上分析，認為多數都是屬於在立法通過時爭議本來就比較大的內容，因此香港特區司法審查「對立法和決策的實質性約束沒有想像中那樣大」。[28] 然而，筆者認為，司法權對立法權的侵蝕不僅表現在宣佈相關法例因違反基本法而無效的權力上，更重要的是體現在對立法的補救解釋上。一方面，司法機構日益膨脹的權力，正在侵蝕著議會的領地。司法機關挾「憲法解釋特權」之威風，以立法不合憲法而否認其法律性質。[29] 雖然立法機關事後可以通過修改或者重新通過法律修正法院的判決，但現代社會瞬息萬變，立法任務艱巨，立法機關的反應遠不如司法機關靈敏而迅速。另一方面，補救解釋方法的適用使得法院在實踐中可對條文進行補充、限縮或擴張性的理解，相當於賦予了法院修改立法或者直接制定政策的權力。司法不僅發揮了填補法律漏洞的「造法」功能，還實際行使了專屬於立法會的修改制定法的權力。

（二）司法擴權對行政主導的影響

1. 司法擴權改變了行政立法之間的制衡關係

香港特區的行政與立法是相制約又相配合的關係。行政長官有解散立法機關的權力，而立法機關也有使行政長官辭職以及彈劾行政長官的權力；特區政府對立法機關負責，執行立法會通過並已生效的法律，而立法會通過的法案，須經行政長官簽署、公佈，方能生效；香港特區立法會議員可以依照法定程序提出法律草案，但凡涉及政府政策者，在提出前必須得到行政長官的書面同意。[30] 行政長官、特區政府和立法機關的相互配合主要體現在「行政會議」制度上，行政長

---

28 程潔：〈香港基本法訴訟的系統案例分析〉。

29 秦前紅、葉海波：〈憲法訴訟：一個批判分析〉，《華東政法學院學報》2003 年第 2 期。

30 參見基本法第 50 條、第 52 條、第 73 條、第 64 條、第 76 條、第 74 條。

官在作出重要決策、向立法會提交法案、制定附屬法規和解散立法會前，須徵詢行政會議的意見，而行政會議的成員由行政長官從行政機關的主要官員、立法會議員和社會人士中委任。[31] 根據基本法設計的權力架構，特區行政與立法「二者既要互相制衡、又要互相配合」。[32] 然而，香港特區回歸以來的實踐表明，特區立法對行政的制約有餘而配合不足，特區行政主導體制不斷遭到挑戰，有學者分析認為，「損害特區行政主導制的是立法會的強勢，而不是法院的司法審查」。[33] 筆者認為，行政立法的緊張關係難以緩解固然有立法會擴權與政府自身的原因，但也與司法擴權有著直接的關係。

司法審查範圍的擴張、司法覆核的低門檻，使得香港特區司法審查制度成為部分激進議員制約政府的「殺手鐧」。雖然司法覆核申請人必須與申請所關乎的事宜有「充分利害關係」，否則該申請將不被許可。但申請人是否具有主體地位實際上由法院決定，總體而言，香港法院對主體地位的認定相當寬鬆。[34] 例如，在前述古思堯案中，兩名申請人僅憑他們「相信自己已成為秘密監察的對象」以及「身為公眾的一分子」，任何違憲的秘密監察行為都關乎他們的利益，法院便認可了二人的起訴身份，這實際上使得對覆核申請人的身份要求形同虛設，因為幾乎所有的公共政策都可以說與某人有利害關係，而是否許可申請取決於法院的自由裁量。又如在前述陳健森案中，某立法會議員並不是在囚人士，但其爭論說「有關人士曾與他接觸並作出投訴」，該議員因此也有權質疑相關條例不合理地限制了在囚人士的選舉權。若按此標準，立法會議員應該可以就任何條例或者政府的政策

31　參見基本法第 56 條、第 55 條。

32　蕭蔚雲主編：《一國兩制與香港基本法律制度》，北京：北京大學出版社 1990 年版，第 229 頁。

33　李樹忠、姚國建：〈香港特區法院的違基審查權——兼與董立坤、張淑鈿二位教授商榷〉，《法學研究》2012 年第 2 期。

34　在 *Town Planning Board v Society for the Protection of the Harbour Ltd.*（FACV 14/2003）一案中，法院的判決書顯示，主體地位並非其中的一個法律問題。

提出質疑，因為任何人都可能就某些事項向其投訴。可見，法院對司法覆核程序的擴大化適用，直接鼓勵了部分立法會議員濫用司法覆核阻撓政府施政，強化對行政的制約功能。

2. 司法擴權改變了行政主導與司法獨立的關係

司法獨立是香港特區長期以來堅持的一項基本原則，也是司法權有效制約行政權和立法權的前提和基礎。但是，司法獨立並不等於司法至上，基本法在保障司法獨立的同時，規定了行政長官對司法機關的制約權力。行政主導與司法獨立都是香港特區政治體制的重要內容，兩者相輔相成，行政主導是在保證司法獨立基礎上的主導，司法獨立的目的在於充分地保證了行政主導體制的穩定與規範運行，而非取代行政機關成為政策的制定者和決定者。

司法獨立是香港特區政治體制的一個重要特點。獨立程度高固然有助於法官的獨立判斷，但是在司法機構全然缺乏政治控制的情況下，其「被動的美德」（Passive Virtue）為司法能動所取代，與之相應的就是遠高於美國的「危險度」。[35] 基本法雖然規定了行政長官對法官的任命權，但由於香港特區法院的產生主要由獨立的委員會推薦，而現實中行政長官也從未否定過司法人員推薦委員會的推薦意見，行政對司法沒有任何政治任命的制約功能。另外兩項制約功能在司法審查制度的影響下幾乎形同虛設。香港特區法院將司法管轄範圍擴大至對行政長官特權行為的審查，而案件是否與國防、外交等國家行為有關的決定權又掌握在法院手中。特區政府幾乎沒有任何權力可以對司法權形成有效制約，而司法權對行政權力卻有直接而強大的制約作用。司法審查不僅在人權保障領域發揮重要作用，還實際發揮了決定經濟、社會政策的功能。例如在孔允明案中，終審法院判定政府

35　程潔：〈論雙軌政治下的香港司法權——憲政維度下的再思考〉，《中國法學》2006 年第 5 期。

就綜援計劃所設的七年居港規定抵觸基本法，且恢復原先的一年居港規定，直接確定了特區的社會保障制度，影響了公共政策。通過行使司法審查權，香港特區法院充當基本法監督者的身份，對立法和行政權力進行審查，從而導致司法權力的擴張，「擴大法院的管轄範圍，這是以司法為主導，而不是以行政為主導」。[36] 司法審查權的過度行使改變了基本法設定的行政主導體制，實際消解了行政權在特區權力架構中的優勢地位。

▌三、司法政治化對法院權威的削弱

在司法的政治功能客觀存在的情況下，人們似乎也樂於容忍這種司法與政治過程的接近 —— 保持法律推理的抽象和中立，使它不為實體結果所影響，固然減少了法院接近政治過程的風險，但也使司法成為冷漠的、代價昂貴的東西。[37] 但是這種容忍並不是沒有限度的，司法與政治的關係不能超越法院作為司法機關而非政治機關的角色，不能脫離司法的被動性和中立性特徵。司法審查的本質仍然是法律性質的，政治問題留給立法和行政這兩個政治機構，司法應當避免對政治問題進行審查。

關於「司法政治化」或者是「政治司法化」，學界並沒有一個統一的認識。讓・希斯徹（Ran Hirschl）教授將「政治問題司法化」定義為依賴司法機關，來解決某些困擾一個政治體的具有重大爭議性的政治問題，包括選舉過程的司法化及通常被視為立法機關或行政機關專屬事務的司法化等。[38] 費雷約翰（John Ferejohn）教授採取了一個更加廣泛的定義，認為政治司法化「不僅限於法院在政策制定中扮演

36　蕭蔚雲：《論香港基本法》，第 857 頁。

37　參見【美】諾內特等著，張志銘譯：《轉變中的法律與社會》，北京：中國政法大學出版社 1994 年版，第 71-75 頁。

38　參見秦前紅、傅婧：〈在司法能動與司法節制之間 —— 香港法院本土司法審查技術的觀察〉。

了逐漸重要、普遍和直接的角色。法院頻繁介入政策制定程序的事實也意味著其他政治行動者以及其他群體在開展政治行動時，有理由將法院的反應考慮在內」。[39] 如前所述，法院作為法律糾紛的解決平台，難免被動或者主動地介入政治問題的爭議之中。香港特區法院的實踐也表明，特區法院對行政長官和立法會議員的選舉、行政長官專屬事務、立法會議事規則等事項的介入，法院以司法機關的角色從事著「政治的判斷」。尤其是自 2014 年「佔中運動」以來，香港社會在政治議題上的爭論持續增多，隨著政治生態進一步惡化，政治性團體不斷製造政治話題，通過司法覆核的方式爭取選民的注意與支持，香港特區法院被推到了有關政治爭議的風口浪尖。

有學者早已預見到香港存在司法政治化的可能性，「1997 年後的香港法院將有寬闊的空間發展香港的法律……但法院面臨的挑戰是如何採取一種中庸之道，一方面勇於堅持獨立司法行使其法定的管轄權，藉此維護法治和人權；另一方面，不採取過高的姿態，以避免法院角色的政治化」。本著司法機關的角色，法院權威的獲得與其中立地位和公正的形象的保持是密不可分的。[40] 司法政治化非但無助於解決糾紛，還削弱了法院的中立地位，影響了司法的權威性。「司法如果介入政治，非但對政治一無所獲，反而會使司法全盤皆輸。」[41] 司法的權威來自於其中立地位和無偏私的裁判，與其他政治機關不同，法官的角色是遵循法律，而不是順應民意，法院僅依據法律規則作出裁判，並不考慮法律之外的其他因素，也不偏袒於任一方，或向其他政治力量靠攏。但是司法陷入政治問題將會使法官處於兩難的境地。

39　John Ferejohn, "Judicializing Politics, Politicizing Law", (2002) *Law and Contemporary Problems* 65(3), p. 41.

40　Albert H. Y. Chen, "Constitutional Adjudication in Post-1997 Hong Kong", (2006) *Pacific Rim Law & Policy Journal* 15(3), pp. 627-682.

41　李建良：《憲法理論與實踐（一）》，台北：學林文化事業有限公司 2003 年版，第 358 頁。轉引自王玄瑋：〈違憲審查與政治問題——關於「政治問題不審查」原則的初步比較〉，《雲南大學學報》2009 年第 6 期。

一方面，如果法官拋開法律順應多數民意，等於抹殺了政治機構的民意性和司法部門作為法律部門之間的區別，導致法院淪為政治部門，而司法判決的風格幾乎等同於其他政治分支的政策決定。[42] 司法的中立性地位將難以保持。「司法權如果介入政治問題，其政治上的中立性將喪失殆盡，司法的獨立性也將不復存在。」[43] 另一方面，與政治部門立場相對立的判決未必能夠得到執行。司法機構無法自己執行政策，法院的裁決必須依靠其他機構的執行與配合，司法部門「為實施其判斷亦須藉助於行政部門的力量」[44]，如果司法機構過於主動地介入政治機構的事務，可能會陷入自己無法控制的尷尬局面，最終損害司法的權威性。例如終審法院在吳嘉玲案中宣稱自己有權審查中央立法行為是否符合基本法，馬上受到政府以及人大常委會的強烈反對，後來不得不極其罕見地頒佈了補充性的判詞，作出「澄清」。[45]

42　【美】阿奇博爾德・考克斯著，田雷譯：《法院與憲法》，北京：北京大學出版社 2006 年版，第394 頁。

43　胡錦光：《中國憲法問題研究》，北京：新華出版社 1998 年版，第 340 頁。

44　【美】漢密爾頓、傑伊、麥迪遜著，程逢如等譯：《聯邦黨人文集》，北京：商務印書館 1980 年版，第 391 頁。

45　[1999] 1 HKLRD 577-8.

本章小結

◇◇◇

本章主要是對香港特區司法審查制度進行實證研究，共有三節內容。第一節採取系統分析的方法，對香港特區司法審查的有關案例進行分析，考察香港特區司法審查在審查主體、審查依據、審查方式、審查結果等方面的實踐及其特點，可以看到，香港特區的司法審查制度是非常靈活的，法院在司法審查的範圍和審查標準上有極大的自由裁量空間。第二節分析香港特區法院在司法審查實踐中表現出來的趨向，總體而言，香港特區法院將個人權利和自由置於首要位置，司法審查更加強調對香港居民基本權利的保障。通過判決參考內容的選擇和法律解釋技藝的精緻構築，香港特區法院在人權保障領域表現出積極能動的一面，而同時在社會、經濟政策案件和政治性案件中保持必要的克制。但這種克制並不代表法院在相關領域管轄範圍的收縮，雖然判決的實體結果傾向於克制，但法院對選舉事務等政治性問題的審理行為本身，已經說明了司法管轄權範圍在相關領域的延伸和擴張。總之，香港特區司法審查交織在司法能動與司法克制之間，並明顯以司法能動和司法擴權為主要趨向。第三節是對香港特區司法審查實踐問題的省思。在縱向權力關係上，香港特區法院通過司法審查重新詮釋了中央與特區的權力關係，間接加劇了兩地法律體系的隔離。在橫向權力關係上，特區法院重新劃分了特區內部司法與立法、行政的權力邊界，直接影響甚至決定了社會、經濟政策的實施；打破了行政與立法之間的權力制衡關係。除了對權力架構的影響之外，司法政治化也不利於司法權自身的發展，在一定程度上削弱了法院的權

威。因此，未來香港特區法院司法審查需恪守基本法憲制秩序中司法機關的角色和地位，在「一國」與「兩制」、「能動」與「克制」的張力之間保持恰度平衡。

第四章

縱向權力關係下
香港特區司法
審查權的邊界

◇◇◇

　　從吳嘉玲案引發的有關基本法解釋權及法院司法審查權範圍的爭議之後，香港特區終審法院一改以往的強勢態度，並在莊豐源案中強調「常委會解釋《基本法》的權力在特區是完全獲得承認及尊重的」。[1] 而後終審法院又在剛果（金）案中提請全國人大常委會就國家豁免政策問題進行解釋，被認為「具有重大的政治意義與法律意義」。[2] 然而，從香港特區司法審查的實踐情況分析，法院雖然在某些領域表現出司法的自我克制，但司法能動的傾向仍然較為明顯。雖然特區法院不再直接宣稱自己有權審查人大及其常委會違反基本法的立法行為，但法院在基本法解釋方面的權威地位和對基本法解釋程序的主導作用卻隱含在判例之中。廣闊的判例參考空間、靈活的法律解釋技巧等因素消弭了基本法對特區司法權的限制，影響了中央與特區的權力關係。因此，有必要明晰香港特區法院在中國縱向權力架構中所擔當的角色和地位，根據基本法廓清「國防、外交等國家行為」的涵義、完善解釋基本法的條件和程序，明確特區法院司法管轄權的界限。

　　司法審查的界限表現在法院可以對哪些行為進行審查以及可以審查到何種程度的問題，從本質上反映了司法機關與其他國家機關之間的權力關係。任何國家司法審查的範圍都是與該國憲法架構中的權力分配密切相關的。例如，英國與美國雖然都實行普通法，但在英國議會主權體制下司法審查的顯著特點就是「任何司法的或別的廢除議

1　入境事務處處長訴莊豐源，FACV 26/2000，第 6.2 節。

2　秦前紅、黃明濤：〈對香港終審法院就「剛果金案」提請人大釋法的看法〉，《法學》2011 年第 8 期。

會立法、宣佈議會法律無效或違憲的權力均不存在」。[3] 在美國的三權分立與制衡體制下，審查法律的合憲性恰恰是司法審查的核心內容。不僅如此，早在 17 世紀，歐亞大陸學者托克維爾考察美國民主制度後，就驚訝於美國「簡直是沒有一個政治事件不是求助於法官的權威」[4] 的情形。對於香港特別行政區而言，其司法審查權有一定的特殊性和複雜性，不僅僅涉及特區內部立法、行政與司法之間的關係，還必須置於中央與地方的權力架構中考慮。那麼，根據基本法，香港特區司法審查權的範圍受中央與地方縱向的權力關係的哪些限制？香港特區法院對哪些事項沒有管轄權？司法審查權的邊界在哪？未來香港特區司法審查實踐中，如何解決中央與特區在司法管轄權方面的爭議？對上述問題的研究是至關重要的，它直接關係到香港特區法院司法權行使的有效性和合理性，故本章將圍繞這些問題作較為詳盡的探討。

3　A.V. Dicey, *Introduction to the Study of the Law of the Constitution* (London: Macmillan, 1959), p. 91.

4　【法】托克維爾著，董果良譯：《論美國的民主》（上卷），北京：商務印書館 1988 年版，第 109 頁。

「一國兩制」：
香港特區司法審查制度的理論前提

◇◇◇

　　根據基本法，中央和香港特別行政區的關係，是中央政府對特別行政區實行管轄和特別行政區在中央監督下實行高度自治而產生的相互關係，其核心是權力關係。[1] 那麼，在法律上應如何界定中央與特別行政區的權力關係？判斷單一制與聯邦制的標準是什麼？特別行政區享有高度自治權，甚至在許多方面超過了聯邦制國家成員的權力，「一國兩制」是否已經超越了中國單一制國家的結構形式？這個問題從基本法起草階段開始，就引發了較多爭論。[2]

一、中國的國家結構形式與香港特區的設立

（一）單一制的判斷標準與分類

　　「國家結構形式是指國家的整體和部分之間，中央機關和地方之間的相互關係的形式。」[3] 主要有單一制和複合制兩種。「所謂單一制

1　王叔文主編：《香港特別行政區基本法導論》，北京：中共中央黨校出版社 1990 年版，第 81 頁。

2　例如，許崇德教授、王叔文教授和基本法委員會委員譚惠珠等均認為，香港特別行政區是中國單一制國家的一個組成部分，中國對香港是恢復行使權力，英國撤走之時是把管治的權力交還給中國政府，不存在「剩餘權力」；而香港特區民主派人士李柱銘等認為，港區存在「剩餘權力」，與此相適應的觀點是：當英國從香港撤走後，把管治香港的權力交還給當地居民，當地居民除把涉及國家主權事項的國防和外交等權力交給中央政府行使外，自己保留其他權力。此外，還有「灰色地帶說」或「未界定權力說」、「零總和分配規律說」等。相關介紹還可見藍天主編：《「一國兩制」法律問題研究（總卷）》，北京：法律出版社 1997 年版，第 44-45 頁。

3　郭天武等著：《香港基本法實施問題研究》，北京：中國社會科學出版社 2012 年版，第 44-45 頁。

（Unitary System），按照中國學術界的通說，是指單一主權的國家結構形式。其特點表現為中央的立法、行政和司法等機構對該國領土內所有地方和所有事務行使權力。地方只是中央的派出機構，接受中央的統一領導，地方的權力來源於中央授權，而不是地方與中央分享權力，地方更沒有脫離中央而獨立的權力。」[4] 關於單一制與複合制的判斷標準，有學者把中央與地方的權力劃分是否有憲法保障作為區分的根本標準，即聯邦國家中央政府與各邦政府的事權，全由憲法劃定，而單一制國家地方團體的事權，初無憲法的保障。[5] 然而這種觀點是不成立的，雖然單一制國家的憲法側重於規定中央的權力，但不代表地方權力沒有憲法保障。例如中國憲法關於民族區域自治區自治權的規定和省級單位制定地方性法規的權力的規定，都表明了中國對地方權力的憲法保障。

通常認為，單一制國家結構具有以下幾點特徵：（1）從法律體系看，全國只有一個憲法，地方無權制定自己的憲法；（2）從國家機構組成看，國家設有統一的立法機關和統一的中央政府；（3）從區域劃分來看，國家結構單位區域劃分是由國家劃定的，地方行政區域的建制和劃分由中央自行決定，地方無權參與；（4）從中央與地方權力劃分看，各行政單位和自治單位都受中央的統一領導，沒有脫離中央而獨立的權力，地方在憲法上缺乏獨立的地位。[6] 然而，在單一制國家裏面，隨著中央授予地方行使的權力越來越大，單一制下中央與地方的權力配置和聯邦制中地方分權的界限有時並不那麼清晰。在此基礎

4　王禹：《「一國兩制」憲法精神研究》，廣州：廣東人民出版社 2008 年版，第 36 頁。

5　參見王世傑、錢端升：《比較憲法》，北京：中國政法大學出版社 1997 年版，第 316-317 頁。

6　如許崇德主編：《憲法》，北京：中國人民大學出版社 2004 年版，第 125 頁；又如魏定仁主編：《憲法學》（律師專業），北京：北京大學出版社 1995 年版，第 112 頁，都對單一制的特點作相似總結。同時，也有學者認為，應當使單一制的每項特徵都更能突出中央與地方的關係，每項特徵必須是單一制所特有，基於此，單一制的特徵應歸納為（1）中央以法律而非憲法授予地方權力；（2）中央對地方享有完全監督權；（3）地方沒有立憲權；（4）地方不享有聯邦的州或邦享有的中央參政權。參見王磊：〈論我國單一制的法的內涵〉，《中外法學》1997 年第 6 期。但是無論怎樣，港澳基本法都沒有改變中國單一制的特徵，而是豐富了中國單一制的內涵。

上，有學者提出了簡單單一制、複雜單一制和複合單一制的分類。複雜單一制即國家結構單位有普通國家結構單位和特殊性國家結構單位之分，中央與地方存在兩種或兩種以上的關係模式，一般而言，特殊國家結構單位享有某些普通國家結構單位不能享有的自治權力。[7] 如中國的民族自治區和特別行政區，即屬於特殊國家結構單位。

（二）香港特區的成立沒有改變中國單一制的國家結構形式

根據上述標準，兩個特別行政區雖然享有高度自治權，但並沒有改變中國單一制的國家結構形式。第一，中國只有一部統一的憲法。雖然基本法是香港特區的憲制性法律，但其本質上是全國大人根據中國《憲法》制定的一部基本法律，無論是制定程序、內容還是法律地位都與《憲法》有天壤之別。而且基本法由全國人民代表大會制定，香港特區無權自行制定或者修改基本法。第二，中國只有一個中央政府，地方政府受中央政府的統一領導。《憲法》第 3 條第 4 款規定：「中央和地方的國家機構職權的劃分，遵循在中央的統一領導下，充分發揮地方的主動性、積極性的原則。」同時根據基本法第 43 條，香港特別行政區行政長官依照基本法的規定對中央人民政府負責，受中央領導和監督。第三，中國地方行政區域分為一般行政區域、民族自治地方和特別行政區三類。《憲法》第 31 條規定，國家在必要時設立特別行政區；全國人大有權決定特別行政區的設立。無論是其他地方行政區域，還是香港特別行政區的設立和劃分，都是由中央決定的。因此，雖然香港特區享有比民族區域自治地方自治權廣泛得多，甚至在某些方面比聯邦制國家各州權力還要大的高度自治權，但並沒有改變中國單一制的國家結構形式，其性質上仍然屬於中國的地方行政區域，直轄於中央人民政府，[8] 其權力來源於中央的授權。

7　參見王禹：《「一國兩制」憲法精神研究》，廣州：廣東人民出版社 2008 年版，第 60-66 頁。

8　參見基本法第 12 條。

授權與分權的區別與自治權的程度，並無必然聯繫。[9]

二、中央與特區之間權力配置的基本內容

　　基本法的一個重要內容就是規範中央與香港特區的關係。「在單一制下，中央與地方權力關係的最顯著特點是中央授予地方權力。而在聯邦制下，聯邦成員單位權力關係的突出點是：聯邦權力來源於成員權力讓渡，成員單位的權力是憲法所規定的其保留的權力。」[10] 基本法授予香港特區的自治權是廣泛而充分的。根據基本法，中央與特區的關係為「中央對香港行使涉及主權事務及不屬於香港自治範圍的管理權；香港享有基本法授予的高度自治權」。[11] 香港特區的高度自治權僅限於處理香港地區內部事務的權力，與國家主權相關的問題均由中央管理。

　　具體而言，由中央直接行使的重大權力包括：（1）特區創制權。特區創制權是指建立特別行政區的權力，中國《憲法》第 31 條規定，「國家在必要時得設立特別行政區」。中英聯合聲明正式簽署後，1990 年 4 月 4 日全國人大通過《關於設立香港特別行政區的決定》，中國「自一九九七年七月一日起設立香港特別行政區」。（2）制定、修改和解釋基本法。根據中國《憲法》第 31 條的規定，特別行政區實行的制度按照具體情況由全國人民代表大會以法律規定。基本法第 159 條規定基本法的修改權屬於全國人民代表大會，第 158 條第 1 款規定基本法的解釋權屬於全國人民代表大會常務委員會。（3）法律審查權。中央對香港特區法律的審查權包括特區成立之時及之後對香

9　曾華群：〈香港特別行政區高度自治權芻議──對外事務實踐的視角〉，《比較法研究》2002 年第 1 期。

10　董立坤主編：《中國內地與香港地區法律的衝突與協調》，北京：法律出版社 2004 年版，第 33-34 頁。

11　徐靜琳：《演進中的香港法》，上海：上海大學出版社 2002 年版，第 255 頁。

港原有法律是否符合基本法的審查，和特區成立之後立法機關制定的法律報全國人大常委會的備案審查。（4）主要官員任免權。基本法第 15 條規定，中央人民政府依照本法第四章的規定任命香港特別行政區行政長官和行政機關的主要官員。而且，中央的任免權「是實質性權力」。[12]（5）國防和外交權。中央人民政府負責管理與香港特區有關的外交事務，負責管理香港特區的防務。（6）重大事項決定權。包括決定宣佈戰爭狀態或進入緊急狀態，決定全國性法律在香港的實施等。

中央授權香港特區行使的高度自治權有：（1）直接行使的權力，即香港特區根據基本法的規定可以直接行使的權力，包括對特區內部事務的行政管理權、立法權、獨立的司法權和終審權，以及以「中國香港」的名義單獨地同世界各國、各地區及有關國際組織保持和發展關係，簽訂和履行有關協議；（2）需得到中央具體授權的權力，如與外國就司法互助關係作出適當安排、簽訂或修改民用航空協議、簽發執照、許可證等；（3）中央授予的其他權力，基本法第 20 條規定，香港特別行政區可享有全國人民代表大會和全國人民代表大會常務委員會及中央人民政府授予的其他權力。[13]

三、「一國兩制」與香港特區的司法審查權

「一國兩制」是中國解決香港、澳門和台灣問題，實現祖國和平統一的基本方針。香港特區的司法審查權必須置於「一國兩制」下加以考慮。「實行『一國兩制』，首先是一國，它並不改變中國原有的單一制的國家結構形式，成立的香港特別行政區也是隸屬與中央人民

12　董立坤：《中國內地與香港地區法律的衝突與協調》，第 50 頁。

13　參見郭天武、陳雪珍：〈論中央授權與香港特別行政區高度自治〉，《當代港澳研究》第 3 輯。

政府的一個地方行政區域。」[14]「一個國家」是「一國兩制」存在的首要前提，因此，在中國單一制國家結構和民主集中制國家組織原則的制約下，它不可能成為一個獨立的橫向制衡、封閉運行的「三權分立」制的政治體制，[15]而是隸屬於中央的地方政權。「高度自治」的前提是堅持「一個國家」的原則不動搖。香港特區獨立的司法權和終審權並沒有改變特區法院作為中國地方法院的本質。香港特區的司法權和終審權不是完整的、閉合的、不受任何干預的權力。香港特區法院作為地方性司法機關，其司法審查的範圍也必然受到一定的限制。

實行「兩制」，是在中華人民共和國的主權範圍內，社會主義和資本主義兩種制度長期並存，香港特區實行高度自治。因此，在「港人治港」、「高度自治」基本方針的制約下，香港特區也不可能成為與內地相同的地方政權。例如在對地方立法的審查上，根據中國《憲法》第 67 條第（八）項，全國人大常委會行使的職權包括「撤銷省、自治區、直轄市國家權力機關制定的同憲法、法律和行政法規相抵觸的地方性法規和決議」。全國人大常委會行使對地方立法的審查權，而且對於中國其他地方立法，全國人大常委會審查的方式是直接「撤銷」。但在「兩制」下，基本法對中央審查特區立法的方式靈活處理，中央對香港特區立法的審查方式有別於對其他地方立法的審查；對審查的範圍也進行一定的限制，中央審查具有不完整性。「兩制」要求在充分尊重香港特區立法權和獨立司法權的基礎上，實現中央與特區法院對特區立法審查機制的協調。

14　蕭蔚雲主編：《一國兩制與香港基本法律制度》，北京：北京大學出版社 1990 年版，第 26 頁。

15　郝鐵川：〈從國家主權與歷史傳統看香港特區政治體制〉，《法學》2015 年第 11 期。

「一國」對香港特區司法審查範圍的限制

　　從香港特區的司法審查實踐來看，法院的司法管轄權幾乎沒有受到任何實質性的限制。政治體制和權力架構從根本上決定了司法審查權力的邊界和具體制度的建構。因此，香港特區的司法審查制度必須以「一國兩制」為理論前提，不能超越特區法院作為一個地方性法院的本質，不能超越中央與地方的權力關係。那麼，縱向權力維度下，香港特區的司法審查權應當受到哪些方面的限制？

一、在司法管轄權方面的限制

　　從司法權的性質出發，受制於司法機關的角色和功能，香港特區法院只能在審理具體案件的過程中附帶性審查立法。特區法院行使司法審查權的前提是對具體案件有司法管轄權。因此，特區司法審查權的範圍首先受到司法管轄權範圍的限制。香港特區享有獨立的司法權和終審權，但並不代表特區法院有不受限制的司法管轄權。根據基本法第 19 條，對香港特區法院審判權的限制主要有兩方面：一是繼續保持香港原有法律制度和原則對法院審判權所作的限制；二是對國防、外交等國家行為無管轄權。在此基礎上，我們具體探討以下幾個問題。

（一）香港原有法律對法院管轄權有哪些限制

香港原有法律中並沒有一條成文法例明確、系統地界定香港法院的管轄權，因此，有關香港原有法律對法院管轄權的限制散見於不同條例和普通法判例之中。香港普通法中有「主權不審查原則」，香港法院作為英屬殖民地，既沒有終審權，又不可能有權審查英國議會的行為和大臣的決定。我們這裏重點探討對國家行為和對行政行為管轄權方面的限制。

廣義的國家行為是指英政府在行使其外交權時對外國政府或其公民作出的行為，包括締結條約、承認外國政府、對外國宣戰等。「法院有權根據普通法原則去決定某行為是否為一項國家行為，但如法院確定了它是國家行為，便不可予以干預、管制或質疑它的法律效力。」[1] 顯然，香港法院對英國國家行為是沒有司法管轄權的。在如何判斷國家行為的問題上，法院又建立了關於「國家事實」的原則，即「香港（或英國）法院在審理案件如遇到關於『國家事實』的問題，法院不可自行（根據有關證據和法律）決定，而應提請行政機關回答有關問題，行政機關對有關問題所發出的證明文件對法院有約束力」。[2] 總之，港英時期法院在涉及外交、政治性案件中保持極大的自我克制。

在英國，政府官員在執行職務時如果越權侵害了公民的權益，他所承擔的法律職責與普通公民是一樣的，一般情況下，行政活動適用一般的法律規則，通過民事訴訟程序解決，並沒有專門的行政訴訟程序。深受英國體制的影響，香港行政訴訟制度的發展非常緩慢。「原來香港的普通法院，只受理民事案件和刑事案件，不受理個人對政府提起的控告。」[3] 直到 1952 年頒佈了《官方訴訟條例》，確

1　陳弘毅：〈論香港法院現有的管轄權〉，《法學評論》（武漢）1989 年第 1 期。

2　同上。

3　胡錦光主編：《香港行政法》，鄭州：河南人民出版社 1997 年版，第 321 頁。

認「任何人士按照總督批准的最高法院規定之有效程序，可以對政府提起訴訟」，法院有權審查政府是否存在違法或者越權行為。普通法上司法審查的原則是「越權原則」，受英國「議會至上」觀念的影響，「當行政機關在法律規定的範圍內行使職權時，除非有議會制定法的授權，否則，對行政機關的行為，不管法院是否同意，也不論該行為是否適當，法院都無權審查。只有當行政機關行使權力超越了法定範圍時，才發生法院的司法審查問題」。[4] 因此，傳統上香港法院對行政行為的審查範圍是非常有限的。與此相關的問題是，香港法院是否有權審查英國的官員或者機關作出的影響某香港市民權益的決定？實踐中沒有相關的判例，但從當時的大環境和大背景來看，「法院有可能以香港法院不宜審查在英國作出的行政行為為理由，拒絕作出批准」。[5]

可見，港英政府時期香港法院無權審查英國的國家行為，同時受英國「議會至上」觀念的影響，法院對行政行為的審查力度也有限。雖然根據基本法，香港特區享有港英政府時期沒有的高度自治權，法院在香港社會生活中發揮日益重要的作用，司法審查的範圍有所擴大，但也不能超越原有法律制度和原則對法院審查權的限制。

（二）什麼是國防、外交等國家行為

國家行為「因其具有高度政治性而被排除在司法審查之外，這在世界上已經成為普遍做法和慣例」。[6] 問題在於基本法第 19 條規定的「國防、外交等國家行為」給我們留下了很大的辯論空間。

首先是關於「等」字的含義，「外交和國防是國家主權的標誌。任何一個主權統一的國家，它的外交和國防事務都是由中央政府統一

4　同上，第 323 頁。

5　陳弘毅：〈論香港法院現有的管轄權〉。

6　鄒平學等著：《香港基本法實踐問題研究》，北京：社會科學文獻出版社 2014 年版，第 446-447 頁。

管理，否則就不成其為主權統一的國家」。[7] 問題在於除了外交和國防之外，是否還包括其他國家行為？[8] 內地學者一般都將該「等」理解為等外「等」，即除國防和外交之外，還可能有其他類別的國家行為。但根據普通法的理解，法律條文中的「等」只能為等內「等」，即國家行為僅限於國防和外交兩類。[9]「基本法是普通法的效力依歸。不能以普通法的所謂原則、慣例和學說去解釋和理解基本法第 19 條第 3 款的規定。」[10] 筆者認為，「等外」理解更加符合基本法的原意和中國立法的語言習慣。首先，基本法第 19 條第 3 款的規定改自《香港基本法（徵求意見稿）》的第 18 條第 3 款，「香港特別行政區法院對屬於中央人民政府管理的國防、外交和中央人民政府的行政行為的案件無管轄權」。只是在徵詢意見的過程中，許多香港人士提出中央人民政府的行政行為一詞不夠準確，建議採用普通法慣用的「國家行為」代替，經過修改後才形成如今基本法第 19 條第 3 款的規定。[11] 可見，從當時的立法原意來看，國家行為顯然不僅限於上述列明的國防、外交行為，只是為了適應普通法的習慣作出相應的調整。其次，從中國的立法習慣來看，「等」字是為了防止列舉事項不夠周嚴而慣用的字眼，表示所指內容包括但不限於條文列舉事項。

7　王叔文主編：《香港特別行政區基本法導論》，北京：中國民主制出版社、中共中央黨校出版社 2006 年版，第 113 頁。

8　事實上關於什麼是國防行為和外交行為也是有爭議的，例如在剛果（金）案中涉及的豁免規則或者政策問題是否屬於外交行為。終審法院就相關問題提請全國人大常委會解釋，根據全國人大常委會的解釋，「國家豁免規則或政策屬於國家對外事務中的外交事務範疇」，「決定國家豁免規則或政策是一種涉及外交的國家行為」。參見《全國人民代表大會常務委員會關於〈中華人民共和國香港特別行政區基本法〉第十三條第一款和第十九條的解釋》。一般認為，國防行為可以分為戰爭行為、國防建設行為及軍隊內部的管理建設行為。外交行為通常包括與外國建交、斷交，簽訂條約、公約、協議，承認外國政府，以及領土的合併和割讓，對外貿易的重大決策，豁免或宣佈放棄外國的戰爭賠款及國家債務等。參見王禹：《「一國兩制」憲法精神研究》，第 142-145 頁。

9　參見胡錦光、劉飛宇：〈論國家行為的判斷標準及範圍〉，《中國人民大學學報》2000 年第 1 期。

10　董立坤：〈論香港的普通法〉，《港澳研究》2005 年創刊號。

11　〈中央與香港特別行政區關係專題小組對條文修改情況的報告〉（1989 年 1 月 9 日），載中華人民共和國香港特別行政區基本法起草委員會秘書處編印：《中華人民共和國香港特別行政區基本法起草委員會第八次全體會議文件彙編》，第 8 頁。

其次，各國關於「國家行為」的稱謂、[12] 範圍、認定標準歷來都眾說紛紜，沒有一致意見。[13] 不同國家、同一國家於不同時期有著不同範圍的國家行為，並沒有統一的判斷標準。[14] 除了香港基本法，中國《行政訴訟法》和澳門基本法都規定了法院對「國防、外交等國家行為」沒有管轄權。在「一國兩制」的憲制安排下，香港基本法中的「國家行為」有其特殊的涵義，既不同於外國的國家行為，也不同於中國《行政訴訟》所指的國家行為。其他國家的國家行為理論，主要是解決國家內部司法權與立法權、行政權之間的關係，而香港特區的國家行為理論主要是解決中央與地方的關係，所以在行為主體和行為標準上都有較大的區別。同時，相較於中國其他法律中的國家行為，香港基本法中的國家行為也有特殊的內涵。第一，在行為主體方面，「行政訴訟法所涉及的僅僅是行政法上的國家行為，實施主體僅限於國家行政機關」。[15] 但基本法中的國家行為主體不僅限於國家行政機關，從行為主體上看，「由於國家行為是國家行使主權的體現，所以國家行為的主體應當是能夠代表國家行使國家主權的國家機關」。[16] 從中國《憲法》第三章「國家機構」的規定來看，中央國家機構包括全國人大及其常委會、國家主席、國務院、中央軍事委員會、國家監察委員會、最高人民法院和最高人民檢察院。由於香港特區享有獨立的司法權和終審權，所以基本法中的中央應當是指除了最高人民法院和最高人民檢察院之外的其他中央國家機構。第二，在行為性質方

12　例如中國和英國稱為「國家行為」（Act of State），法國和日本稱為「統治行為」（Acte de Gouvernement），美國稱為「政治行為」或「政治問題」（Political Questions）。

13　有學者提出判斷國家行為的三個標準：一是主體標準；二是行為標準；三是認定程序。參見董立坤：《中央管治權與香港特區高度自治權的關係》，北京：法律出版社 2014 年版，第 118 頁。

14　參見胡錦光、劉飛宇：〈論國家行為的判斷標準及範圍〉。

15　王禹：《「一國兩制」憲法精神研究》，第 139 頁。根據最高人民法院《關於執行〈行政訴訟法〉若干問題的解釋》（法釋〔2000〕第 8 號）第 2 條，國家行為是指國務院、中央軍委、國防部、外交部等根據憲法和法律的授權，以國家的名義實施的有關國防和外交事務的行為，以及經憲法和法律授權的國家機關宣佈緊急狀態，實施戒嚴和總動員等行為。

16　董立坤：《中央管治權與香港特區高度自治權的關係》，第 118 頁。

面，一般認為國家行為是具有高度政治性的行為，但何為高度，仍然沒有量化的標準，「完全依從於法官的認識能力及在此基礎上的判斷」。[17] 那麼，香港基本法中的國家行為是否應當以「具有高度政治性」為判斷標準呢？筆者認為，基本法中的國家行為是從中央與地方的關係出發來理解的，在「一國兩制」原則下，中央對香港特區行使的所有行為可以說都是涉及國家主權、政治、經濟、軍事等國家利益的具有高度政治性的行為。

因此，國家行為應當作廣義理解，即除了由基本法明確規定的國防、外交事項法院不能介入審理。根據香港特區司法權在中國整個憲法體制中的地位，地方法院對於中央行使權力的行為都沒有管轄權，包括全國人大及其常委會的立法行為、中央任免特區主要官員和決定特區其他重要事項等。

（三）由誰來判斷是否國家行為

「依普通法傳統，在案件審理過程中，判斷某一行為是否國家行為以及案件是否涉及中央人民政府管理的事務或中央和香港特別行區關係，是法院的權力。」[18] 有香港學者認為，「請求全國人大常委會解釋國家行為的範圍可能進一步限制香港法院的司法管轄權」。[19] 前文已述，關於國家行為的範圍並沒有明確的判斷標準，實踐中通常由法官通過判例確定。問題在於，當香港特區法院與中央人民政府的判斷發生分歧時，應當如何處理？有學者認為，「根據『一國兩制』原則，法院在充分考慮國家外交政策時，有可能根據法律分析得出與中央人民政府不同的結論，而這種結果是『兩制』所允許的」。[20] 但是，在「一

17　胡錦光、劉飛宇：〈論國家行為的判斷標準及範圍〉。

18　陳弘毅：《法治、啟蒙與現代法的精神》，北京：中國政法大學出版社 1998 年版，第 276 頁。

19　Johannes Chan SC, C. L. Lim, *Law of the Hong Kong Constitution* (Hong Kong: Thomson Reuters Hong Kong Limited, 2011), p. 318.

20　Ibid, p. 316.

國兩制」原則下，如果國家行為的判斷權完全掌握在法官手中，則國家行為不受香港特區法院司法管轄的原則將化為烏有。從另一個角度來看，基本法第 19 條有關特區法院管轄權的限制涉及中央與特區之間的關係，本身不屬於香港特區法院自行解釋的範圍，對於該條文中「國家行為」的範圍，也應當以中央的解釋和判斷為準。

因此，一方面，香港特區法院應當基於其對法院性質、法官能力和國家行為判斷標準等問題的認識，對相關行為的性質作出初步判斷，盡量避免審查有可能帶來爭議的行為。在這方面，剛果（金）案提供了一個很好的範例，即特區法院遇到類似無法確定的問題，應當主動提請全國人大常委會解釋。另一方面，基本法第 19 條第 3 款規定香港特區法院在審理案件中遇有涉及國防、外交等國家行為的事實問題，應取得行政長官就該等問題發出的證明文件，行政長官在發出證明文件前，須取得中央人民政府的證明書。筆者認為，行政長官就該等問題發出證明文件並不以法院提出請求為前提，實踐中如果行政長官認為特區法院審理的案件涉及國防、外交等國家行為，可以主動請求中央人民政府提供證明書，就該等問題向法院發出證明文件，上述文件對法院有約束力。也就是說，中央人民政府才是國家行為範圍的最終判斷者。

（四）香港特區法院能否審查全國人大及其常委會的行為

香港特區法院能否審查全國人大及其常委會行為問題的討論，源於香港終審法院在吳嘉玲案的判決書中明確提出，特區法院有司法管轄權去審核全國人大及其常委會的立法行為是否符合基本法，如果發現其與基本法相抵觸，特區法院有權宣佈行為無效。[21] 內地主流觀點認為，香港特區法院無權審查全國人大及其常委會的立法行為。主

21　參見吳嘉玲及其他訴入境事務處處長，FACV 14、15、16/1998。

要從以下三個方面加以論述：第一，從法院的憲制地位出發，香港特區法院作為地方法院的地位決定它不能審查全國人大及其常委會的立法行為並且宣佈其無效；第二，從授權原理出發，被授權機關無權審查授權機關的行為是否有效，由香港特區法院審查全國人大常委會的立法完全顛倒了授權與被授權的關係；第三，從基本法第 19 條對香港特區法院管轄權的限制出發，認為全國人大及其常委會的行為屬於國家行為，特區法院無權審查。[22] 筆者認為，這種理解是符合基本法的規定和「一國兩制」的原理的。但仍然需要對下面的問題作進一步探討。

首先，全國人大及其常委會的行為是否有可能違反基本法的規定？筆者認為，這個問題的關鍵在於人大常委會是否受制於基本法。兩地法律制度之間的矛盾在於「根據中國法制，只有人大常委會本身才有這項決定權。而根據普通法，決定權在法庭手中，而非立法單位」。[23] 雖然我們認為實踐中全國人大常委會違反基本法的規定行使權力的可能性很小，但從權力的運行來看，任何權力的行使都有可能與法律的規定不相符。例如基本法第 18 條規定全國人大常委會對基本法附件三作出增減前，須徵詢所屬的香港特別行政區基本法委員會和特區政府意見，而全國人大常委會卻未經徵詢直接作出增減。又如基本法第 158 條規定全國人大常委會在對基本法進行解釋前，徵詢其所屬的香港特別行政區基本法委員會的意見，而全國人大常委會未經徵詢直接作出解釋。在這些情況下，便有可能產生全國人大及其常委會違反基本法行使權力的問題。

其次，如果全國人大及其常委會違反了基本法，應當如何處理？由誰來審查？陳弘毅教授將全國人大及其常委會的立法行為分為

22　參見蕭蔚雲：《論香港基本法》，北京：北京大學出版社 2003 年版，第 855 頁。

23　陳文敏：〈司法獨立是香港重要基石：對內地法律專家的評論的回應〉，載佳日思、陳文敏、傅華伶主編：《居港權引發的憲法爭論》，香港：香港大學出版社 2000 年版，第 66 頁。

三類，第一類是全國人大及其常委會根據基本法作出的行為。「法院無權推翻該法律在香港的適用。」但「這並不表示香港法院便無權處理該法律中某些個別條文可能與《基本法》中其他條文（如關於人權保障的條文）出現衝突的問題」。法院應採取避免衝突的解釋方式，若不能協調，則「優先適用《基本法》」。第二類是根據基本法有關條文作出，但沒有依照基本法規定的程序作出的行為；在這種情況下，法院可裁定人大常委會並未有效地行使了基本法賦予它的權力，「法院並不是在審查人大常委會的行為的具體內容，而只是釐清人大常委會是否真的作出了『行為』」。第三種是全國人大及其常委會完全繞開基本法的規定，脫離基本法而直接對香港特區作出立法行為。「忠於《基本法》的香港法院無須承認它在香港的法律效力。」[24] 也就是說，特區法院行使的是一種「沉默的審查權」。[25] 如果法院認為列入附件三法律的條款乃是不可適用的，那麼法院不予適用即可，而不必宣告其違憲而無效。[26] 香港學者佳日思教授甚至提出，如果特區法院無權審查全國人大及其常委會立法，這意味著「在任何情況下，都沒有途徑挑戰內地法律或行為，因為法院不僅僅說它沒有管轄權，而且還說內地無所不能為」。[27] 但這種觀點顯然錯誤地將法院的審查權等同於監督中央行為的唯一方式，且將主權不受挑戰等同於內地能夠為所欲為。

筆者認為，即便我們承認有可能出現違反基本法規定行使權力的情況，也不應當由香港特區法院進行審查。法院的判決可以作為一種「商談」機制或者民主對話的平台，通過在判決中討論相關問題以

24　參見陳弘毅：《法理學的世界》，北京：中國政法大學出版社 2003 年版，第 403-405 頁。

25　田瑤：〈從「吳嘉玲案」看香港法院「違憲審查權」及其限度〉，《比較法研究》2012 年第 6 期。

26　參見陳弘毅：〈終審法院對「無證兒童」案的判決：議會至上和司法審查〉，載佳日思、陳文敏、傅華伶主編：《居港權引發的憲法爭論》，香港：香港大學出版社 2000 年版，第 84-89 頁。

27　佳日思：〈《基本法》訴訟：管轄、解釋和程序〉，載佳日思、陳文敏、傅華伶主編：《居港權引發的憲法爭論》，第 17 頁。

引起權力機關的注意和自我審查，但在全國人大常委會修改立法之前，法院仍然必須無條件地執行相關決定。因為全國人大及其常委會不僅僅是立法機關，還是中國的最高國家權力機關，其行為並不受地方法院審查。

（五）法院能否審查特區為實施全國性法律的本地立法

基本法第 18 條第 2 款規定列於基本法附件三的全國性法律，「由香港特別行政區在當地公佈或立法實施」。香港特區法院無權審查在特區實施的全國性法律，但如果相關法律通過特區本地立法轉化實施，是否就相當於本地立法的效力，法院有權審查其是否符合基本法？實際上這個問題在國旗及區旗案 [28] 中已經初見端倪。雖然從判決結果上看法院裁定《國旗條例》第 7 條及《區旗條例》第 7 條是為了保障公共秩序所必要，這兩條條文對發表自由的權利施加限制具有充分理據支持。但實際上已經行使了審查全國性法律轉化實施的立法，如果法院經審查後認為不符合基本法，是否可以宣佈相關條文無效？那是否需要修改？修改後如果與全國性法律不一致怎麼辦？是否相當於直接修改了全國性法律？

這裏首先需要解決的一個問題是，「公佈實施」和「立法實施」的效力是否不同？筆者認為，顯然不能對此進行區分，否則相當於直接區分了在香港實施的全國性法律的效力，這有可能造成特區為了避免相關法律受到法院的審查而直接「公佈實施」，或者為了使法院有權審查而轉化為本地立法實施。我們在制度上的設計不可能造成這種有悖常理的矛盾。如果特區法院不能對直接「公佈實施」的全國性法律進行審查，自然也不能審查「轉化實施」的特區立法。全國性法律由特區行政長官公佈實施，其內容應當與全國性法律完全一致。若通

28　香港特別行政區訴吳恭劭及利建潤，FACC 4/1999。

過轉化為本地立法的形式實施，則內容可能會有個別調整，例如「公安部門」、「治安管理處罰」概念在香港法律中並不存在，那麼在轉化適用時必須做出適當改動。當然，基本內容不能改變。[29] 因此，從內容上看，轉化實施全國性法律的立法實際上與相應的全國性法律如出一轍，對這些法律進行審查，實際上相當於審查了全國性法律的內容，而這顯然已經超出了香港特區法院的權力範圍。

二、在基本法解釋權方面的限制

香港特區法院以基本法為依據審查特區立法和行政行為的前提，是法院有對基本法的解釋權。因此，基本法的解釋權和解釋方式將會對司法機關的司法審查有重要的影響。考慮到中國內地與香港特區普通法體制下法律解釋制度的差異，基本法第 158 條規定了自身解釋權的配置及其程序，統一了兩地的法律解釋制度。一方面像中國的其他法律一樣，基本法的解釋權屬於全國人大常委會，另一方面保留了普通法下的法律解釋制度，由全國人大常委會授權香港特區法院在審理案件時自行解釋自治範圍內的條款，「這種體制恰正是『一國』與『兩制』的巧妙安排，這既兼顧到我國憲法規定的法律解釋體制，又考慮到香港由法院解釋法律的普通法傳統」。[30] 可見，基本法的解釋權屬於中央，「香港法院有權在審理案件中自行解釋基本法中屬於自治範圍內的條款，這一權力源於中央，不是它本身固有的」。[31] 香港特區法院在基本法解釋權上的有限性，決定了其司法審查範圍所必須受到的限制。

29　參見梁美芬：〈從國旗法看全國性法律在香港適用問題〉，《法學家》2000 年第 3 期。

30　王禹：《「一國兩制」憲法精神研究》，第 109 頁。

31　蕭蔚雲：《論香港基本法》，第 855 頁。

（一）全國人大常委會的解釋權是否受法院提請的限制

基本法第 158 條第 3 款規定了特區法院應當提請全國人大常委會對有關條款作出解釋的情況。然而，實踐中香港特區法院通過判例增加了提請解釋的「主要條款」標準，實際掌握了是否提請全國人大常委會釋法的主動權。一方面，所涉條款的類別，即是否屬於中央人民政府管理的事務或中央與特區關係的條款，由法院作出判斷。另一方面，即使案件涉及的某一條款屬於應當提請解釋的條款，特區法院仍可以「主要條款」標準拒絕提請人大常委會釋法。[32] 在司法審查過程中，法院對基本法條文的解釋必不可少，必然涉及對相關條文是否屬於自治範圍內條款的判斷。從主體上說，終審法院必須有權確定「範圍外條款」的判斷標準，但終審法院又不可能是唯一的主體。[33] 因為基本法明確規定解釋基本法的權力屬於全國人大常委會，而且對全國人大常委會的解釋權沒有設置任何權限上的限制，既不需要經終審法院提請後才能解釋基本法，[34] 也不限於對哪種類型條款的解釋。也就是說，在必要的時候，全國人大常委會可以主動解釋基本法，進一步明確基本法條文的含義，也可以就香港特區自治範圍內的條款進行解釋。只是在實踐中，「基於對香港特別行政區特殊地位的考量，以及對香港特別行政區高度自治權的尊重，全國人大常委會應盡量保持謙抑、克制的態度，除非有必要，不主動解釋基本法」，[35] 也不會對香港特區自治範圍內的條款進行解釋。

當然，全國人大常委會的解釋也是有限制的，基本法第 158 條第 4 款規定全國人大常委會解釋基本法的程序，即須徵詢其所屬的香

32　參見入境事務處處長訴莊豐源，FACV 26/2000，第 5 節。

33　李浩然：〈香港司法案例中的中央與特區關係 —— 以提請釋法的條件和程序為視角〉，《港澳研究》2014 年第 1 期。

34　實際上回歸以來全國人大常委會對基本法的五次解釋中，只有一次是通過香港特區終審法院提請而進行解釋的。

35　郭天武等著：《香港基本法實施問題研究》，第 227 頁。

港特別行政區基本法委員會的意見，這是對全國人大常委會解釋基本法的程序要求。但基本法只是規定了「徵詢」的義務，而沒有規定必須「依照」基本法委員會的意見。

（二）特區法院是否有權審查全國人大常委會的解釋

這主要涉及全國人大常委會對基本法的解釋的性質及效力問題。如果全國人大常委會的解釋屬於立法行為，那麼是否應當依據立法程序修改基本法或者制定新的法律？如果不是立法行為，那特區法院是否有權審查全國人大常委會的解釋？中國內地實行「立法解釋」、「司法解釋」和「行政解釋」三者鼎立的格局。[36] 中國《立法法》第 45 條規定，全國人大常委會解釋法律的情況包括：第一，法律的規定需要進一步明確其具體含義的；第二，法律制定後出現新的情況，需要明確適用法律依據的。雖然《立法法》並不在香港特區實施，但我們從上述規定可以看出，全國人大常委會的解釋與司法機關的解釋有根本上的區別，是基於基本法的規定闡明有關條款立法原意的行為，具有與立法同等的效力。然而，「在普通法國家，如果立法機關作出這樣的行為，這並不稱為立法解釋，而算是對原有立法的修訂或補充性立法」。[37]「全國人大常委會的解釋實質上等同於通過將解釋內容併入條文的方式來修訂法律。」[38] 也有學者認為，「全國人大常委會解釋基本法的行為屬於立法行為，而非司法行為」。[39] 筆者認為這種觀點也是有待商榷的，因為如果是立法行為，則應當依照立法程序進行，基本法也已經明確規定了對基本法進行修改的程序。

那麼，應當如何理解全國人大常委會對基本法的解釋呢？普通

36　參見張志銘：〈當代中國的法律解釋問題研究〉，《中國社會科學》1996 年第 5 期。

37　陳弘毅：《法理學的世界》，第 410 頁。

38　Albert H. Y. Chen, "Constitutional Adjudication in Post-1997 Hong Kong", (2006) *Pacific Rim Law and Policy Journal* 15(3), p. 645.

39　王振民：〈「一國兩制」實施中的若干憲法問題淺析〉，《法商研究》2000 年第 4 期。

法傳統下法律的解釋權由法院行使，但根據「一國兩制」原則，基本法的規定確立了新的法律制度，解釋基本法是基本法第 158 條明確規定由全國人大常委會行使的權力，是闡明基本法條文立法原意的行為，而不是修改基本法，也不是制定新的法律，不屬於立法行為，但基本法第 158 條第 3 款也明確規定如全國人大會常委會對有關條款作出解釋，香港特區法院在引用該條款時，「應以全國人民代表大會常務委員會的解釋為準」。因此，全國人大常委會對基本法的解釋具有與立法行為同等的效力。而且全國人大常委會的解釋，也不影響香港特區法院在此之前作出的判決。全國人大常委會釋法和香港特區司法獨立，都是基本法規定的，兩者都是回歸後香港新憲制和法律制度的重要組成部分。全國人大常委會釋法不會損害香港的司法獨立，即使按照香港的普通法制度，司法獨立也不意味著立法機構不能就法院審理中的案件涉及的事項制定新的法律或者對法律作出解釋。綜上，全國人大常委會的解釋屬於基本法明確規定的闡明基本法條文含義的權力，不是進行立法或者修改立法，但「全國人大常委會對基本法的解釋是與被解釋的法律和法律條款具有同等效力，應得到各方面包括香港法院的嚴格遵守」。[40]

（三）全國人大常委會能否推翻法院通過判決確立的原則

上文論述了全國人大常委會解釋的效力，即「香港特別行政區法院在引用該條款時，應以全國人大常務委員會的解釋為準」，全國人大常委會的解釋對香港特區法院具有約束力，但同時也規定「在此以前作出的判決不受影響」。在基本法的框架下，香港特區法院的案件終審權和基本法最終解釋權是相分離的。也就是說，雖然法院享有終審權，全國人大常委會不能干涉法院獨立審理案件，但全國人大常

40　董立坤：《中央管治權與香港特區高度自治權的關係》，第 97 頁。

委會的解釋並不受香港特區法院在案件中的解釋的影響，而且如果認為香港特區法院的解釋不符合基本法的原意，全國人大常委會可以重新作出解釋，且香港特區法院在以後的案件中都必須遵循該解釋。因此，「全國人大常委會對基本法的解釋是最高的和最終的，即使香港法院在訴訟中對基本法行使了解釋權，但全國人大常委會仍然可以通過解釋推翻香港法院的解釋」。[41] 有學者認為，「全國人大常委會對特區《基本法》行使最終解釋權，既是對特區享有違憲審查權的重要表現，也是對特區行使違憲審查權的重要方式」。[42]

另外，全國人大常委會作出新的解釋並不影響香港特區的司法獨立。一方面，特區法院「在此以前作出的判決不受影響」，只是在以後的案件中需要遵循全國人大常委會的解釋，但是我們不能因為法院需要遵循基本法或者與基本法條文具有同等效力的解釋就認為司法獨立受到侵害，因為依法作出裁決是司法權運行的根本前提，司法獨立不代表法官可以為所欲為，不受任何限制。另一方面，即使在普通法體制下，如果立法機關就案件所涉及的問題制定或修改了法律，改變了法院通過自己的判決就有關問題所確定的規則，那麼法院以後處理同類案件就必須遵守立法機關制定或修改的法律。這也是普通法的原則，即制定法優於判例法的原則，立法取代判例的情況可以發生在任何普通法地區和國家。[43] 前文已述，全國人大常委會的解釋雖然不是立法，但也具有法律的效力，與制定和修改法律有異曲同工之妙。因此，如果香港特區法院對基本法的解釋不符合基本法條文的含義，全國人大常委會可以通過解釋推翻法院在判例中確立的原則，而且該解釋對特區法院具有約束力。

41　胡錦光：〈關於香港法院的司法審查權〉，《法學家》2007 年第 3 期。

42　徐靜琳：《演進中的香港法》，第 59 頁。

43　Peter Wesley-Smith, *The Sources of Hong Kong Law* (Hong Kong: Hong Kong University Press, 1994), p. 33.

第三節

「兩制」下特區立法的審查模式

◇◇◇

　　「一國兩制」是實現國家和平統一的重要制度，「一國兩制」的實施不是一種制度消滅另一種制度，而是兩種制度長期共存。「一國」是前提和基礎，香港特區的一切權力都要在維護國家主權和統一的前提下行使，特區法院行使司法審查權不能超出其地方性權力的性質和範圍。同時，「兩制」是保證，也是「一國兩制」的核心內容，香港特區保持原有的資本主義制度和生活方式五十年不變，同時享有行政管理權、立法權、獨立的司法權和終審權。在「兩制」與「高度自治」的原則下，中央對香港特區立法是否符合基本法的審查方式上必然要有所調整。中央對地方立法的審查權也受到一定的限制。

一、「兩制」對中央備案審查制度的影響

（一）中央審查方式的轉變

　　為了保證國家法制的統一性，對地方性法規的備案審查制度不止出現在基本法中，中國《立法法》也對法律法規的備案審查制度作了詳盡的規定。[1] 法律、行政法規、地方性法規、自治條例和單行條

1　參見《立法法》第 98 條，行政法規、地方性法規、自治條例和單行條例、規章應當在公佈後的三十日內依照下列規定報有關機關備案：……（二）省、自治區、直轄市的人民代表大會及其常務委員會制定的地方性法規，報全國人民代表大會常務委員會和國務院備案；設區的市、自治州的人民代表大會及其常務委員會制定的地方性法規，由省、自治區的人民代表大會常務委員會報全國人民代表大會常務委員會和國務院備案。

例、規章如果出現超越權限、下位法違反上位法規定、違背法定程序等情況，[2] 根據中國《立法法》第 97 條，全國人大常委會對同憲法和法律相抵觸的行政法規、地方性法規、自治條例採取的審查方式是「改變或者撤銷」。[3] 但是，在對香港特區立法的審查方式上，基本法第 17 條第 3 款的規定充分體現了「兩制」與香港特區的高度自治權。第一，基本法規定了全國人大常委會「徵詢其所屬的香港特別行政區基本法委員會」的前置程序，全國人大常委會對特區立法的審查並非封閉性地自行決定，而是充分考慮基本法委員會的意見；第二，與全國人大常委會對內地的地方性立法可以直接「改變或撤銷」的審查結果不同，全國人大常委會對香港特區立法的審查是如認為特區立法機關制定的任何法律，不符合基本法關於中央管理的事務及中央和香港特區的關係的條款，「可將有關法律發回，但不作修改」。也就是說，最終如何對法律進行修改或者重新制定法律，全由香港特區立法機關自行決定，中央並不會直接決定立法的內容。

（二）中央審查範圍的調整

全國人大常委會能否審查香港特區立法機關就自治範圍內的事項進行的立法？基本法第 17 條第 3 款規定「如認為香港特別行政區立法機關制定的任何法律不符合本法關於中央管理的事務及中央和香港特別行政區的關係的條款」，可將法律發回。那麼，如果是不符合基本法關於特區自治事項的規定呢？全國人大常委會是否可以進行審查？有學者認為，「既然全國人大通過《基本法》明確規定香港是『高

2　參見《立法法》第 96 條。

3　參見《立法法》第 97 條，改變或者撤銷法律、行政法規、地方性法規、自治條例和單行條例、規章的權限是：（一）全國人民代表大會有權改變或者撤銷它的常務委員會制定的不適當的法律，有權撤銷全國人民代表大會常務委員會批准的違背憲法和本法第 75 條第 2 款規定的自治條例和單行條例；（二）全國人民代表大會常務委員會有權撤銷同憲法和法律相抵觸的行政法規，有權撤銷同憲法、法律和行政法規相抵觸的地方性法規，有權撤銷省、自治區、直轄市的人民代表大會常務委員會批准的違背憲法和本法第 75 條第 2 款規定的自治條例和單行條例。

度自治」而且享有獨立的司法權和終審權，那麼全國人大常委會當然要遵守這種『高度自治』並以此為界」。[4] 「從基本法的規定看，全國人大常委會的基本法審查權，限於中央管理的事務以及中央和香港特別行政區的關係的範圍。而香港特別行政區自治範圍內的事務則不屬於全國人大常委會的審查範圍。」[5] 「高度自治」並非「完全自治」，但也不是「一般自治」，體現在立法權的配置上，即中央授權並不干涉特區立法機關就自治範圍事項的立法。雖然基本法規定立法機關制定的所有法律均須報全國人大常委會備案，但從全國人大常委會審查的內容來看，顯然只關乎法律是否符合基本法關於中央管理的事務及中央和特區關係的條款，至於特區自治範圍內的條款，從高度自治權的角度來看，全國人大常委會並不干涉。

因此，對於「備案」的含義，我們可以從兩種不同的角度加以理解。「只要不涉及有關中央管理的事務及中央和特別行政區的關係的條款，全國人大常委會只進行一般備案。」[6] 這種一般備案，是表示「已知道」的意思。在相關立法涉及中央管理事務或者中央與特區關係時，「備案」應當理解為實質意義上的，與「審查」相結合的備案。總之，中央對特區立法的審查範圍是有限的。

▌二、「雙軌」審查制度的形成與衝突

基本法對中央備案審查制度的安排直接帶來了下面的結果，即「人大常委會只有在法律涉及中央管理的事務及中央和香港特別行政區的關係時才可以宣佈地方法律無效，而不是根據它們違反全國性

4　王書成：〈司法謙抑主義與香港違憲審查權 —— 以「一國兩制」為中心〉，《政治與法律》2011年第5期。

5　陳欣新：〈香港與中央的「違憲審查」協調〉，《法學研究》2000年第4期。

6　王振民：〈「一國兩制」實施中的若干憲法問題淺析〉。

憲法。人大常委會對地方自治範圍內的地方立法沒有控制權」。[7] 那麼，特區自治範圍內事項的立法是否符合基本法應當由誰來監督呢？如第二章所述，中央備案審查的不完整性導致香港特區法院審查立法的必要性。香港特區法院憑藉其權威性在香港特區法制發展中扮演了特別的角色，在其他政治力量的默認下通過判例在事實上獲得了審查特區立法的權力。與中央的備案審查共同形成香港特區立法特殊的「雙軌」審查機制。

（一）立法審查與司法審查方法及理念上的衝突

香港受英國普通法傳統的影響深遠，長期接受權力分立與制衡的思想，其對立法的審查模式「最終還是以普通法系國家主張並踐行的司法審查範式為皈依」，[8] 由普通法院在審理具體案件的過程中對特區立法是否符合基本法進行附帶性審查。與此不同的是，中國堅持人民主權理論，人民代表大會是人民參與國家社會管理事務的方式，全國人民代表大會是最高國家權力機關，人民法院由人民代表大會產生並對人民代表大會負責。[9] 根據中國《憲法》，全國人大常委會行使解釋憲法、法律和監督憲法實施的職權。[10] 因此，全國人大常委會對地方立法的審查權，「是源自憲法層面而非僅僅是基本法層面的」。[11] 在人民代表大會制度下，受人大及其常委會監督的法院不可能獲得監督審查人大及其常委會立法的權力，中國從來都沒有普通法系意義上的司法審查傳統。中央採用的立法審查方式與香港特區採用的司法審查方式，「二者之間不一致，其理念和操作程序有重大差

---

7   佳日思：〈《基本法》訴訟：管轄、解釋和程序〉，載佳日思、陳文敏、傅華伶主編：《居港權引發的憲法爭論》，第 50 頁。

8   郭天武等著：《香港基本法實施問題研究》，第 178 頁。

9   參見《中華人民共和國憲法》第 128 條。

10 參見《中華人民共和國憲法》第 67 條。

11 陳欣新：〈香港與中央的「違憲審查」協調〉。

異，容易產生衝突」。[12]

（二）審查對象的競合及審查結果的衝突

從理論上講，香港特區法院可以自行解釋的範圍，僅限於基本法中關於香港特區自治範圍內的條款。司法審查特區本地立法的內容也僅限於審查其是否符合基本法中關於特區自治事項內容的規定。全國人大常委會只審查立法機關制定的法律，是否符合基本法關於中央管理的事務及中央和地方的關係的條款，兩者並不衝突。「如果兩地都在各自的範圍內行使自己的違憲審查權或司法審查權，處理自己司法區域內的憲法性案件，這不會產生什麼問題。」[13] 但由於基本法的條款屬於自治範圍內還是範圍外並沒有明確的標準，當出現涉及兩地的基本法案件時，實踐中難免會有發生衝突的可能性。

例如香港特區法院經審查後認為立法機關制定的法律不符合基本法，根據法院的判決結果，立法機關重新制定或者修改法律，但新制定的法律報全國人大常委會備案時全國人大常委會認為不符合基本法。或者香港特區法院審查後認為立法機關制定的法律不符合基本法，但全國人大常委會認為特區立法機關制定的法律符合基本法的規定。這種衝突在居港權系列案件中已經初見端倪。香港《1997年入境（修訂）（第3號）條例》規定，屬於基本法第24條第2款第（三）項的人士須取得內地機關所發的單程證，才能行使他們作為香港永久性居民所享有的居留權。《1997年入境條例（修訂）（第2號）條例》規定，符合基本法第24條第2款第（三）項資格的人士，其父母之中最少一人必須在其出生時已取得香港永久性居民身份。在「居港權」系列案件中，終審法院裁定上述兩條規定違反基本法。[14] 但全國

12　強世功：〈司法主權之爭 —— 從吳嘉玲案看「人大釋法」的憲政意涵〉，《清華法學》2009年第5期。

13　王振民：〈「一國兩制」實施中的若干憲法問題淺析〉。

14　參見終審法院關於吳嘉玲案的判決書，FACV14、15、16/1998。

人大常委會隨後作出解釋，根據全國人大常委會的解釋，1. 基本法第24條第2款第（三）項受第22條第4款規限，因此，屬於第24條第2款第（三）項所述的人士，必須向內地機關申請辦理批准手續，才可進入香港特區；2. 任何人士要符合第24條第2款第（三）項的資格，其父母之中最少有一人必須在其出生時已為香港永久性居民。也就是說，根據全國人大常委會的解釋，香港特區立法機關的上述兩項立法是符合基本法的。由此產生審查結果上的衝突與矛盾。

三、「並軌」的可能性：能否統一行使審查權

　　根據基本法，香港特區實行與內地截然不同的法律制度，中央與特區不可避免地在權力運行方面產生一定的衝突。具體到對特區立法的審查，如果香港與中央採取同一種審查模式，那麼相互之間的協調會更加容易一些。最理想的情況是將審查權統一交給一個機關行使，實現兩種審查方式的「並軌」，要麼是司法審查吸納立法審查的法治進路，要麼立法審查吸納司法審查的立法主權論，都可以避免上述審查方式和結果的衝突。然而，「從兩種制度的價值取向與制度軌道相差甚遠的現狀考慮，無論是法治進路還是立法主權論的主張都無法成功實現並軌的目標」。[15]

　　第一個問題是全國人大常委會能否審查司法審查的結果，最終由全國人大常委會統一行使審查權？有學者認為，「香港終審法院通過判例發展出的新的普通法也不能與基本法相抵觸。基於對香港特區終審權的尊重，全國人大常委會不能對香港終審法院的判決進行審查，但一旦香港終審法院判決中蘊含的法律規則或原則成為香港判例法時，全國人大常委會有權對判例法進行審查」。[16] 這種觀點以中央

15　郭天武等著：《香港基本法實施問題研究》，第184頁。

16　董立坤：《中國內地與香港地區法律的衝突與協調》，第47頁。

對香港特區包括普通法在內的法律享有無限制的審查權為基礎。但筆者認為，「一國兩制」下中央並不完整地行使對香港特區法律的審查權，尤其是特區成立後的判例法。[17] 問題的實質在於由誰來決定基本法哪些條款屬於自治範圍內的條款，哪些條款屬於中央管理的事務及中央和香港特區關係的條款。從上述關於基本法解釋權的論述中可以得出，全國人大常委會享有最終的解釋權，對於全國人大常委會的解釋，香港特區法院是必須遵守的。但如果全國人大常委會過多地以解釋基本法的形式來推翻法院原有的審查結果，難免加劇兩地之間的緊張關係，「對於中央而言，全國人大常委會的克制和寬容同樣是必要的」。[18] 否則很容易影響香港市民對「一國兩制」的信心。

　　第二個問題是香港特區終審法院能否完整地行使對特區立法的司法審查權？該問題與上述法院的基本法解釋權問題相關。香港特區法院享有的基本法解釋權是有限制的。對於基本法中關於中央人民政府管理的事務或中央和香港特區關係的條款，法院在作出終局判決前必須提請全國人大常委會作出解釋。基本法的解釋權是法院對特區立法進行司法審查的前提，如果法院本身不具有對基本法相關條款的最終解釋權，那麼如何根據該相關條款來審查特區立法是否符合基本法呢？同時，從中央與地方的關係來看，「中央擁有對香港特別行政區的全面管治權」，[19] 中央的全面管治權一方面體現在授權香港特區實行高度自治，另一方面體現在對香港特區高度自治權的監督權。全國人大常委會的備案審查制度就是中央對特區立法進行監督的重要方式，這一權力只能由中央行使。因此，特區法院對特區立法的審查權力必

17　基本法中提到對普通法進行審查的條款主要有第 8 條和第 160 條，但這兩條是關於「原有法律」的審查，並不是針對特區成立後法院新形成的判例法。而第 17 條關於備案審查的規定也只是針對立法機關制定的法律。因此，對於特區法院新形成的判例法，全國人大常委會只能通過解釋基本法進行監督，而且法院在此之前作出的判決還不受影響。

18　郭天武等著：《香港基本法實施問題研究》，第 188 頁。

19　中華人民共和國國務院新聞辦公室：《「一國兩制」在香港特別行政區的實踐（2014 年 6 月）》，北京：人民出版社，2014 年版。

然是有限的,特區法院更加無權審查全國人大常委會的決定,司法審查吸納立法審查的進路在香港特區不具有現實可能性。

綜上,「兩制」下香港特區的司法審查與中央的備案審查形成對特區立法的「雙軌」審查機制,而這種「雙軌」制還將繼續存在,有必要建立相應的協調機制,就中央與香港法院之間違反基本法審查權行使的事宜進行協調。

本章小結

　　本章主要從縱向權力層面分析香港特區司法審查權的理論邊界，共有三節內容。第一節分析了香港特區與中央的權力關係及香港特區司法審查制度的理論前提，香港特區的高度自治權並沒有改變中國單一制的國家結構形式。不管自治程度多高，香港特區都屬於中國的一個地方行政區域，中央擁有對特區的全面管治權。在特區實施的一切制度，都必須符合「一國兩制」的基本方針。第二節是「一國」對香港特區司法審查範圍的限制。香港特區作為地方行政區域，其司法審查權的範圍受到中央與地方權力關係的限制。香港特區的一切權力都要在維護國家主權和統一的前提下行使，特區法院行使司法審查權不能超出其地方性權力的性質和範圍。在司法管轄權方面，香港特區的司法權不是完整的、閉合的、不受任何干預的權力。司法審查的範圍也必然受到一定的限制。根據香港特區司法權在中國整個憲法體制中的地位，地方法院對於中央行使權力的行為都沒有管轄權，包括全國人大及其常委會的立法行為、中央任免特區主要官員和決定特區其他重要事項等。在基本法的解釋權方面，香港特區法院在基本法解釋權上的有限性決定了其司法審查權所必須受到的限制。第三節探討了「兩制」下特區立法的「雙軌」審查制度。「一國」與「兩制」均是香港特區司法審查權的理論前提，雖然「一國」下香港特區司法審查的範圍受到一定的限制，但由於實行「兩制」，中央與特區法院都不能完整、統一地行使對特區立法的審查權。因此，香港特區的司法審查制度還須注意與中央的備案審查相協調的問題。

第五章

特區橫向權力關係對司法審查權的限制

◇◇◇

　　司法審查權的範圍和行使方式要置於特區縱向的權力配置和橫向的政治體制中考慮，既受國家縱向權力關係上作為地方性法院的地位的限制，也受香港特區內部行政、立法和司法三者權力關係的制約。司法審查的範圍與香港特區內部權力之間的較量密切關聯。司法審查的範圍越大，意味著司法對立法、行政的監督觸角愈深愈廣。前述中央授權和國家行為的理論只解決了中央與地方之間審查權的分配，但對於特區內部的司法審查權限問題，基本法並沒有明確規定法院是否必須放棄對香港內部某些具有較強政治性爭議的司法管轄權，只能通過特區內部之間的權力關係進行分析。如果我們將基本法中明確規定的，基於中央與地方權力關係而形成對香港特區法院管轄權的限制作為司法審查權的外在界限，那麼香港特區內部司法與行政、立法橫向權力關係對司法審查權的限制則可視為香港特區司法審查權的內在界限，體現在雖然沒有基本法的明確規定，但「由於司法權的特點以及法院在整個憲法體制下的地位，使得法院不得不採用自我限制的方式，而放棄介入審查」。[1]

　　然而，由於基本法沒有明確規定特區內部哪些事項不宜由法院進行審查，「從某種程度上講，司法在多大程度上介入這些爭議的決定權在於法院自身」。[2] 實踐中香港特區法院在政治性爭議的審查方面保持相對克制的態度，但從上述行政長官決定赦免案、立法會「剪布案」、行政長官的選舉案等案件的審理來看，實際上香港特區法院

1　王禹：《「一國兩制」憲法精神研究》，廣州：廣東人民出版社 2008 年版，第 135 頁。

2　Yash Ghai, *Hong Kong's New Constitutional Order: the Resumption of Chinese Sovereignty and the Basic Law* (Hong Kong: Hong Kong University Press, 1999), p. 306.

從未放棄對這些事項的司法管轄權。而且，法院能否對這些問題進行審查，以及進行何種程度的審查完全取決於法院的裁量結果，目前還沒有任何有效的外部制約方式。司法擴權和司法政治化問題在這一領域的表現尤為明顯。如孟德斯鳩所言，「一切有權力的人都愛濫用權力，直到有限制的地方為止」。司法權作為一項公權力也有自我擴張的傾向。那麼，我們應當如何對香港特區的司法審查權進行限制？香港特區內部司法與行政、立法權力之間的關係是怎麼樣的？從橫向權力關係角度分析，香港特區司法審查權的邊界在哪？行政長官、特區政府和立法會的哪些行為不受法院審查？司法審查香港特區本地立法有哪些方面的限制？這些問題將在本章中一一探討。

行政主導：香港特區司法審查的政制基礎

◇◇◇

　　「所謂政治體制是指政權的組織形式和活動原則，包括行政機關、立法機關、司法機關等的組織、地位、職權及其相互之間的關係，以及公務員制度（或文官制度）等。」[1] 與國家結構形式側重於縱向權力的配置不同，香港特區的政治體制有獨特的內涵，強調特區內部公權力的橫向配置。關於香港特區的政治體制，自特區成立之前就有「行政主導制」與「三權分立制」兩種爭論不休的意見。[2] 筆者認為，基於「一國兩制」的基本原則，考慮到香港特區自身的性質、特點和發展需要，香港特區採取有別於中國內地的人民代表大會制度，同時吸收借鑒香港原有港督制度的合理之處，形成了以香港特區行政長官為核心而展開的政治體制。這種政治體制具有全新的內涵，「它不是內地實行的人民代表大會制，也不是美國式的『三權分立』，也不是香港原有的港督制，而是一種新的以行政為主導的政

1　許崇德主編：《港澳基本法教程》，北京：中國人民大學出版社 1994 年版，第 164 頁。

2　內地學者一般認為，香港特區實行「行政主導」體制，如王叔文主編：《香港特別行政區基本法導論》，北京：中國民主法制出版社、中共中央黨校出版社 2006 年版，第 210-215 頁；郝鐵川：〈從國家主權與歷史傳統看香港特區政治體制〉，《法學》2015 年第 11 期；劉曼容：〈行政主導：香港特區管治之所需〉，《廣東社會科學》2006 年第 6 期；程潔：〈香港憲制發展與行政主導體制〉，《法學》2009 年第 1 期，等等。香港特區法院在多個判決書中強調，香港特區實行三權分立，如前述莊豐源案（FACV 26/2000）、國旗區旗案（FACC 4/1999）、一名律師訴香港律師會（FACV 7/2003）、公務員減薪案（FACV 15/2004）等。對此，有學者認為，「香港特區政體既屬於三權分立體制的範疇，又具有行政主導的特點。三權分立、行政主導是從不同角度對香港特區政體特徵的描述，兩者不是同一層面的事物，也不是割裂的關係。全面概括香港特區政體的特徵，應是三權分立基礎上的行政主導制」。參見胡錦光、朱世海：〈三權分立抑或行政主導制——論香港特別行政區政體的特徵〉，《河南省政法管理幹部學院學報》2010 年第 2 期。

治體制，也就是行政長官制」。[3]

一、香港特區行政主導的基本內涵

內地學者通常將香港特區的政治體制概括為行政主導制，但何為行政主導，學界並沒有統一的定義。什麼是以行政為主導？如何正確理解「主導」的含義？行政主導是相對於什麼而言的主導？這些問題都需要我們進一步研究與探討。

（一）如何理解行政長官的職權和地位

行政主導的概念本身來自於港英時期的香港。「港英政府政制模式的基本特點，是以港督為核心的行政主導體制。即言之，是由港督為首的行政機關主導一切，制定和提出各項政策及法案，同時設立行政局、立法局作為其決策和立法的諮詢機構，輔佐港督施政。」[4] 在基本法的制定過程中，有關香港特區的政治體制是基本法的重要內容。確定香港特區政治體制的標準是「要符合『一國兩制』的原則，要從香港法律地位和實際情況出發，以保障香港的繁榮穩定為目的」。[5] 中方在充分考量香港回歸前的政治體制之後，將原有港督制中一些行之有效的因素保留下來，形成了特別行政區的行政主導制。

雖然在某些方面借鑒了港英時期的政治體制，但香港特區的行政主導制與港督制有根本上的區別。「港督在性質上是英國女王欽定的代表，對女王負責，他總攬香港行政、立法大權，香港的文武官員

3　蕭蔚雲：《基本法》，北京：北京大學出版社 2003 年版，第 829 頁。

4　劉曼容：《港英政治制度與香港社會變遷》，廣州：廣東人民出版社 2009 年版，第 85 頁。

5　參見姬鵬飛在 1990 年 3 月 28 日第七屆全國人民代表大會第三次會議上所作的《關於〈中華人民共和國香港特別行政區基本法（草案）〉及其有關文件的說明》。

對總督負責。」[6] 從行政長官的性質和地位來看，港督是英國在香港實行殖民統治的代表，而行政長官是中國恢復對香港行使主權，香港實行高度自治的地方首長。港督對英皇負責，而香港特區的行政長官除了要對中央人民政府負責之外，還對特別行政區負責。從行政長官的權限來看，港督總攬一切大權，而行政長官的權力雖然較為廣泛，但仍然受到明顯的制約。從行政長官的產生辦法來看，港督由英國直接任命，而行政長官在香港特區通過選舉或協商產生後報中央人民政府任命，體現了「港人治港」和「高度自治」的原則。因此，香港特區的行政主導制是一種與港督制截然不同而全新的政治體制。

（二）什麼是「主導」

誠如鄧小平先生所言，香港制度也不能完全西化，不能照搬西方的一套。香港現在就不是實行英國、美國的制度，這樣也過了一個半世紀。現在如果照搬，比如搞「三權分立」，搞英美的議會制度，並以此來判斷是否民主，恐怕不適宜。[7] 香港特區不實行三權分立制，「『三權分立』是國家層次上的政治制度，而香港和澳門特別行政區，是我國單一制國家結構形式下的一個地方行政區域，不能也不必完全照搬國家層次上的政治體制」。我們強調香港特區的行政主導體制不同於西方的三權分立制，[8] 但不代表行政主導與三權分立沒有任何共通之處。筆者認為，理解香港特區的行政主導體制要把握以下

6　李昌道等著：《創造性的傑作——解讀中華人民共和國香港特別行政區基本法》，上海：上海人民出版社 1998 年版，第 111 頁。

7　鄧小平：《鄧小平文選》（第三卷），北京：人民出版社 1993 年版，第 220 頁。

8　在 1986 年 11 月 4 日香港基本法起草委員會政治體制專題小組提交給第三次全體會議的工作報告中指出，「委員會認為在『一國兩制』的原則下，香港特別行政區的政治體制應原則上採用『三權分立』的模式，雖然有的委員主張三權分立、行政主導，有的委員主張三權分立、立法主導，但對於司法獨立，行政機關和立法機關既相互制衡、又相互配合的原則，小組會上沒人提出異議。但在鄧小平對上述「三權分立」的說法提出批評了之後，香港基本法起草委員會不再使用「三權分立」的說法。參見全國人大常委會香港基本法委員會辦公室編：《中華人民共和國香港特別行政區基本法起草委員會文件彙編》，北京：中國民主法制出版社 2011 年版，第 61 頁；李後：《百年屈辱史的終結：香港問題始末》，北京：中央文獻出版社 1997 年版，第 185 頁。

兩點：

第一，主導不等於集權，行政主導是在權力分立和制衡基礎上的主導，而不是行政總攬大權。這也是香港特區行政主導體制區別於港英時期政治體制的關鍵所在。「行政的主導是相對其他權力而言的主導，因此必須以權力分立和制衡作為行政主導體制的制度背景，如果沒有分權，也就沒有所謂的主導可言。」[9]「分權與控權是現代憲政制度安排的一項核心內容。」[10] 權力分立與制衡與行政主導並沒有衝突。權力分立是由不同的機關行使公權力，防止將權力集中在同一部門；權力制衡是以權力約束權力，防止權力濫用的方式。香港特區的行政主導體制中也包含「分權」與「制衡」的內容。基本法對行政長官、香港特區政府、立法會和各級法院行使的職權作了明確規定。同時，這也賦予了立法權和司法權對行政權強大的制約功能。「行政機關和立法機關之間的關係應該是既互相制衡又互相配合；為了保持香港的穩定和行政效率，行政長官應有實權，但同時也要受到制約。」[11]

第二，主導是指佔主動和統領地位，權力制衡也不代表權力的配置完全平衡，必然產生某種權力佔主導地位的現象，只是程度有所不同。例如，「在實行美國式的三權分立國家，雖然表面看來行政權與立法權、司法權三權鼎立，平分秋色，但是，三權之中，立法權據核心位置，國會起主導作用」。[12] 當然，不同權力之間的關係也不是一成不變的。進入 20 世紀之後，國會和總統的力量各有消長，通過行使司法審查權，法院在某種意義上也有了至高無上的地位。於香港

9　郭天武等著：《香港基本法實施問題研究》，北京：中國社會科學出版社 2012 年版，第 56 頁。

10　殷嘯虎：〈論特別行政區行政主導下的行政權控制與監督 —— 以澳門特別行政區為例〉，《政治與法律》2014 年第 2 期。

11　參見姬鵬飛在 1990 年 3 月 28 日第七屆全國人民代表大會第三次會議上所作的《關於〈中華人民共和國香港特別行政區基本法（草案）〉及其有關文件的說明》。

12　許崇德、王振民：〈由「議會主導」到「行政主導」——評當代憲法發展的一個趨勢〉，《清華大學學報》1997 年第 3 期。

特區而言，行政權與立法權、司法權雖有一定的制衡關係，但不代表各種權力之間是完全平衡的，而是行政佔主導地位，即「在行政與立法的關係中，行政長官的法律地位比立法機關的法律地位要高一些，行政長官的職權廣泛而大一些，行政長官在香港特別行政區政治生活中起主要作用」。[13]

因此，香港特區行政主導是指在香港特區內部權力架構中，相對於其他公權力而言，行政權處於優勢地位，對社會管理事務具有廣泛和實質的控制力，公共決策的最終結果主要取決於行政首長及其領導的政府。

▋ 二、行政主導在基本法中的體現

「理解行政主導體制，必須從《基本法》出發，通過《基本法》對不同權力之間的關係來認識行政權力在香港政治構架中的作用。」[14] 基本法雖然沒有出現行政主導的字眼，但其條文裏充分體現了行政主導的原則。「行政主導是基本法設計政治體制的主要立法原意。」[15]

第一，行政長官地位顯要，既是香港特區的首長，代表香港特區，也是香港特區政府的首長。[16] 從基本法內容的結構來看，行政長官列於第四章「政治體制」中的第一節，處於香港特區政治體制的首要位置。「香港基本法在立法技術上表現出以行政為中心建構政治體制的立法意圖。無論在法律結構上，還是條文編排上，基本法都將『行政』放在『立法』前，行政優先的立法意圖甚明。」[17] 從行政長

13　蕭蔚雲：《論香港基本法》，北京：北京大學出版社 2003 年版，第 829 頁。

14　程潔：〈香港憲制發展與行政主導體制〉。

15　王禹：《論恢復行使主權》，北京：人民出版社 2016 年版，第 209 頁。

16　參見基本法第 43 條。

17　王禹：《論恢復行使主權》，第 209 頁。

官的職權來看，行政長官行使廣泛職權。作為香港特區的首長，只有行政長官才能代表香港特區向中央人民政府述職，代表香港特別行政區政府處理中央授權的對外事務和其他事務。[18]

　　第二，行政在立法中處於主動地位，基本法強調了行政權對立法權的制約性。（1）行政長官負責簽署立法會通過的法案，公佈法律。香港特別行政區行政長官如認為立法會通過的法案不符合香港特別行政區的整體利益，可在三個月內將法案發回立法會重議，香港特別行政區行政長官如拒絕簽署立法會再次通過的法案，或立法會拒絕通過政府提出的財政預算案或其他重要法案，經協商仍不能取得一致意見，行政長官可解散立法會。當然，行政長官對立法權的制約也是有限制的，行政長官在其一任任期內只能解散立法會一次，而且解散立法會後重選的立法會仍以全體議員三分之二多數通過所爭議的原案，而行政長官仍拒絕簽署的，行政長官必須辭職。（2）立法會議案內容的有限性。立法會議員提出的法律草案凡涉及政府政策者，在提出前必須得到行政長官的書面同意。（3）如果立法會拒絕批准政府提出的財政預算案，行政長官可向立法會申請臨時撥款並在一定條件下解散立法會。如果由於立法會已被解散而不能批准撥款，行政長官可在選出新的立法會前的一段時期內，按上一財政年度的開支標準，批准臨時短期撥款。（4）法案、議案的表決程序不同。立法會議員提出的議案和法案需要分別獲得功能界別議員和直選議員過半數贊成才能通過，而政府提出的法案，只要出席立法會會議的全體議員超過半數贊成即可通過。[19] 基本法關於香港特區法案、議案表決程序的設置使得政府提出的法案和議案更加容易在立法會通過，增強了政府在立法中的主動性和控制力。

　　第三，行政權對司法權具有一定的制約作用，而且相對於司法

18　參見基本法第 48 條。

19　參見基本法第 48、49、50、74、51 條和附件二。

權，行政權對社會管理具有更強的控制力。主要表現在以下幾個方面：（1）行政長官依照法定程序任免各級法院法官，香港特區行政長官根據當地法官和法律界及其他方面知名人士組成的獨立委員會推薦任命法院的法官，在法官無力履行職責或行為不檢的情況下，行政長官可以依照法定程序予以免職。終審法院法官和高等法院首席法官的任免，還須由行政長官徵得立法會的同意，並報全國人大常委會備案。（2）香港特別行政區法院在審理案件中遇有涉及國防、外交等國家行為的事實問題，應取得行政長官就該等問題發出的證明文件，上述文件對法院有約束力。（3）行政長官可以決定赦免或減輕刑事罪犯的刑罰，以此協調司法與社會之間的矛盾。（4）行政長官負責執行基本法和依照基本法適用於香港特區的其他法律。政府執行立法會通過並已生效的法律。[20] 司法權具有消極性和被動性，相對於法院在審判中適用基本法和其他法律，依據基本法和其他法律作出裁判，香港特區行政長官和政府直接依據基本法和法律制定公共政策，管理各項行政事務，在社會管理中發揮直接且主要的作用。

三、行政主導體制對司法審查的影響

（一）行政主導與司法獨立的關係

「司法獨立是指司法機關即法院獨立地行使審判權，不受行政機關即政府、立法機關即立法會、社會團體和個人的干涉。」[21] 行政主導與司法獨立都是香港特區政治體制的重要內容。早在香港特區基本法起草委員會政治體制專題小組的會議上，保持香港特區司法獨立就已經成為共識。[22] 但任何一個國家或地區的各種權力之間都不可能擺

20　參見基本法第 88、89、90、19、48、64 條。

21　蕭蔚雲主編：《一國兩制與香港基本法律制度》，北京：北京大學出版社 1990 年版，第 225 頁。

22　香港特別行政區基本法起草委員會秘書處編：《中華人民共和國香港特別行政區基本法起草委員會第三次全體會議文件彙編》，1986 年，第 32 頁。

脫相互的制約，完全獨立的權力是不存在的。香港特區司法獨立的程度非常高，基本法中有關法官的任免制度、豁免制度、職業保障制度等內容[23]充分保障了香港特區獨立的司法權，行政權對司法權幾乎沒有任何干預的空間，但如上文所述，在行政主導體制下行政權對司法權仍然有一定的制約作用。行政主導與司法獨立並不矛盾。通常意義下的行政主導強調的是行政與立法之間的關係，即在司法獨立的前提下，行政權相對於立法權而言，處於優勢地位。但這不代表行政主導對香港特區行政權與司法權之間的關係沒有任何影響。「行政主導是香港特別行政區政治體制的一個指導原則，司法機關也應尊重這一原則，二者互相尊重，避免將司法機關凌駕於行政機關之上，以確保香港特別行政區的行政效率和穩定、繁榮。」[24]處理香港特區行政權與司法權之間的關係，要在保證行政主導的同時兼顧司法獨立。

（二）行政主導制對香港特區司法審查範圍的影響

行政主導意味著行政長官在香港特別行政區政治生活中起主要作用，行政長官享有更加廣泛的職權。司法機關應當尊重行政機關在社會管理事務及公共決策方面的權威性，基於立法、行政、司法權力的職能分工，行政機關和立法機關不能代替司法機關作出判決，同樣的，法院也並不承擔「決策者」的職能，「司法權的特點決定了法院不能代替立法機關制定法律，規定公民之間新的權利義務關係，也不能代替行政機關的職能，在審理案件的過程中直接替行政機關作出行政行為」。[25]法院在積極發揮司法權對立法與行政的制衡作用的同時，應當恪守基本法的職權分工，恪守法院在行政主導體制中的真正地位，而不能將自己凌駕於其他公權力機關之上。

23　參見基本法第 88、89、93 條。

24　蕭蔚雲：《論香港基本法》，第 867 頁。

25　王禹：《「一國兩制」憲法精神研究》，第 155 頁。

香港特區的政治體制對司法審查權的範圍產生了一定的限制。一方面，應當從廣義上理解不適宜由法院審查的爭議範圍。包括司法機關不能介入行政機關的內部運作程序；無權審查基本法明確規定由行政長官自由裁量的職權行為；不宜介入應當藉由政治程序解決的政治爭議等。另一方面，在有關爭議是否應當排除司法審查的判斷上，司法機關應當尊重行政長官的決定。基於司法權自身的性質及特區內部的橫向權力關係，香港特區法院應當主動排除審查某些不宜由法院解決的爭議。問題在於排除司法審查的爭議範圍並不是那麼明確，實踐中可能會出現某些爭議法院認為應當接受司法審查，而行政長官認為應當排除法院司法審查的情形，在此情況下，法院應當尊重行政長官的判斷。

（三）行政主導制對香港特區司法審查強度的影響

「司法審查的適當力度和標準取決於諸多制度性因素，尤其是司法權和行政權的平衡。」[26] 司法審查的強度代表法院對行政行為的干預程度，審查力度越大，則司法權對行政權的制約功能越強，司法權相對於行政權處於優勢地位。司法審查的「強弱度」主要表現在以下幾個方面：一是形式審查與實質審查，形式審查僅就當事人提供的材料進行審查，不涉及實體內容；實質審查不僅審查行政行為的形式要件，還審查實體內容是否合法；二是程序審查與實體審查，程序審查針對的是行政機關作出決定的程序是否正當，而不問實體內容；實體審查針對的是行政決定的合法性甚至是合理性進行審查；三是繼審主義與限制繼審主義，區別在於是否允許當事人在行政程序提供的證據之外補充新的證據。[27] 通常而言，形式審查、程序審查與限制繼審主義屬於程度較弱的司法審查。

26　張千帆：〈司法審查的標準與方法——以美國行政法為視角〉，《法學家》2006 年第 6 期。

27　參見江必新：〈司法審查強度問題研究〉，《法治研究》2012 年第 10 期。

　　香港特區的行政長官具有雙重身份，既是特區政府的首長，又是整個特別行政區的首長，「其法律地位高於行政機關、立法機關和司法機關」。[28] 在行政主導體制下，由行政長官領導的特區政府是行政事務的主要決策者，較之嚴格實行三權分立的國家，香港特區法院對行政權的尊重和配合程度應當更高一些。例如法院須盡量避免對行政機關實施的政策的合理性進行判斷，避免在判決中代替行政作出決定和制定政策，法官對行政決定只有否決權而沒有創設權。又如對於具有高度專業性、技術性的判斷只能作程序審查，例如學術評價、業績考核、專家鑒定意見等。當然，司法權也並非一味強調對行政權的尊重，在某些領域，尤其是與居民基本權利密切相關的案件中，法院也會採取較高強度的司法審查，對行政行為進行嚴格、細緻的審查。

28　蕭蔚雲：《論香港基本法》，第 830 頁。

司法審查的範圍：
香港特區的內部政治問題理論

◇◇◇

　　所謂的「政治問題」，是指法院基於分權原則和對民主政府其他分支的尊重，自動避免審查屬於其他政府分支決定的問題。[1] 一般而言，國家行為、統治行為、政治行為、政治問題可以說是經常被相互替換的概念。但在「一國兩制」的憲法體制下，我們有必要區分國家行為和政治問題。這裏的政治問題，是指特區內部的政治問題。比照普通法的傳統，筆者將香港特區內部具有高度政治性而不能或者不宜由法院行使管轄權的問題，稱為「政治問題」。政治問題不審查原則即「除卻中華人民共和國的國家行為外，香港法院對有些香港政府和香港立法會的行為也無司法管轄權」。[2] 在 1997 年的 *Ng King Luen* 案中，法官明確表明法院的職責是處理法律問題，而非政治問題。[3] 終審法院首席法官也多次在公開場合強調「法庭服務市民，並不是替他們解決政治、社會或經濟問題」。[4] 政治問題不審查是香港特區司法審查的一項重要原則。但是，何謂政治問題、如何判斷政治問題卻沒有明確的標準。

1　參見張千帆：《西方憲政體系》（上冊），北京：中國政法大學出版社 2001 年版，第 74 頁。

2　王禹：《「一國兩制」憲法精神研究》，第 158 頁。

3　*Ng King Luen v Rita Fan*, HCAL 39/1997. 該案原告聲稱時任臨時立法會主席范徐麗泰篡奪了當時香港立法局的法定地位，臨時立法會在深圳審議及通過議案，抵觸了《英皇制誥》的有關規定。

4　香港終審法院首席法官馬道立在 2011 年法律年度開啟典禮上的演講。

一、政治問題理論在其他國家的發展

在美國，政治問題不審查是一個相對成熟的理論。自司法審查制度建立之時，就已載入政治問題理論。在馬伯里訴麥迪遜案中，馬歇爾大法官明確將「所涉及的問題是政治性的」憲法事件列為聯邦法院不能審查的一類憲法訴求。[5] 雖然美國憲法對聯邦法院的司法管轄權幾乎沒有什麼明顯的限制，[6] 但實際上能夠進入法院的案件必須是具有可裁判性的案件，案件具有可裁判性的其中一個條件，就是案件不能構成「政治問題」。[7]

在英國，與「政治問題」理論相對應的是通過判例形成的國家行為（Act of State）理論。該理論可以追溯到 18 世紀的英國殖民時代，涉及「東印度公司」的糾紛如果是有關英國殖民政策的措施，法院通常不予審查。[8] 後來，國家行為的內涵在判例中不斷豐富和發展。一方面，結合「國王不為非」原則，將王室特權納入國家行為的範疇；另一方面，結合「議會主權」原則，國家行為理論擴及議會的行為，包括：宣戰、媾和及宣佈中立等外交行為，外國政府的承認或國家的承認，封鎖航道的命令，外交豁免權的授予，國土疆域的界定，對外代表國家的行為，締結國際條約，國會的召集、開議及解散，對政府

5　*Marbury v Madison*, 5 U. S. 137, 166(1803).

6　根據美國憲法第 3 條第 2 款規定：「司法權的適用範圍，應包括在本憲法、合眾國法律和合眾國已訂的及將訂的條約之下發生的一切涉及普通法及衡平法的案件，一切有關大使、公使及領事的案件，一切有關海上裁判權的案件及海事裁判權的案件，合眾國為當事一方的訴訟，州與州之間的訴訟，州與另一州的公民之間的訴訟，一州公民與另一州公民之間的訴訟，同州公民之間為不同之州所讓與之土地而爭執的訴訟，以及一州或其公民與外國政府、公民或其國民之間的訴訟。」

7　案件具有可裁判性一般應當具備以下幾個條件：（1）必須是憲法第 3 條規定的案件或者爭議；（2）原告必須具備訴訟資格；（3）案件必須是「成熟的」；（4）案件不能是已經失去實際意義的；（5）案件不能構成「政治問題」。參見李樹忠主編：《憲法案例教程》，北京：知識產權出版社 2007 年版，第 20 頁。

8　參見王玄瑋：〈違憲審查與政治問題——關於「政治問題不審查」原則的初步比較〉，《雲南大學學報》2009 年第 6 期。

不信任投票，上議院成員的任命，法院的設立，國王的否決權、赦免權的行使，統帥權，法律案的簽署，等等。[9]

在日本，統治行為經常被用作排除司法審查的理論依據。統治行為是指作為政治部門的國家機關的行為中具有高度政治性的行為。具體包括具有高度政治性的日美安全條約的合憲性、內閣解散國會的問題、國會兩院內部的議事規則是否適當的問題等。[10] 雖然學界中還存在肯定說與否定說的分野，但肯定說是日本學界的通說並且為最高法院所採行。[11] 在 1960 年的苫米地案中，法院明確表示：「不是一切國家行為均無限制地構成憲法審查的對象，像直接關係國家統治基礎的、具有高度政治性的國家行為，即使成為法律上的爭訟、在法律上也可能對此作出有效或無效判斷的情況下，但這樣的國家行為也還是在法院的審查權之外，這種判斷應該授權給對主權者國民負政治責任的政府、國會等政治部門，並最終取決於國民的政治判斷。」[12]

德國和法國採取專門機關進行違憲審查的模式，相對於普通法院，憲法法院或者憲法委員會的性質與功能定位使其對政治問題具有更大的審查空間，而不必像普通法院一般小心翼翼地避開政治性爭議。德國聯邦憲法法院在憲法的授權範圍內可審查「具有政治意義的法律爭議」，但對於「純粹的政治爭議」，則迴避審查。[13] 有些具有政治性意義的行為，如有關處理與外國之間的關係方面的行政行為、軍事上的指揮行為等，不能成為憲法訴訟的標的。[14] 相關判決雖

9　李建良：《憲法理論與實踐（一）》，台北：學林文化事業有限公司 2003 年版，第 405 頁。

10　參見童之偉、姜光文：〈日本的違憲審查制及其啟示〉，《法學評論》2005 年第 4 期。

11　莫紀宏主編：《違憲審查的理論與實踐》，北京：法律出版社 2006 年版，第 78 頁。

12　最判昭和 35 年 6 月 8 日，民集第 14 卷 7 號，第 1206 頁。轉引自【日】蘆部信喜著，林來梵等譯：《憲法》，北京：北京大學出版社 2006 年版，第 300 頁。

13　施啟揚：《西德聯邦憲法法院論》，台北：台灣商務印書館 1971 年版，第 8 頁。

14　劉兆興：《德國聯邦憲法法院總論》，北京：法律出版社 1998 年版，第 317 頁。

然沒有明確支持「政治問題」理論，但已經體現了該理論的內涵。[15]
法國憲法理論將行政機關的行為分為政府行為和行政行為。政府行為
主要包括三類：第一類是總統或政府與國會關係之行為與措施；第二
類是關於外交或國家關係的行為；第三類是關於總統緊急命令權的
行使。[16] 行政機關的政府行為通常不予審查。值得注意的是，法國的
「政府行為」理論旨在調整行政法院司法審查權的界限，當這一理論
適用於違憲審查時，基於憲法委員會的功能定位，「政府行為」理論
的內涵會有變化，有些過去認為是政府行為的事項，也可以由憲法委
員會予以審查。

　　從上述各國有關政治問題的理論與實踐中可以發現，不同國家
和地區政治問題的內涵與外延不盡相同，與審查主體的價值立場及其
在民主政治中的角色地位直接相關。在一定程度上排除法院對政治問
題的司法管轄權是各國的普遍現象，所不同的僅僅是，被迴避審查的
政治問題的範圍與種類以及關於這項迴避舉動之理論基礎的言說方
式，由此形成不同的憲法秩序與國家權力結構下不同版本的「政治問
題」理論。[17] 香港特區的行政主導體制凸顯了行政長官較高的法律地
位及其廣泛的職權，司法機關應當充分尊重行政機關在管理社會事務
和決定公共政策方面的權力。因此，行政主導體制下香港特區的「政
治問題」應當具有更加豐富的內涵。

15　例如在 1973 年的兩德基礎關係條約案中，憲法法院在判決中提到，法院在解釋調整聯邦與其他
　　國家之政治關係的憲法條文時，須考慮這些條文所設定界限的性質，也要留給政治上自由運作的
　　空間。參見鄭磊：《憲法審查的啟動要件》，北京：法律出版社 2009 年版，第 270 頁。

16　參見王名揚：《法國行政法》，北京：中國政法大學出版社 1989 年版，第 135-136 頁。

17　Alec Stone Sweet, "Why Europe Rejected American Judicial Review: And Why It May Not Matter", (2003)
　　Michigan Law Review 101(8), p. 2744.

二、政治問題的判斷

如第一章所述，涉及基本法的訴訟難免帶有一定的政治性，甚至可以說「所有的憲法解釋都帶來政治性效果」，[18] 司法審查也在不同程度上體現了政治性的特徵。不可否認的是，沒有一個判決是在「政治真空」裏作出的，排除法院對政治問題的管轄權不代表所有帶有政治性質的案件，都屬於應當迴避審查的政治問題。基於此，美國學者區分了政治問題（Political Questions）與政治案件（Political Cases）這兩個概念。[19] 那麼，我們應當如何判斷哪些爭議屬於不具有可裁判性的政治問題？

（一）政治問題的判斷標準

有兩種不同的方式確定政治問題的範圍。第一種是實體說，即直接對不具有可裁判性的政治問題進行歸類總結，[20] 但對「政治問題」可能涉及的事項進行列舉既不周延，又過於僵化，難以達成共識，各國憲法理論和實踐中並沒有完全形成固定的類型。第二種是基準說，即不直接對法院須迴避審查的政治問題進行類型化概括，而是採取一定的基準判斷相關爭議是否屬於政治問題。其中被援引最多的當屬1962 年的貝克爾訴卡爾案（*Baker v Carr*）中，布倫南大法官提出的判斷標準，即：（1）憲法條文明確規定交由政治部門決定的問題；（2）沒有明確的、可操作的司法標準的問題；（3）必須先經過「非司法的

---

18 Kenneth F. Ripple, *Constitutional Litigation* (the Michie Co., 1984), p. 54. 轉引自鄭磊：《憲法審查的啟動要件》，第 280 頁。

19 Donald L. Doernberg, C. Keith Wingate, *Federal Courts, Federalism, and Separation of Powers: Cases and Materials* (St. Paul, Minn.: West Publishing Co.,1994), p. 91.

20 例如，日本中谷實教授整理了日本有關統治行為外延的學說，包括：授權給「政治部門」的政治性、裁量性判斷的事項（對國務大臣的任免等）；有關「政治部門」的組織、運營的基本事項（兩議院的議員的懲罰、議院的議事程序等）；有關「政治部門」相互關係的事項（眾議院的解散等）；有關國家全體命運的重要事項（國防、外交事項）。參見林來梵主編：《憲法審查的原理與技術》，北京：法律出版社 2009 年版，第 90 頁。

裁量」的政策決定，法院才能做判斷的問題；（4）若法院自行判決，會造成對其他具有同等地位的政府機關不尊重的問題；（5）出於特殊需要，須無保留地遵從已作出的政治決定的問題；（6）不同機關就同一問題作出不同意見會導致尷尬境地的情形。[21] 貝克爾案中提出的這些基準在政治問題的研究中備受關注且被廣泛援引。然而，上述基準在試圖清晰、全面概括政治問題的同時，保持了政治問題邊界的開放性，除了第一點憲法條文明確規定交由政治部門決定的問題之外，其他幾點都體現了司法審查主體在政治問題判斷上的裁量空間。事實證明，法院在同一問題的立場上也並非始終如一。[22]

總結起來，政治問題可分為兩大類：一是憲法明確規定排除司法管轄的事項；二是通過憲法解釋判定由其他國家機關行使管轄權更為合適的事項，這些事項排除法院管轄主要是因為在法律上缺乏明確的判斷標準，而難以通過法律進行評價。由於憲法條文的規定無法涵蓋複雜多變的所有情形，如同法律與政治的關係不存在固定的或已決的模式。[23] 因此，有關問題是否屬於不具有可裁判性的政治問題，最終只能在個案中進行判斷。當然，司法審查主體在政治問題判斷上的裁量空間不代表有關政治問題的判斷可以隨心所欲。在對待政治問題的態度上，比較適宜的做法就是保持司法謙抑和自我克制，這也是司法機關明哲保身的策略性選擇。司法機關在政治問題上的自我克制「使法院避免捲入現實的政治問題中，有利於維護整個司法體系的穩定以及保持司法機關面對各種壓力團體的獨立性。從長遠來看，這一方面也有助於維

21　369 U. S. 186, 217 (1962).

22　例如，貝克爾案所涉及的議席分配問題，美國聯邦最高法院在不同時期的判例中給出不同的判斷。在科爾格羅夫訴格林案（*Colegrove v Green*）中，聯邦最高法院裁決認為選區的劃分是立法機關排他的統治事項，不適宜作出司法判斷，法院應該拒絕介入。在貝克爾案中，聯邦最高法院則裁決這些問題應該由法院來進行審理。參見李曉兵：〈論違憲審查實踐中的「政治問題排除原則」〉，《河南省政法管理幹部學院學報》2007 年第 3 期。

23　M. Loughlin, *Sword and Scales: An Examination of the Relationship between Law and Politics* (Oxford: Hart Publishing, 2000), p. 217.

持社會對於司法機關的信任」。[24] 總之，政治問題理論既不可作僵化的理解，也不可因具體判斷的情境性而放任其任意性，無論對於憲法明文賦予其他國家機關的職權，還是對於通過憲法解釋可判定由其他國家機關管轄更為適合的情形，均不可忽視並應避免這兩種傾向。[25]

（二）政治問題的判斷主體

政治問題外延的模糊性和邊界的開放性決定了「有關爭議是否具有可裁判性」在一定程度上有賴於判斷主體的自由裁量。相對於模糊不清的判斷基準，判斷主體的歸屬具有更加直接的意義。尤其是當政治部門與法律部門對相關爭議是否屬於政治問題的觀點不一致時，司法管轄權之爭應當如何解決？一方面，完全寄希望於司法機關的自我約束，則難免有司法擴權以及司法過度介入政治的憂慮；另一方面，由政治部門決定系爭事項是否屬於政治問題，又有侵害司法獨立之虞。因此，確定政治問題的判斷主體既要充分保障司法機關獨立行使權力，又要防止司法權的過度擴張，同時符合政治體制的現實。

不同國家對這一問題的處理方式也有所不同。美國實行政治問題不審查原則，而對於何種事項構成「不具可裁判性的政治問題」，則由法院在審理具體案件的過程中決定，其判斷權在法院本身。但在英國，國家行為的判斷權不在法院，而在行政機關，由行政機關向法院發出聲明或陳述書，證明本案涉及的某種事實構成國家行為。行政機關發出的這種證書稱為「行政機關證書」，[26] 法院必須接受這個證

24　童之偉、姜光文：〈日本違憲審查學說面面觀〉，《法律科學》2005 年第 6 期。

25　林來梵主編：《憲法審查的原理與技術》，第 92 頁。

26　在英國，政府間的國家行為通常會有官方以樞密院頒令或文告形式作出的聲明或陳述書，或者如有關聲明或陳述書是為某項司法程序而作出的，則稱為「行政機關證書」。官方在這些文件上的陳述具有決定性。例如，決定一個聲稱是外國政府的團體、或是君主或外交人員的人的地位；或是否存在戰爭狀況；或相對於英國領土範圍的外國邊界或誰是條約所載述的有關一方。倘在司法程序中須確定此等事項，法院通常會要求有關部門發出英國政府的陳述書。行政機關證書不受司法覆核所約束。Peter Wesley-Smith, *Constitutional and Administrative Law in Hong Kong*, 2nd Edition, p. 99. 轉引自香港立法會 CB（2）86/02-03（02）號文件。

書。[27] 基本法第 19 條也規定了「法院在審理案件中遇有涉及國防、外交等國家行為的事實問題，應取得行政長官就該等問題發出的證明文件，上述文件對法院有約束力」。但基本法的這一規定針對的是國家行為，而不是香港特區內部的政治問題。對於特區內部的政治問題，例如特區政府代表參加由中央人民政府進行的同香港特別行政區直接有關的外交談判、特區以「中國香港」的名義，單獨地同世界各國、各地區及有關國際組織保持和發展關係，簽訂和履行有關協議等行為，行政長官是否有權如發出國家行為證明文件一般發出特區內部政治問題的證書？基本法並沒有明確規定。

筆者認為，系爭事項是否屬於特區內部的政治問題，主要由法院在審理過程中確定。但考慮到香港特區的行政主導體制，在涉及特區內部政治問題時，行政長官可以發出相關證明文件。如果行政長官已經就某些事項發出證書，法院應當尊重行政長官的判斷，因為「國家不能就該等事項提出兩種意見，即司法機關和行政機關各執一詞。司法機關須遵從負責決定這些問題的行政機關的決定」。[28]

三、香港特區內部政治問題的範圍

基本法沒有明確規定特區法院對於哪些內部政治問題無管轄權，政治問題不審查原則主要是基於法院的憲制角色推導出來的對司法權的內在限制方式，即在現有政治體制下，某些問題更加適宜通過政治程序解決，法院須主動放棄對這些事項的管轄權。從上述有關政治問題的判斷標準來看，特區內部政治問題主要為基本法明確賦予其他機關的職權以及由其他機關管轄更為適合的情形，雖然關於哪些事

27　王禹：《「一國兩制」憲法精神研究》，第 158 頁。

28　Peter Wesley-Smith, *Constitutional and Administrative Law in Hong Kong*, 2nd Edition, p. 99. 轉引自香港立法會 CB（2）86/02-03（02）號文件。

項由其他機關管轄更為適合的問題沒有明確的判斷標準，特區內部政治問題的範圍也很難一一列舉，但根據基本法的規定，考慮到香港特區的政治體制，我們仍然可以大致描繪香港特區政治問題的範圍，總體來講，香港特區的內部政治問題包括以下內容。

（一）基本法授權其他機關行使且無法進行法律評價的行為

「依普通法的越權理論，法院無權干預其它機關依照憲法和法律規定的權限和程序行使職權。」[29] 部分職權行為已經由基本法明確授權其他機關行使，且在法律上缺乏具體的判斷標準，只能由行為機關裁量決定，即這些職權行為難以通過法律方式進行評價，無法依據法律評判是非，法院不得對這些行為進行審查。

1. 在行政長官方面

法院對行政長官的部分職權行為沒有管轄權，主要包括：（1）行政長官根據基本法第 48 條規定行使的若干職權行為。如簽署立法會通過的法案和財政預算案的行為；報請中央人民政府任免特區主要官員的行為；執行中央人民政府就本法規定的有關事務發出的指令；代表香港特別行政區政府處理中央授權的對外事務和其他事務；批准向立法會提出有關財政收入或支出的動議；決定政府官員或其他負責政府公務的人員是否向立法會或其屬下的委員會作證和提供證據；赦免或減輕刑事罪犯的刑罰等。這些職權專屬於特區行政長官，並且沒有明確的法律評價標準，只能由行政長官根據需要自由裁量，例如行政長官決定是否赦免或者減輕刑事罪犯的刑罰，而法院無權審查行政長官的決定。（2）行政長官根據基本法第 19 條發出國家行為證書的行

29　陳欣新：〈香港與中央的「違憲審查」協調〉，《法學研究》2000 年第 4 期。

為。[30] 香港特別行政區法院在審理案件中遇有涉及國防、外交等國家行為的事實問題，應取得行政長官就該等問題發出的證明文件，上述文件對法院有約束力，法院不得審查行政長官發出證明文件的行為。（3）行政長官根據基本法第 55 條任免行政會議成員的決定。

　　Ch'ng Poh 訴香港特別行政區行政長官案提出了一個非常重要的問題，即香港特區法院是否可以、可在何種程度上，就行政長官根據基本法第 48 條所作出的決定作司法覆核。基本法第 48 條第十二項規定了行政長官決定赦免或減輕刑事罪犯的刑罰的權力，無論是否予以赦免，都由行政長官決定，法院不能審查相關決定的是非曲直，但是否可以覆核行政長官作出有關決定的程序的合法性？法院認為：

　　　行政長官是基本法的產物，除了基本法授予的權力之外，行政長官沒有任何其他權力、權利或者特權。在這個案件中，我並不認為行政長官根據基本法第 48（12）條行使的這項權力能被簡單地歸類為純粹的個人特赦行為，一種基本法第 43 條規定的由香港特別行政區首長實施的私法行為。[31]

　　雖然法院強調只對作出決定的程序的合法性進行覆核，但可以說任何決定都涉及到程序的正當性問題，從這一角度出發，行政長官的任何職權行為都有可能受到法院的覆核。然而，當法律沒有對相關程序作出明確規定時，由誰來確定程序是否公正？法院的判斷難道一定比行政長官的判斷更加合理？哪種情況屬於程序不正當？由於缺乏

30　有學者認為，行政長官發出國家行為證明書的行為，本身也是國家行為的一部分，因此香港特區法院對其發出證書本身無管轄權。參見王禹：《「一國兩制」憲法精神研究》，廣州：廣東人民出版社 2008 年版，第 160-161 頁。考慮到行為主體的身份，筆者將中央人民政府授權行政長官實施的行為也列入特區內部政治問題的範圍。例如行政長官執行中央人民政府發出的指令，行為主體和決定主體並不一致，筆者統一從行為主體的角度出發對相關行為的性質進行分類。

31　*Ch'ng Poh v The Chief Executive of The Hong Kong Special Administrative Region*, HCAL 182/2002, para. 35.

一定的標準，這些都是無法通過司法審查進行評價的。因此，更加恰當的做法是法院直接拒絕此類案件的覆核申請。

2. 在香港特區立法會方面

與立法會有關的下列事項應當排除法院的管轄，包括（1）立法會產生辦法。立法會產生辦法是香港特區政制發展的核心內容，根據基本法第 68 條，立法會產生的具體辦法和法案、議案的表決程序由附件二《香港特別行政區立法會的產生辦法和表決程序》規定。立法會的產生辦法包括選區劃分、投票辦法，各個功能界別和法定團體的劃分、議員名額的分配等，基本法附件二明確規定由香港特區政府提出並經立法會通過的選舉法加以規定，特區法院不得質疑相關辦法的「合憲性」。

（2）立法會特權行為和議事行為。為了使議員獨立履行職責，不受外在干預，議員和議會享有一些優先於其他公共機構或者個人的特權，包括控制自身的議事程序、承認和開除議員、管理議會活動和議員言論自由等。香港《立法會（權力及特權）條例》（第 382 章）第 23 條規定，「立法會、主席或任何立法會人員在合法行使由本條例或議事規則、或根據本條例或議事規則所授予或授予立法會、主席或該人員的任何權力時，不受任何法院的司法管轄權所管轄」。根據基本法第 72 條，立法會主席行使主持會議、決定議程、決定開會時間、召開特別會議、召開緊急會議等職權，對於立法會主席依法行使職權的行為，法院無權審查。問題在於議會特權的範圍具有不確定性，法院能否介入議會特權事項實際上取決於誰擁有對議會特權性質和範圍的裁判權。另一個問題是立法會人員「依法」行使職權的行為不受法院審查，但如果是非法行使權力的行為呢？由誰來判斷立法會的行為是否合法？如果法庭有權在審理過程中判斷立法會的行為是否合法，那麼，司法顯然可以由此介入立法會內部的議事程序。因此，立法會特權並不是一個絕對的原則，最終取決於立法會和法院之間對各自權

力和特權的相互尊重。

3. 在香港特區政府方面

香港特區政府實施的不適宜由法院審查的行為主要包括：（1）人事任免行為。例如根據基本法第101任用政府部門的各級公務人員、聘請英籍和其他外籍人士擔任政府部門的顧問等。（2）請求駐軍協助的行為。根據基本法第14條，香港特區政府負責維護香港特區的社會治安，在必要時，特區政府可向中央人民政府請求駐軍協助維持社會治安和救助災害。（3）參加外交談判和簽訂協議的行為。基本法第150條和第151條規定，香港特區政府的代表可以在一定的條件下參加外交談判，特區可在經濟、貿易、金融、航運、通訊、旅遊、文化、體育等領域以「中國香港」的名義，單獨地同世界各國、各地區及有關國際組織保持和發展關係，簽訂和履行有關協議。

（二）基本法規定通過政治程序解決的爭端

基本法明確規定通過政治程序解決的爭端主要涉及香港特區行政長官、政府和立法會之間的權力爭議，這些問題的爭端主要通過基本法設置的政治程序，即行政機關與立法機關之間的相互制約行為加以解決，法院不能介入此類問題的爭議。包括：（1）行政長官發回法案、解散立法會以及立法會迫使行政長官辭職的行為。立法會通過的法案，須經行政長官簽署、公佈，方能生效。行政長官如果認為立法會通過的法案不符合香港特別行政區的整體利益，可在三個月內將法案發回立法會重議，立法會如以不少於全體議員三分之二多數再次通過原案，行政長官必須在一個月內簽署公佈。行政長官如拒絕簽署立法會再次通過的法案或立法會拒絕通過政府提出的財政預算案或其他重要法案，經協商仍不能取得一致意見，行政長官可解散立法會。但是如果重選的立法會仍以全體議員三分之二多數通過所爭議的原案，而行政長官仍拒絕簽署或者重選的立法會繼續拒絕通過所爭議的原

案，行政長官必須辭職。[32]（2）立法會拒絕政府提出的財政預算以及行政長官向立法會申請臨時撥款的行為。[33] 政府的財政預算須經立法會審核，立法會有權拒絕批准政府提出的財政預算，而行政長官可以在立法會拒絕批准政府提出的財政預算案的情況下，向立法會申請臨時撥款。（3）立法會彈劾行政長官的行為。[34] 如果立法會認為行政長官有嚴重違法或瀆職行為而不辭職，可以全體議員三分之二多數通過提出對行政長官的彈劾案，報請中央人民政府決定。

（三）因政策性條文引起的爭議

政策性條文是指基本法規定的香港特區應當推行怎樣的政策的條文，「因這些條文引起的爭議，往往在法律上缺乏明確的判斷標準，法院不能受理」。[35] 例如基本法第 107 條規定特區的財政預算以量入為出作原則，力求收支平衡，避免赤字，並與本地生產總值的增長率相適應。但香港居民不能以特區財政出現大量赤字為理由，要求法院審查特區的財政預算是否符合基本法。又如基本法第 109 條規定香港特區政府提供適當的經濟和法律環境，以保持香港的國際金融中心地位；第 118 條規定特區政府提供經濟和法律環境，鼓勵各項投資、技術進步並開發新興產業；第 119 條規定特區政府制定適當政策，促進和協調各行業的發展，並注意環境保護；第 128 條規定特區政府應提供條件和採取措施，以保持香港的國際和區域航空中心的地位。這些都屬於社會政策的指導原則，應由特區政府解釋和執行，而在法律上又缺乏明確的判斷標準，法院基於自身性質和能力的限制，不能介入有關政策性條文的爭議。

32　參見基本法第 76、49、50、52 條。

33　參見基本法第 51 條。

34　參見基本法第 73 條第（九）項。

35　王禹：《「一國兩制」憲法精神研究》，第 161 頁。

第三節

司法審查的強度

　　香港特區司法權與立法權、行政管理權之間的關係，是香港特區政治體制的核心內容，也是影響司法審查權力邊界的核心要素。司法審查權的邊界體現在橫向和縱向兩個方面，橫向方面指司法審查的範圍，解決的是哪些行為可以納入司法審查，哪些行為應當排除司法審查的問題。縱向方面指司法審查的強度，[1] 解決的是已經納入司法審查的行為將受到何種程度的審查的問題，即司法對立法、行政行為「干預」的程度和審查的力度。[2] 在香港特區，司法審查的強度反映了司法機關與立法、行政機關在實施基本法方面的相互監督和制約關係，取決於權力分支的力量對比及法院對自身憲制角色的認識和定位。司法審查須在合理的強度內進行，既要避免對其他公權力的「制約不足」，又要防止司法權的「過度干預」。在大量具體案件中，法

1　「司法審查強度」這一用語各國有所不同。英美法系國家多用「審查範圍」（Scope of Review），偶爾也用「審查強度」（Intensiveness of Review）一詞，中國台灣地區繼受德國行政法理論和用語，使用「審查密度」，而日本多用「審查界限」來表示司法干預行政的程度。雖然用詞不同，但基本內涵一致。參見楊偉東：《行政行為司法審查強度研究 —— 行政審判權縱向範圍分析》，北京：中國人民大學出版社 2003 年版，第 7 頁。

2　學界中，有關「司法審查的強度」的論述，主要集中在對行政行為的審查方面，較少涉及對立法的審查強度問題。例如江必新：〈司法審查強度問題研究〉；楊偉東：《行政行為司法審查強度研究 —— 行政審判權縱向範圍分析》；王貴松：〈論行政裁量的司法審查強度〉，《法商研究》2012年第 4 期；李文曾：〈論事實問題的司法審查強度〉，《雲南大學學報》2015 年第 6 期，等等。然而，不僅是針對行政行為，針對進入司法審查程序的立法行為，也存在根據不同的法律類型進行不同程度審查的問題，具有審查強度上的區別，體現司法權與立法權之間的博弈與較量。因此，本文中有關香港特區司法審查強度問題的探討，包含兩個層面的內容，一是司法對行政行為的審查程度，二是司法對立法行為的審查程度。

院需要在多大程度上尊重行政機關或者立法機關的判斷，是香港特區法院經常碰到的難題。

一、司法審查的強度與審查基準

在處理立法與法院之間的互動關係上，美國圖什奈特教授根據公共政策的最終決定方式，將司法審查模式分為強司法審查與弱司法審查兩種。弱司法審查模式下，「法院可以依照其對於憲法的理解，宣佈立法者所制定的法律與憲法不一致，但立法機關則有權依照其對憲法和法律合憲性的理解再次頒佈被法院否定的法律，從而回應法院的質疑」。[3] 據此，英國法院作出的並不影響法律條款有效性的「不一致宣告」、加拿大國會或省立法機關援引《權力與自由憲章》第 33 條「但書條款」作出的免除司法審查的特權聲明等，被認為是一種「弱型」司法審查。[4] 誠然，從審查結果與法院是否對憲法具有「最終話語權」[5] 的角度，我們可以對司法審查權的「強」與「弱」有頗為直觀的判斷。但本書中司法審查的強度，側重於對審查過程的考察，通過審查的具體內容、標準等，剖析司法對立法、行政行為的干預程度和審查力度。

（一）司法審查強度的表現形式

不同的審查方式或標準，對應著不同的司法審查強度，體現了法院對其他機關不同程度的尊重。司法審查的強度有不同的表現

3　馬克・圖什奈特著，程雪陽譯：〈論政治憲政主義與弱司法審查的關係〉，《甘肅行政學院學報》2014 年第 5 期。

4　參見程雪陽：〈司法審查的第三條道路 —— 弱司法審查的興起、發展及其中國意義〉，《甘肅行政學院學報》2011 年第 5 期；李蕊佚：〈議會主權下的英國弱型違憲審查〉，《法學家》2013 年第 2 期。

5　例如在美國，雖然立法機關也可以通過修憲的方式推翻法院作出的憲法解釋，但相對於司法審查，修憲程序要複雜、困難得多，因此，在某種程度上，法院具有對憲法的最終話語權。

形式。

　　在對行政行為的審查方面，學者根據不同的分類標準，總結出以下幾種不同強度的審查方式：（1）程序審查與實體審查。程序審查針對的是行政機關作出行政決定的過程，而不問實體內容如何，這是一種強度較弱的審查；實體審查針對行政決定內容的合法性甚或合理性，審查更加深入和充分。[6] 英國普通法傳統上，「司法審查並不是針對決定本身是否正確，而主要是針對決定的過程是否符合法律」。[7]（2）合法性審查與適當性審查。合法性審查是行政訴訟所特有的基本原則，而合理性審查原則對應的是行政行為的合理性、適當性。按照「合法性審查」標準，法院在審查行政行為時，只審查其形式上是否合法，至於行政行為實質上是否客觀、公正、合理，則留給行政機關自己去解決，法院對這問題並不干涉。從審查強度上來說，「合法性審查」是司法審查標準的「底線」，「合理性審查」則是更高程度的司法審查要求。[8]（3）形式審查與實質審查。根據對行政權的尊重程度，可將司法審查分為兩種，一種為實質審查，即司法機關可以以自己的判斷取代行政機關的決定，亦即享有最後的判斷權，對行政行為實行全面審查；另一種為形式審查，原則上尊重行政機關的決定，僅就決定作出的過程中有無違法，作形式審查，亦稱為「有限司法審查」。[9]

　　總體而言，隨著實質性正當程序及法治觀念的深入人心，人們對政府依法行政的要求不斷提高，對於行政行為的評價標準趨於嚴格，更加強調司法權對行政管理權的監督與制約作用，純粹的形式審

6　江必新：〈司法審查強度問題研究〉。

7　胡錦光主編：《香港行政法》，鄭州：河南人民出版社 1997 年版，第 320 頁。

8　參見姜明安：《行政訴訟法學》，北京：北京大學出版社 1993 年版，第 70 頁；應松年主編：《行政訴訟法學》，北京：中國政法大學出版社 1994 年版，第 60 頁。轉引自劉東亮：〈我國行政行為司法審查標準之理性選擇〉，《法商研究》2006 年第 2 期。

9　王鍇：〈行政訴訟中的事實審查與法律審查 —— 以司法審查強度為中心〉，《行政法學研究》2007 年第 1 期。

查或只問程序不問實體等情況已經較為罕見，只在少數特別需要對行政機關的決定予以尊重的領域中強調對行政行為較弱的審查，給予決定主體充分的裁量空間，法院只考慮程序是否合法，而不評判事實的是非曲直。

在對立法行為的審查中，司法審查的強度表現在不同審查基準的適用上，即法院是以什麼樣的方式和標準來驗證立法行為是否符合憲法的，法院對立法採取寬鬆的驗證標準，則法律更加容易通過法院的審查，採取嚴格的驗證標準，則法律被認定為違憲的可能性更高。目前比較典型的兩種模式有美國式的多重基準與德國式的單一基準下的三層審查密度，下文中將進行具體分析。

（二）司法審查強度的類型化

雖然法院會對行政行為是否合法或者法律是否合憲的問題進行最終裁判，但這並不意味著法院在不同案件中對所有類型的行政行為、行政行為的方方面面，和立法行為進行相同程度的審查。相反，基本權利類型的多元化和個案事實的複雜性，必然帶來審查強度的變化。法院的司法審查權存在一定的限度，在具體案件中司法審查的強度需要綜合考量多方面的因素，針對不同類型案件採取不同強度的審查。尤其是某些行政行為或涉及某些領域的法律，可能會因客觀需要和案件性質要求法院降低審查的力度，而給予其他權力機關一定的尊重。當然，司法審查強度的多樣性和個案差異，並不意味著法院在審查強度的控制上可以隨心所欲、毫無規律可循。各國理論與實務均在有意無意地將司法審查強度類型化、體系化，讓各種不同的行為接受不同強度的司法審查，[10] 主要包括以下幾種：

針對事實問題和法律問題採取不同強度的審查。在司法審判

10　參見王貴松：〈論行政裁量的司法審查強度〉。

中，區分案件的法律問題和事實問題，是英美法系一貫的傳統。法律問題的審查與法院的法律解釋權密切相關，各國對待法律問題的審查強度相對統一，一般認為法院具有對法律問題的最終裁定權。「幾乎所有的現代法治國家都賦予了法院對行政行為涉及的法律問題的完全審查權。」[11] 在事實問題的判斷上，則更加強調行政機關在事實認定方面的作用，一般而言，「法院在司法覆核中，不會就有關決定所基於的事實重新裁判」。[12]

根據羈束行為和裁量行為採取不同強度的審查。在大陸法系的傳統行政法學中，根據受法律拘束程度的不同，行政行為分為受法律約束的羈束行為和承認一定自由度的裁量行為。[13] 法院一般對這兩種行為採取不同的審查強度。一般來說，對於羈束行為的審查要更加嚴格，而「法院對於行政裁量應當給予足夠的尊重。但是，如果行政機關的裁量明顯越出了合理的界限，就構成實質上的違法，法院就應當進行干預」。[14]

針對不同權利類型採取不同強度的審查。對不同性質的權利採取不同程度的保護是法院常見的做法。如果相關法律或者行政行為對憲法保障的基本權利造成限制，或者涉及種族平等、不受酷刑、無罪推定等社會核心價值，那麼法院的審查會更加嚴格，對立法和行政機關的尊重程度會相對降低；在此之外的社會經濟或其他一般政策事務，法院更加傾向於尊重行政或立法機關的決定。

（三）香港特區政治體制對司法審查強度的影響

法院在具體案件中的司法審查強度，受各種因素的影響，包括司法機關與其他機關的專長比較、法院的憲制地位與角色分工、案件

11　劉東亮：〈我國行政行為司法審查標準之理性選擇〉。

12　林少寶訴警務處處長，FACV 9/2008，第 125 段。

13　參見王貴松：〈行政裁量：羈束與自由的迷思〉，《行政法學研究》2008 年第 4 期。

14　何海波：《行政訴訟法》，北京：法律出版社 2016 年版，第 312 頁。

所涉權利類型及權利受限程度等。有學者認為,「各國體系都趨向於行政權與司法權的平衡。司法干預究竟應深入到什麼程度,取決於司法與行政的專長比較」。[15] 通常情況下,「政策性、技術性越強,司法越應謙抑;法律性、侵權性越明顯,司法越應積極」。[16]

從表面上看,司法審查強度的變化源自於福利國家背景下,社會管理事務的決策日益複雜化和專業化,司法機關基於某些領域上獲取資訊和作出決策能力的缺乏,在相關案件中表現出對其他政治部門所作決定的尊重。然而,歸根到底,它取決於法院的憲制地位和作用,扎根於法院對自身角色的清醒認識。歷史上法院對某類型案件的司法審查強度也並非完全一致。例如美國聯邦最高法院在 19 世紀 30 年代「法院改造」計劃前後對於財產權保護態度由積極向消極轉變,而在 20 世紀末對財產權的保護復由消極轉向積極,法院對財產權意義的評價發生改變是其中一方面的原因,但根源在於當時社會背景下法院與政治機關的力量對比。

基本法明確規定了香港特區行政、立法、司法機關各自的職權。「行政訴訟中法院在對行政行為進行審查時,必須意識到在憲法舞台上其角色的本質和正當範圍。」[17] 根據基本法,特別行政區政府享有廣泛的行政管理權,負責制定並執行政策,管理各項行政事務。凡涉及政府政策的法律草案,在提出前必須得到行政長官的書面同意。香港特別行政區自行立法規定稅務事項,政府自行制定貨幣金融政策,制定適當政策,促進和協調各行業的發展;自行制定有關教育、科學、文化、體育、勞工和社會福利等方面的政策。立法機關依照基本法行使制定、修改和廢除法律,審核、通過財政預算,批准稅

---

15 張千帆:〈司法審查的標準與方法 —— 以美國行政法為視角〉。

16 王貴松:〈論行政裁量的司法審查強度〉。

17 See Ian Mcleod LLB BA Bphil, *Judicial Review* (Chichester, England: Barry Rose Law Publishers, 2nd Edition, 1998), p. 15. 轉引自楊偉東:〈行政行為司法審查強度研究 —— 行政審判權縱向範圍分析〉,中國政法大學法學博士學位論文,2001 年。

收和公共開支等職權。基本法對行政、立法和司法機關有明確的分工，相對於司法機關，行政機關、立法機關是公共政策的制定者，更加能夠恰當評估社會各種利益需求。因此，特區行政機關、立法機關在職權範圍內行使權力時，應該得到司法機關的尊重。法院在司法審查中應當保持必要的自我克制，尊重其他權力分支的決定。

二、香港特區法院對行政行為的司法審查強度

試圖總結並將香港特區法院對行政行為的司法審查強度進行類型化，是一件很困難的工作。因為「普通法的精髓在於與時並進，配合普通法適用地區不斷轉變的社會需要。法官有責任因應這些需要發展普通法」。[18] 普通法原則在運作上的靈活性以及法庭對個案公正的追求，直接導致司法審查的強度隨時因法院司法態度的轉變而有所變化。因此，只能盡量根據現有司法判例提煉某些法院一以貫之的原則和精神，大致勾勒香港特區法院對行政行為司法審查強度的圖景。

（一）香港特區法院在不同類型案件中的司法審查強度

根據權利性質和案件的具體情況，法院對所涉行政行為施以不同強度的審查。下面具體進行分析。

1. 針對政府政策的審查

在與政府社會經濟政策有關的案件中，法院一般採取以下幾個步驟審查行政行為：（1）確定受限制的權利是否屬於基本法所保護的權利，例如在天主教香港教區主教法團訴律政司司長 [19] 案中，法院認為上訴人聲稱享有的按原有辦法委任校董會所有成員、校監及校長的權力，並不是受基本法保障的憲法權利，對上訴人的請求不予支

18　香港特別行政區訴洪鑠華及另一人，FACC 1/2006，第 31 段。

19　FACV 1/2011.

持。（2）只要一項權利屬於基本法所保護的權利，那麼對該權利施加的任何限制，法院都會根據相稱原則進行分析。首先確定有關政策是否與正當的社會目的有合理關聯，其次確定所採用的手段是否過分削弱有關受保護的權利。那麼，如何判斷有沒有合理關聯或者手段有沒有過分削弱受保護的權利呢？在涉及社會經濟或一般政策事務的案件中，法院採取的審查標準是「明顯沒有合理理據」，即只有在有關政策「明顯沒有合理理據」時，法院才會介入。[20]

2. 針對具體行政決定的審查

福利國家背景下社會管理事務日趨繁多且複雜，法律不可能事無巨細地規定行政機關的每項具體行政行為，而是在很多領域上賦予行政機關一定的裁量權。基於專業性的原因，法院就事實方面的司法管轄權是有限的。「如果作決定的主管當局所作的事實裁斷，有證據予以支持，則法院不可以以本身所作的事實裁斷作替代。」[21] 但是，如果決定者在處理事實方面有令人不滿意的情況，司法機關也有權介入。法院對行政決定的判斷通常需要通過以下兩方面的驗證：（1）有證據予以支持；（2）考慮了相關因素。「如果一項決定是基於有悖常情或不合邏輯的事實裁斷或事實推論作出，或並無證據予以支持，或是在參考不相關的因素或在不顧及相關的因素下作出，則該項決定可被撤銷。」[22]

當然，法院在不同類型案件中對行政決定的審查程度也是不同的。對於專業審裁小組 [23] 的決定，以往法院採取的限制性方式是「除非專業紀律委員會的裁斷與證據十分不協調，以致可合理確切地顯

---

20 參見霍春華訴醫院管理局，FACV 10/2011；孔允明訴社會福利署署長，FACV 2/2013。

21 林少寶訴警務處處長，FACV 9/2008，第 127 段。

22 同上。

23 香港存在醫務委員會、律師紀律審裁組、聯合交易所紀律委員會、市場失當行為審裁處等專業紀律委員會，這些專業紀律委員會根據法例對本專業從業人員承擔一定的管理職能，負責自行規管社會上某特定類別人士的某種活動，具備進行研訊，決定處罰等職權。

示誤解了證據，否則有關裁斷不應受干預」。但是，在一名律師訴香港律師會一案中，終審法院裁定這個方式不可再視為決定性的方式。「這並非表示不尊重專業審裁小組就技術事宜所作的意見，但會視乎情況適當地予以考慮。」[24] 通常的做法是審查其程序是否公正，充分尊重決定主體的裁量權。「在普通法上以及在沒有相抵觸的立法干預的情況下，行政及內部審裁體一般被視為本身程序的主人，擁有靈活的酌情決定權，可採取按公正的規定而必須採取的程序路向。」[25] 但司法實踐中法院對審裁小組或內部紀律組織程序公正的要求需要綜合考慮多項因素。例如在官永義 [26] 案中，法院認為內幕交易審裁處在作出嚴重程度已經達到刑事標準的懲罰決定時，仍然按照民事舉證準則（可能性佔優勢）進行研訊，審裁處裁決的理據便遭削弱。對於有關當局或審裁主體作出的判定是否符合規定，當事人在研訊程序中享有哪些權利，是否允許有法律代表等，法庭根據「公正原則」酌情處理，考慮多項因素，及平衡各方利益。

對於限制人身自由等重要基本權利的行政決定，法院對於決定是否有證據支持以及考慮了相關因素的審查會更加嚴格。香港《警隊條例》（第 232 章）第 50（1）條賦予警務人員執行逮捕的酌情權，該條文規定，「警務人員拘捕任何他合理地相信會被控以下罪行的人，乃屬合法⋯⋯」顯然，警務人員在符合合理懷疑條件下逮捕，具有酌情權。在 2002 年的「法輪功」學員示威案中，示威人員不理警方的警告，拒絕離開現場，結果被逮捕。關於逮捕人員是否「有合理理由懷疑」有人犯了相關罪行的問題為本案爭議的焦點。上訴法庭認為，逮捕人員所得的資料使他們「有合理理由（即使該理由是錯誤的）懷疑有人較早前曾干犯罪行」。但這一觀點沒有得到終審法院的

24　一名律師訴香港律師會，FACV 24/2007，第 119 段。

25　林少寶訴警務處處長，FACV 9/2008，第 138 段。

26　官永義訴內幕交易審裁處，FACV 19/2007。

支持，終審法院提出認定有合理懷疑的若干原則，包括：執行人的懷疑有客觀上合理的理由支持、懷疑的事情必須與罪行的關鍵元素相關、令他有真正懷疑的理由是客觀的旁觀者會認為是合理的等。[27] 最後，終審法院認為警方不符合「有合理理由懷疑」上訴人在沒有合法解釋的情況下對公眾地方造成阻礙的客觀要求。

還有另外一個例子可以充分說明，法院在行政決定涉及重要憲制權利時會予以更加嚴格的審查。根據《入境條例》（第115章），入境事務處處長有廣泛酌情權施行出入境管制，可拒絕給予任何人入境的准許、給予入境的准許但施加逗留期限和條件、遣送被拒絕准許入境的人，以及授權在香港非法入境的人留下但須受逗留條件規限。在C及其他人訴入境事務處處長及另一人案中，法院指出：「雖然《入境條例》並無提及處長應如何行使其廣泛法定權力，但不少典據都述明，行使有關權力必須合理和公平恰當。此外，法律規定，而立法機關也預期，處長會考慮相關的事宜，而不理會無關者。」[28] 如入境事務處處長在決定是否行使權力將難民身份聲請人遣返時，其慣常做法是會考慮人道因素，而該難民身份聲請是否具有充分理據乃一項相關的人道因素，所以處長必須獨立審批該聲請是否具有充分理據。同時，法院還要求有關決定必須按照「高度公平標準」作出。上述裁決須由局長作出，法庭亦不應奪取該官員的職能。然而，考慮到受裁決影響的事情的嚴重性，法庭在進行司法覆核時將嚴格地審視和積極地檢查局長的裁決，以確保局長符合所需的高標準公平性。至於作出裁決時須奉行的公平標準，這問題的重點在於程序公平，而世上固然不存在一套適用於所有情況的通用標準。要確定何謂適當的公平標準，便先要審視關乎相關裁決的各個方面，包括其背

27　楊美雲及其他人訴香港特別行政區，FACV 19/2004，第102段。

28　C及其他人訴入境事務處處長及另一人，FACV 18、19、20/2011。

景、性質及目標事項。[29]

綜上所述，香港特區法院對行政決定的審查是比較全面的，既包括程序審查，也包括實體審查；既包括合法性審查，也包括合理性審查。在確定對行政行為的司法審查強度時，主要考慮受限制的權利類型、權利受影響的程度以及司法與行政的專長比較等。

（二）司法審查標準的轉變及其存在的問題

司法審查的標準是一個非常複雜的問題，不同標準的適用直接影響法院審查的縱向深度。當某項行為成為司法審查的對象時，必然需要有一定的價值判斷和標準設定。審查的標準越嚴格，代表法院對該類行為的審查程度越強，法院介入行政或立法的程度越深。針對不同的審查對象，採取不同的審查標準也是各國法院的通行做法。[30]

一般認為，法院不應該替代行政機構作出判斷。傳統上法院對行政行為的審查遵循「越權」原則，即法院審查行政機關超越法律授權範圍行使的行為，但對於法律授權範圍內的行為，法院尊重行政機關的裁量權，通常不會對行政行為的合理性進行審查。在很長一段時間內，香港特區司法覆核的標準是迪普洛克法官（Lord Diplock）確立的不合法、程序不當和不合理標準。但是，在後來的司法實踐中，香港特區法院對這三個標準的適用有以下兩點轉變：

第一，用「相稱的驗證標準」（比例原則）取代韋恩斯伯里「不合理性原則」。[31] 不合理標準是為了確保公共機構合理地行使其裁量權。這本來是一個相對寬鬆的審查標準，尤其是像香港這樣的法治社會，公共決策者極少會作出一個「任何一個理性的機關都不可能會作

29　參見保安局局長訴 Sakthevel Prabakar，FACV 16/2003，第 43-45 段。

30　例如美國的司法審查標準形成從極端嚴格到極端寬鬆的譜線，極端嚴格的審查標準是全面初審，寬鬆到極致的是對政治問題不予審查，兩者中間還有「合理性」審查標準和「任意性」審查標準等。參見張千帆：〈司法審查的標準與方法 —— 以美國行政法為視角〉。

31　參見陳建森案，*Chan Kin Sum v secretary for justice and others*，HCAL 79、82、83/2008。

出」的決定。然而，在關於基本人權的案件中，香港特區法院會比較熱衷於適用比例原則評估決策者在作出有關限制時，是否充分平衡了個人權利和社會需要，即對公民權利施加的任何限制，均須為民主社會維護國家安全或公共安全、公共秩序、維持公共衛生或風化，或保護他人的權利和自由所必要，通常解釋為「急迫社會需要」。2005年，終審法院在審理梁國雄一案中指出，法庭應如此表述「相稱性」驗證標準：（1）有關限制必須與其中一項或多項合法目的有著合理關連，以及（2）用以減損權利的方法不得超越為達到有關合法目的而所需。[32]

第二，擴大「程序不當」的範圍。程序不當的標準要求決策者在作出可能對某人有不利影響的決定時，須符合程序上的要求。通過司法判例，香港特區法院將「程序不當」標準擴展至多個具體理由。包括：公共機構行為違反特定的法律程序，行政機關在作出決定時違反「自然公義原則」以及「合法預期原則」。例如前述2001年吳小彤訴入境處處長一案中，香港特區終審法院判例便確認合法預期是香港法律的一部分，並根據抵港時間以及是否有合理期望，判決部分人上訴得直。[33] 又如，在單程證欺詐案中，入境事務處處長因答辯人的單程證乃藉欺詐手段所得，決定撤銷其非永久性居民身份。《入境條例》沒有明確規定處長決定撤銷相關人士非永久性居民身份的具體程序，本案中入境事務處處長根據該條例第4（1）條作出訊問，引用第7（1）條及第18條等將有關人士羈留。但終審法院認為有關程序不符合有關公平程序這原則所要求的程序，決定駁回處長的上訴。[34]

以「相稱性」驗證標準取代「不合理」標準，意味著法院對行政行為的實體審查程度加深了，原來的行政行為只要不是「極端不合

32　*Leung Kwok Hung & Others v HKSARF*, FACC 2/2005, para. 36.

33　參見吳小彤訴入境事務處處長，FACV 1/2001。

34　參見入境事務處處長訴劉芳，FACV 10/2003。

理」即可，但現在要求行政行為必須是「合理」、與目的「相稱」的，即行政機關的實體裁量權也受到司法控制。而且法院在是否「相稱」的判斷上有極大的裁量權。例如在難民案中，法院指出：處長在決定是否將難民身份聲請人遞解離境時所享有的酌情權並非不受約束，而根據法治原則，有關決定必須按照「高標準的公平準則」作出，而該決定亦須受到司法覆核。[35] 一方面，從專業性的角度出發，司法很難判斷行政實體行為是否合理，是否符合比例原則，由司法機關審查行政機關實體裁量中的特定專業性、政策性問題，有「外行評價內行」之嫌；另一方面，嚴格審查行政機關的實體裁量權，有過分干擾行政的問題，也不符合基本法關於「行政主導」體制的設計，打擊了行政積極性，不利於香港特區的繁榮發展。「司法裁量權應體現出對行政自由裁量權必要的尊重和謙抑。」[36] 因此，有必要根據香港特區行政主導的政治體制下司法所擔當的角色，確定司法審查的合理強度。應當適時檢討現有的審查標準，盡量避免對行政實體裁量行為的審查。

　　特區法院大大擴張「程序不當」的範圍，意味著法院對行政行為的程序正當性的監督更加深入，提高了對行政程序正當性的要求，有利於依法行政，有效控制行政權的行使。但同時也要防止審查權自身的濫用，須區分行政程序以效率為先和司法程序以公正為先的區別，「法院要特別注意不能用司法程序來取代行政程序，必須給予行政機關適度的程序裁量空間」。[37] 因此，應當堅持最低限度的程序公正標準，而不是一味擴大正當程序的保護範圍。其次，司法不能代替行政作出決定，必須給予行政機關適度的裁量空間，可撤銷行政行為，要求行政機關重新作出決定，但不可隨意改變行政行為。

35　C 及其他人訴入境事務處處長及另一人，FACV 18、19、20/2013。

36　江必新：〈行政程序正當性的司法審查〉，《中國社會科學》2012 年第 7 期。

37　同上。

三、香港特區法院對立法行為的審查基準

學界中關於「基準」這一術語的使用具有較大的不確定性，經常與方法、原則、標準等交叉使用。有學者認為，在憲法訴訟中，審查機關對立法是否符合憲法的判斷準則，即審查基準。[38] 也有學者認為，違憲審查的基準「與違憲審查的原則、標準、方法等表述的是完全不同的制度內涵和問題領域，它立足於妥善處理違憲審查機構與被審查機構之間的憲法關係」。[39] 日本的伊藤正己法官和蘆部信喜教授均採用了違憲審查的基準這一概念。[40] 內地不少學者在探討法院與其他權力分支的制衡關係及法院對立法行為的審查力度時，也採用了審查基準的概念。[41] 可見，審查基準沒有統一、精準的定義，一般情況下，可以將審查基準視為司法審查的技術方案或者專門技術標準，基準的調整代表了法院在具體案件的推理論證過程中對立法機關的判斷予以不同程度的尊重，反映了法院對立法的「干預」程度和對公共決策的介入程度，受法院的憲制角色、法院與其他部門的專長對比、權利限制的程度等多種不同因素的綜合影響。

（一）國外司法審查基準的主要類型

1. 美國式司法審查的三重基準

關於美國司法審查基準的系統論述，始於聯邦最高法院 Stone 大法官在 1938 年凱羅琳產品案 [42] 判決中的腳注四裏作的總結性說明。

38　劉志剛：〈憲法訴訟中的審查基準〉，《河北法學》2006 年第 10 期。

39　莫紀宏：〈論「違憲審查的基準」及其學術價值〉，《南陽師範學院學報》2007 年第 11 期。

40　參見胡錦光主編：《違憲審查比較研究》，北京：中國人民大學出版社 2006 年版。

41　參見朱應平：〈兩重審查基準在政治權利和經濟權利中的運用 —— 美澳比較及啟示〉，《法學》2006 年第 3 期；何永紅：《基本權利限制的憲法審查 —— 以審查基準及其類型化為焦點》，北京：法律出版社 2009 年版；江國華、周海源：〈論行政法規之審查基準〉，《南都學壇》2010 年第 5 期，等等。

42　*U. S. v Carolene Products Co.,* 304 U. S. 144.

對於憲法明文禁止侵犯的基本權利和與民主程序有關的基本權利，採取更加嚴格的審查，而對於經濟社會方面的基本權利，即適用較為寬鬆的審查基準。司法尊重限制經濟自由的政府規制，只要這些立法是「基於立法者經驗和知識範圍內的理性基礎」，即作合憲性推定，而對涉及精神自由的基本權利和少數族群的平等權的限制，則實行更加嚴格的審查，這些立法必須「緊密地（Closely）與緊迫的（Compelling）政府利益」相聯繫。[43]

美國司法審查的二重基準主要建立在政治權利或精神自由「優先地位」的理論假設至上，但這一審查方法並不是毫無爭議的。一方面，自由權與財產權並不是截然對立的；另一方面，對於自由權與財產權地位的評價還缺乏說服力。美國司法實踐中的態度也在不斷調整，到了 1972 年的 *Lynch v Household Finance Corp.* 案中，最高法院甚至明確宣示：將權利區分為「自由權」和「財產權」是錯誤的，財產並無權利，人民才有權利，人民享有不被非法剝奪財產的權利，財產權和言論自由權、旅行權一樣都是自由權，財產權和自由權無法單獨存在。[44] 顯然，「嚴格審查」或者「合理性審查」這種「非此即彼」的僵化區分，難以滿足複雜多樣的個案正義要求，在有關「性別平等」的案件中，美國聯邦最高法院逐步確立對部分類型案件的「中度審查基準」。[45] 在三重審查基準的基礎上，針對個別基本權利，法院又在具體個案中發展出更為精細的審查基準，例如有關言論自由的限制方面，區分針對和非針對言論內容的限制，區分高價值言論和低

43　任東來：〈試論美國最高法院與司法審查〉，《美國研究》2007 年第 2 期。

44　*405 U. S. 538*(1972). 轉引自何永紅：《基本權利限制的憲法審查──以審查基準及其類型化為焦點》，第 93-94 頁。

45　在 1976 年的 *Craig v Boren* 案的判決中，最高法院對性別平等的審查基準作出了如下闡述：「以性別為基礎所謂的差別對待，必須是為了追求或實現『重要的政府目的』，且這一分類與目的間必須存在『實質的關聯』。」該標準的強度雖不如嚴格審查基準的要求，但也高於合理審查基準要求的「合理關聯」，故稱之為「中度審查基準」。參見何永紅：《基本權利限制的憲法審查──以審查基準及其類型化為焦點》，第 117 頁。

價值言論，而採取不同的審查基準。

美國的二重基準理論提出後，在日本備受推崇。在二重基準下，法院「對規制精神自由的法律的合憲性判斷的基準比對規制經濟自由的法律的合憲性判斷基準要嚴格」。[46] 然而，與美國的二重基準論相同，僵硬區分經濟自由與精神自由，對規制精神自由的立法，一律採取嚴格的審查基準的做法也是不妥的。蘆部信喜教授對二重基準論進行深化，主張適用三重基準。包括：

（1）合理性審查基準，[47] 該基準是對立法最小限度的審查，以合憲性推定為前提，立法「目的」與達成目的的「手段」之間具有基本的「合理性」，法院即可認該立法為合憲。（2）嚴格的合理性審查基準，與合理性審查基準相比，該基準一方面國會負有證明要求「目的」和「手段」之間存在「事實上實質的關聯」的責任；另一方面要求立法目的必須屬於「正當的國家利益」，即司法部門還可以審查立法目的的合理性。（3）嚴格的審查基準，要求立法的目的具有正當性；立法手段對立法目的的達成為不可或缺的。[48]

2. 德國式違憲審查的三層級審查密度

德國「以比例原則作為審查立法者對基本權利限制是否合憲的基準，即通過比例原則來控制法律對基本權利限制的適度性」。[49] 比例原則的驗證具體包括三層結構：首先是適合性原則，指一項公權力措施，即「手段」能夠達到所欲追求的「目的」，這是一種較低的要求，即使手段只能部分達到目的，也不會違反適合性原則，一般只有極個別的案例中才會出現立法措施違反適合性原則的情況；其次是必要性

46　胡錦光主編：《違憲審查比較研究》，第 108 頁。

47　與前文的「合理性審查」不同，前文的「合理性審查」是與「合法性審查」相對應的概念，此處的「合理性審查基準」應當為上文所說的「合理性審查」中的一種形式。

48　參見江國華、周海源：〈論行政法規之審查基準〉；莫紀宏：〈論「違憲審查的基準」及其學術價值〉。

49　何永紅：《基本權利限制的憲法審查——以審查基準及其類型化為焦點》，第 15 頁。

原則，即「相同有效性」和「最小侵害性」，在所有相同適合的手段之中，立法者必須選擇對人民權利侵害最小的方法；最後一道檢驗程序是狹義比例原則，即手段與所追求的目的必須保持「均衡的比例關係」，這一步驟需要法院進行利益衡量，要求該項限制對人民權利造成的損害與所要追求的利益之間，必須具有平衡關係。

　　雖然在所有憲法案件中法院均可適用比例原則進行評價，但從上述比例原則的驗證步驟來看，對於哪種手段侵害性最小，侵害的法益與所要實現的法益之間是否達到均衡關係等，均需要法院進行價值評判。法官正是通過對立法的這些驗證步驟加以寬嚴不同的調控，實現個案的實質正義。在比例原則的基礎上，根據不同基本權利領域，德國憲法法院發展出針對不同案件立法事實審查的三層密度理論：（1）「明顯性審查」，指憲法法院在審查涉及經濟、外交、社會政策之立法行為時，只有當立法決定「明顯地」、「任何人均可辨認地」、「顯而易見地」抵觸憲法時，憲法法院才始得加以非難；（2）「可支持性審查」，指憲法法院在審查不涉及人身的其他基本權利（例如財產權、結社權等）時，系爭的法律條文內容必須「合乎事理」，並為一定程度上的立法事實所支持，要求立法者依據其所能接觸到的信息作出判斷，這種判斷必須達到聯邦憲法法院具體理解並且加以支持的合理程度，即憲法法院對立法者的決定進行實質審查，而不僅僅是表面上的明顯錯誤；（3）「強烈內容審查」，指憲法法院在審查涉及人身的基本權利（例如生命權、人身自由等）以及民主自由制度的法律時，立法者必須在立法事實的認定、預測與評估等方面達到「充分的真實性」或「相當的可靠性」的程度。[50]

3. 兩種審查基準的比較分析

　　審查基準是判定系爭法律是否符合憲法的具體標準。從上述美

50　歐愛民：〈論憲法實施的統一技術方案——以德國、美國為分析樣本〉，《中國法學》2008 年第 3 期。

國和德國兩種不同形式的審查基準來看，雖然具體的評判方式不同，但兩國法院都對基本權利與所涉案件性質的差異予以足夠重視，針對不同類型案件加以強度不同的審查，審查基準的適用具有精細化與類型化趨勢。美國式三重基準直接與各種基本權利相結合，而德國的比例原則雖然是對各種基本權利限制的審查一同適用，但通過審查密度理論建構出來的類型化基準，巧妙地輸入法官對基本權利的實質價值判斷。然而，「上述審查密度、審查基準看似客觀、嚴密，規範性強，但在憲法實施中，由於其具體內涵伸縮性大，審查結果可能會因人而異」。[51] 基本權利類型多元化，保障範圍也並非一成不變，對哪些權利應當予以更高程度的保障，哪些權利保障程度要低一些，哪些情況屬於「最小侵害」，如何判斷「合理性」和「相關聯」，這些實際上都由法院來判斷。法院的態度固然受社會觀念轉變和社會環境的影響，但從美國聯邦最高法院在 1938 年前後對經濟權利截然相反的保護程度來看，審查基準只是由法院指揮的利劍，根據法院的憲制地位和權力分支的力量對比而指向相應的方向。

（二）相稱性驗證標準在香港特區的適用

1. 相稱性驗證標準的基本內涵

就某條法例是否違反基本法的探究，香港特區法院一般按照兩個階段進行分析：首先，確定基本法和人權法案所保障的權利是否被侵犯，這一問題的舉證責任通常在於申請人；其次，如果權利被侵犯，法院進一步判斷這種侵犯是否合理，此時答辯人（通常是政府或其中一個政府部門）須證明有關法例對權利的侵犯是「合理的」。到了這一階段，法院就會引用「相稱的驗證標準」判斷對權利的侵犯在法律上是否合理。該標準包括以下幾點內容：

51　同上。

首先需探究有關法例的目的，答辯人必須證明法例所尋求達到的目的是合法的，有關立法目的的重要性是否足以支持限制一項基本權利；其次，為達致該目的而施行的措施與該目的是否有「合理關連」（合理原則）；最後，損害有關權利或自由的方法是否無超越為達致該目的所需要的（相稱原則）。[52]

可見，在對立法行為的審查基準上，香港特區法院採取了與德國比例原則類似的審查方式，並沒有區分不同權利類型而採取不同強度的審查標準，但這不代表法院在所有案件中的標準一成不變，香港特區法院通過對是否「合理」與「相稱」的論證來調節個案的審查強度。在相稱原則的問題上，「法庭對立法判斷的重視程度因案件而異，端取決於問題的性質，以及行政機構和立法機構是否較法庭更了解問題所帶來的影響和處理問題的方法」。[53]

關於只載於基本法的權利可否受到限制以及（如可以受到限制）運用何等驗證標準判斷可容許的限制的問題，須視乎受爭議的權利的性質和目標事項而定，而這取決於對基本法的正確詮釋，因此最終須由法庭處理。[54]

雖然相稱性驗證標準基本適用於所有法例是否合乎基本法的審查中，但法院對不同類型權利的保護以及對立法判斷的重視程度仍然是有所差異的，下文將具體分析。

2. 自由空間原則及法院在不同性質案件中的尊讓程度

自由空間原則（The Margin of Appreciation Doctrine）源自歐洲人權法院的判例，屬於國際級法院基於個別國家的行政、立法和司法

52　Gurung Kesh Bahadur 訴入境事務處處長，FACV 17/2001，第 33 段。

53　香港特別行政區訴林光偉及另一人，FACC 4/2005，第 45 段。

54　劉昌及另一人訴香港特別行政區，FACC 6/2001，第 28 段。

機關某種程度上的尊重。國家級法院在審理國內出現的爭議時，本來不能直接適用該原則，但該原則的相關原理已被英國法院採納。Lord Hope 法官曾在判決中提出以下意見：

在這方面，行政或立法機關可能要在個人權利和社會需要兩者之間作出艱難的取捨。在某些情況下法院認同在某些屬判斷性質的範疇即使由選舉產生的機關或人士的行動或決定被指不符合《歐洲人權公約》的規定，但司法機關亦會基於民主的理由，尊重這些機關或人士經考慮後所達致的意見。[55]

這一判例被香港特區終審法院在判決中引用，確定如下原則：「法庭就憲法爭議點作出裁決時，可能宜基於產生該等爭議點的背景情況而特別重視立法機構所採取的看法和政策。」[56]「政策問題仍主要由立法機構負責處理。」[57] 但是，法院也並非一味順從立法機關的判斷，在一起涉及在囚人士選舉權與被選舉權的案件中，法庭表示：

法庭完全認同自由空間原則或尊重立法機關所作判斷的做法……在適當情況下，特別是有關課題涉及社會或經濟政策時，法庭應尊重立法會或行政機關的看法和抉擇。然而，如果有關權利具高度的重要性，或有關權利屬於特別適宜由法庭評估是否需要提供保障的類別，則對尊重的要求會較低。[58]

在 *Leung TC William Roy* 案中，法院詳細闡述了立法機關的恰

55　*R v DPP, ex p. Kebilene* [2002] 2 AC 326，參見劉昌及另一人訴香港特別行政區，FACC 6/2001，第 102 段。

56　劉昌及另一人訴香港特別行政區，FACC 6/2001，第 102 段。

57　*Attorney-General v Lee Kwong Kut* [1993] AC 951.

58　*Chan Kin Sum v Secretary for Justice and Electoral Affairs Commission*, HCAL 79/2008, para. 154.

度評估權力。該案申請人是一名同性戀者，根據香港《刑事罪行條例》第 118C 條，由 21 歲以下男子作出或者與 21 歲以下男子作出同性肛交，屬於犯罪。同樣是經同意下進行性行為，進行肛交的年齡下限是 21 歲，而異性性交的年齡下限則為 16 歲（《刑事罪行條例》第 124 條），在運用「相稱的驗證標準」分析《刑事罪行條例》第 118C 條關於同性肛交年齡下限的規定是否「合理」時，法院作出以下論述：

> 每當有人質疑法例違憲時，法院應給予立法機關對情況作恰度評估的權力。這個概念的含義，是法院承認立法機關在通過法例時，處於較佳的位置去評估社會的需要；事實上，法院在有關政策的事宜上須尊重立法機關的見解。[59]

> 不過，給予立法機關對情況作恰度評估的權力，也有限度。如果顯然有人基於種族、性別或性取向而侵犯某些權利，法院會仔細審議「聲稱構成理據的理由」。法院如認為沒有任何理據支持對基本權利作出指稱的侵犯，便有責任把違憲的法律推翻，因為儘管立法機關代表社會上多數人的意見，其見解須予尊重，但法院亦須謹記，本身的角色是保護少數人免受大多數人的過分行為所影響。[60]

香港特區法院在大量的司法審查案件中發展了審查立法的原則和基本公式。顯然，在涉及政治權利、隱私權等基本權利的案件中，法院對法例的審查要趨於嚴格。

3. 對立法行為的審查基準的檢討

香港特區法院對立法的審查標準涉及兩個問題。首先，缺乏具體的操作標準和技術規範。基本法確定的基本權利範圍非常廣泛，既

59　*Leung TC William Roy v Secretary for Justice*, CACV 317/2005, para. 52.

60　Ibid, para. 53.

包括傳統意義上的生命、自由等基本權利，又包括自由擇業、享受社會福利保障等其他權利。不可否認，不同權利對公民的重要性及其普適性是有區別的，而司法保護的力度也有所不同。有學者將憲法保護的公民的權利分成兩類，即精神性的自由和經濟性的自由。「公民依據憲法所享有的這兩種人權在性質上存在區別，因此審查限制、規範上述不同自由的法律的合憲性時也應該採取不同的處理方法。」[61] 但香港特區法院並沒有對基本法中的權利進行明確區分，過分擴大基本權利的保護範圍，將導致立法機關的很多法例，包括有關社會或經濟政策方面的立法都必須受到法院的審查。因此，即使是基本法中的權利，也應當進行必要的區分，採取不同程度的保護手段。雖然法院也多次在判例中闡述對待不同性質權利採取不同程度的保護的原理，[62] 但在不同類型的人權案件中，法院應當多大程度上保持對其他權力分支的「尊讓」，司法對立法應當進行何種程度的「干預」，卻缺乏系統性的闡述以及細緻的區分。標準充滿不確定性，賦予法官釋法的廣泛自由裁量權。法官在對規範進行評價的過程，實際上是其個人價值立場的輸出過程。因此，有必要確定司法審查的具體標準和具有可操作性的技術規範。一方面，可以給司法審查權的行使提供必要的指引，便於法院在不同類型的案件中採取不同強度的審查標準；另一方面，有利於限制司法審查權的恣意行使，司法審查標準和技術方案的確定使法院不能隨意超越某一類型的強度，對行政或立法行為進行審查，防止司法權力的過度擴張。當然，正如一切裁量行為所面臨的既要防止裁量恣意，又要避免規則過度僵化的兩難問題，司法審查的標準及法官對審查強度的把握同樣如此。「歷史始終是在推崇廣泛的自由裁量權和堅持嚴格細緻的規則之間來回擺動。」一個制度成功

61　童之偉、姜光文：〈日本違憲審查學說面面觀〉。

62　參見劉昌及另一人訴香港特別行政區，FACC 6/2001；*Chan Kin Sum v Secretary for Justice and Electoral Affairs Commission*，HCAL 79/2008；*Leung TC William Roy v Secretary for Justice*，CACV 317/2005 等案件。

的標誌在於它「成功地達到並且維持了極端任意的權力與極端受限制的權力之間的平衡」。[63] 對於審查標準與方法的探討，也應盡量對此予以平衡。

其次，司法權力的擴張也很容易導致法院在審理權利限制類案件時，侵入複雜的政治、社會、經濟政策領域。[64] 尤其是在香港，立法會只是一個地方立法機構，沒有制定和修改基本法的權力，而法院通過對基本法的解釋權，享有對特區立法效力的最終判斷權，立法與司法權力處於不對等的地位，已經超出基本法關於立法機關和司法機關憲制地位的設置。雖然法院表示完全認同立法機關的「酌情判斷餘地」（Margin of Appreciation），充分尊重立法機關所作的判斷，但同時強調如果有關權利非常重要，「或有關權利屬於特別適宜由法庭評估是否需要提供保障的類別，則對尊重的要求會較低」。[65] 對於哪些權利特別適宜由法庭評估，哪些屬於社會或經濟政策方面的立法，則完全屬於法院裁量的範圍，實踐中法院傾向於擴大權利的保護範圍，加強對立法的監督和制約。法院實際上擔當了立法機關的角色去評估社會的需要，指引社會政策的走向，引導觀念的變革。例如在變性婚姻的問題上，終審法院以多數裁定《婚姻條例》第 40 條中的「女」、「女方」等字詞的涵義，必須解釋為包括接受手術後由男身變成女身的變性人。准許變性人以手術後的性別結婚，「根本地改變了傳統的婚姻觀念，而婚姻是一種建基於社會大眾的看法的重要社會制度。海外司法管轄區的做法是透過社會諮詢從而了解社會對婚姻的看法有所改變後，才對有關法律作出改變，准許變性人以其手術後的性別結婚」。法院在未確定香港社會對婚姻的看法是否已改變至放棄，或基本上改變傳統的婚姻觀念的情況下承認變性婚姻，「便相當於就社會

63　【美】E・博登海默著，鄧正來譯：《法理學、法律哲學與法律方法》，北京：中國政法大學出版社 1999 年版，第 142-143 頁。

64　參見傅婧：〈香港法院在涉選舉案件中的司法尊讓〉，《法學評論》2017 年第 4 期。

65　*Chan Kin Sum v Secretary for Justice and Others*, HCAL 79, 82, 83/2008, para. 54.

議題訂立新政策」。[66] 這已經超出了法院的職責範圍。相對於司法機關，立法機關和行政機關更加能夠評估社會的需要，以及較能在多方面考慮因素之間制定政策，例如有關出入境管理的政策，有關社會福利待遇的政策等，法院不應當主導價值判斷，而應當對民主機構的選擇予以足夠的尊重。

66　參見 W 訴婚姻登記官案中常任法官陳兆愷頒發異議判詞，FACV 4/2012。

本章小結

    司法審查的邊界體現在兩個方面，一個是橫向方面，表現在司法審查的範圍上，即司法可以對哪些行為進行審查，哪些行為排除司法審查；另一個是縱向方面的，表現為司法審查的強度，解決的是已經納入司法審查的行為將受到何種程度的審查，以何種標準進行審查的問題。政治體制和權力架構不僅從根本上決定了司法審查權力的邊界，還決定了司法審查具體的行使方式。香港特區司法審查權的界限除了受中央與地方權力關係的限制之外，也受香港特區內部公權力關係的限制。香港特區的政治體制對司法審查權的範圍和法院行使司法審查權的方式產生了一定的限制。行政主導體制下香港特區的政治問題具有更加廣泛的內涵，在尊重行政和立法的情況下，司法機關不能介入行政和立法機關的內部運作，不能在判決中代替行政、立法機關作出決定和制定政策，不宜介入應當藉由政治程序解決的政治爭議等。在司法審查的強度方面，基本法明確規定了香港特區行政、立法、司法機關各自的職權。司法機關應當在其職權範圍內對行政、立法行為進行審查，避免過度侵入行政、立法的腹地；有必要根據香港特區行政主導的政治體制下司法所擔當的角色，確定司法審查的合理強度；應當適時檢討現有的審查標準，給予行政、立法機關適度的裁量空間。

第六章

完善香港特區
司法審查制度的
建議與對策

如何讓權力發揮應有的功能又將權力控制在一定的範圍內，如何處理法院與其他政治機構的關係，在保護人權的同時又尊重民主的要求，對世界各國來說都是一個重要且棘手的問題。在香港特區濃厚的法治背景以及立法、行政的緊張關係下，香港特區法院以其獨特的優勢地位，通過積極行使司法審查權大大擴張了司法權力，既不符合中央與地方的權力關係和香港特區的政治體制，也不利於維護香港特區法院自身的權威。因此，有必要對香港特區的司法審查權進行合理的限制，同時完善香港特區司法審查的運行機制和具體程序。

回歸司法立場：堅持司法審查有限性原則

◇◇◇

　　司法審查的有限性原則是指法院在司法審查中，要充分考慮審判權行使的界限，把握必要的限度，保持司法自我克制或司法謙抑。[1] 表現為法院尊重立法機關和行政機關的立法、決定或行為，不輕易以自己的判斷取代其他國家機關的判斷等。如前文所述，香港特區法院明顯以司法能動為主要趨向。香港特區法院的司法能動與司法擴權，一方面不符合中央與地方的權力關係和香港特區的政治體制，另一方面也削弱了法院的權威性。因此，有必要對香港特區法院實踐中體現出來的能動主義進行反思，回歸司法立場，重新考慮香港特區司法審查應當堅持的態度。

▎一、堅持司法審查有限性原則的必要性

　　香港特區司法審查權的本質是地方性司法權，司法權的有限性意味著司法審查權也必然是有限的。

（一）司法權與其他權力的關係

　　香港特區的司法權有一定的特殊性，司法權的行使不僅涉及特區內部行政、立法、司法之間的制約關係，還涉及中央與地方司法權

1　參見江必新：〈行政程序正當性的司法審查〉，《中國社會科學》2012 年第 7 期。另見江必新：〈司法審查強度問題研究〉，《法治研究》2012 年第 10 期。

的配置。香港特區不實行西方的三權分立制度，但基本法明確規定了香港特區立法會行使立法權，政府行使行政權，法院行使審判權，立法、行政、司法由不同的機關行使也是香港特區政治體制的基本原理。依據權力分立原則，法院行使的是判斷權，管理社會、制定政策和法律是其他政治部門的權力，法院不應當過分干預。司法對行政和立法的制約必須尊重和維持分權，不能代替其他機關制定政策，不能隨意否定法律的效力。「法官們應該以司法謙抑的態度謹慎行使司法審查權，既要有效制衡其它國家權力，又要以權力分立為制衡的限度，以避免僭越其他國家權力，破壞現代憲政國家的分權格局。」[2] 更何況香港特區實行行政主導的政治體制，行政長官在香港特區地位顯要，不僅是特區政府的首長，還是香港特區的首長，負責執行基本法。因此，從特區內部權力關係來看，香港特區的政治問題有更加廣泛的內涵，司法審查的範圍將受到更多的限制。從中央與地方的權力關係來看，香港特區的司法審查權是一項地方性司法權，來源於中央授權，無論是司法管轄權還是基本法的解釋權，都受到一定的限制，司法審查權因此也必須是有限的。

（二）司法權的局限性

與傳統國家相比，現代國家已不再是只需要從社會的外部保障國民安全，和自由交換秩序就足夠的「夜警國家」，而是為了實現特定的政策目的，更直接和積極地干涉經濟活動，或為了從實質上保證國民的生活而廣泛地提供種種服務的「福利國家」或「社會國家」。[3] 伴隨著「福利國家」或「社會國家」的出現，行政事務的不斷膨脹，環境保護、產品質量、公共衛生、福利保障等都被納入行政管理的範

2　黃先雄：〈司法謙抑論 —— 以美國司法審查為中心〉，湘潭大學博士學位論文，2007 年。

3　【日】棚瀨孝雄著，王亞新譯：《糾紛的解決與審判制度》，北京：中國政法大學出版社 1994 年版，第 251 頁。

圍，而這些領域大多需要憑藉專門的技術知識才能做出科學的決策。行政機關的優勢凸顯，不僅相對於「缺乏政府運營所必要的技術和科學知識的素養」[4] 的法官，行政領域的專業性「要求司法機構在行政機關的專業領域充分尊重行政權力，並自律地放棄對某些領域的司法干預」。[5] 而且相對於立法機關而言，面臨日益複雜、精細化的行政事務，也只能在立法上授予行政機關更多的自由裁量權，進一步排除了法院的審查。

（三）維繫司法權威與司法審查正當性的需要

「反多數難題」與司法審查制度相伴而生，非民選的司法機關何以能夠審查代表民主的立法機關制定的法律，一直是司法審查制度首先面臨的問題。然而這個問題在香港特區似乎並不突出，主要因為香港特區立法會的產生辦法根據實際情況和循序漸進的原則而規定，現行選舉制度之下，還未達到全部議員由普選產生的目標，香港特區立法會的民主性並沒有得到完全的認可，加上部分激進議員採取「拉布」等方式拖延立法會議程，立法會本身的權威性不足。種種因素造成香港特區法院在香港政制和社會生活中有著舉足輕重的地位。香港特區司法審查立法的權力並不是來源於基本法的明確授權，也不是來源於普通法的傳統，而是來源於法院本身的權威性。但民眾對司法的認同感及司法的權威性也是一個變化中的過程，需要法院維護。司法尊嚴「要靠立法、行政的尊重來襯托出來」，[6] 惟有謹慎地行使司法審查權，堅持司法審查的有限性，在對其他權力形成有效制約的同時，又盡可能尊重其他權力的行使，才可能得到其他權力機關的自願服從，進而樹立司法權威。

4　【意】莫諾·卡佩萊蒂著，劉俊祥等譯：《福利國家與接近正義》，北京：法律出版社 2000 年版，第 229 頁。

5　甘文：《行政與法律的一般原理》，北京：中國法制出版社 2002 年版，第 49 頁。

6　李念祖：《司法者的憲法》，台北：五南圖書出版有限公司 2001 年版，第 303 頁。

一切權力本身都有自我擴張的傾向，深受司法機關是「最小危險部門」觀念的影響，考慮到香港特區司法體制的傳統及其特殊性，基本法有關香港特區司法權的規定更多是體現在對原有司法制度的保留，以及司法獨立性的保障上。與各國其他憲制性法律相似，基本法對如何約束香港特區立法權和行政管理權的措施規定得較為完備，包括行政長官對中央人民政府負責、廉政公署的設立、特區立法的備案審查制度、立法與行政之間的相互制約機制等，基本法對香港特區立法權和行政管理權的界限進行精緻構築。反觀司法權領域上，基本法對司法權的制約措施規定相對不足，司法權在司法獨立原則的嚴密保護下，幾乎「無所不能」，關於法院管轄權和基本法解釋權的規定，可以說是基本法關於特區法院司法權最重要的限制，而在這法院司法實踐中隨時可能遭受挑戰。[7]「因此，要維護法治與民主的平衡，司法機關的自我約束具有特別重要的意義。」[8]

二、司法審查有限性原則的表現

司法審查有限性原則體現的是克制、謙抑的司法哲學，主要表現為法院遵從立法機關和行政機關的判斷，避免以法官的偏好來代替其他部門的判斷。具體表現為以下幾個方面：

第一，在司法審查範圍方面。司法審查的有限性首先表現在嚴格限制司法審查的範圍，主動放棄對某些領域的司法干預，將不宜由法院審理的案件交由其他國家機關解決，給其他政府分支留下運作的空間。司法審查的範圍解決的是橫向方面司法可以審查哪些行為的問題。除了前文所述的政治問題排除司法審查之外，在法院「沒有審查

---

7   參見前文居港權系列案件中有關基本法解釋權的爭議。

8   程漢大：〈司法克制、能動與民主 —— 美國司法審查理論與實踐透析〉，《清華法學》2010 年第6 期。

能力」或者「行政機關有絕對自由裁量權」等情況下，法院也可能需要迴避對這些案件的審理。於香港特區而言，司法審查的範圍既受中央與地方權力關係的限制，也受特區行政主導政治體制的限制。特區法院對國防、外交等國家行為沒有管轄權，也應避免審查特區的內部政治問題。

第二，在司法審查的強度方面。司法審查的強度解決的是已經納入審查程序的行為要受到何種程度的審查的問題，指「法院在多大的縱深程度以內對問題進行審查」。[9]司法審查的有限性體現在對於納入訴訟程序的行政或立法行為採取程度較弱的審查。例如重視程序性審查而避免作實體審查，法院對於高度技術性、專業性判斷只能作程序性審查，包括學術評價、行政業務考核、交通事故認定等，法院更多的是關注行政機關作出行政決定的過程，而不問實體結果如何。值得注意的是，針對不同類型的案件，司法審查的強度往往有所不同。司法審查的適當力度和標準取決於諸多制度性因素，尤其是司法權和行政權的平衡。[10]

第三，在解釋方法方面。司法審查的有限性體現在更加強調對憲法或法律進行字面解釋或原意解釋。對法律文本的解釋方法有很多種，法官在解釋方法上的運用越靈活，代表法官越有機會在各種解釋技藝下偏離法律文本的字面含義，也偏離立法者的原意。法官的任務是執行憲法的意志，而「原旨主義方法最合乎司法部門對成文憲法的解釋」。[11]因此，堅持司法審查的有限性強調保持司法自我克制，「審慎運用司法審查權，並且在憲法解釋領域力持憲法『原旨主義』，不

9　王名揚：《美國行政法》，北京：中國法制出版社 1995 年版，第 673 頁。

10　參見張千帆：〈司法審查的標準與方法 —— 以美國行政法為視角〉，《法學家》2006 年第 6 期。

11　【美】基思 · E · 惠廷頓著，杜強強等譯：《憲法解釋：文本含義，原初意圖與司法審查》，北京：中國人民大學出版社 2006 年版，第 3 頁。

輕易拓展或擴大適用抽象憲法條款」，[12] 不以法官自己的意志代替憲法的意志。

第四，在審查結果上，一方面主張法院遵從政治機關制定的法律和政策，不輕易作出「違憲」判決；另一方面主張對行政決定只有否定權，而沒有創設權，法院不能代替其他機構制定政策和作出決定。嚴格地講，香港法院的基本法審查權只是法院有權在「下位法」與「上位法」相抵觸時，根據排除法律衝突的原則，宣佈在審理的案件中「不適用」下位法而適用效力等級高的上位法，亦即該下位法在本案中沒有效力（Invalid），並非法院有權宣佈該下位法喪失普適性法律效力。[13] 只是由於香港實行判例法，法院對某項法律的「不適用」將使這一法律實質上失去了適用的效力。

總之，司法審查有限性原則指法官對行政、立法機關的決定或行為進行有限審查，是香港特區法院在司法審查中應當堅持的司法哲學和基本態度，綜合表現在審查範圍、審查強度、審查結果等多個方面。

---

12 J. Clifford Wallace, "The Jurisprudence of judicial Restraint: A Return to the Moorings", (1981) *The George Washington Law Review* 50 , pp. 2-16.

13 李步雲主編：《憲法比較研究》，北京：法律出版社 1998 年版，第 418 頁以下。

香港特區司法審查程序與方法的完善

◇◇◇

　　司法審查的具體程序和方法，是司法審查制度不可或缺的構成部分。一方面，前文關於香港特區司法審查基本原理的探討，最終必須落實到具體的運用和技術的操作之上；另一方面，如果對司法權的唯一制衡就是司法權的自我約束，[1] 而沒有具體制度的規範和限制，那將是一件非常可怕的事情，意味著司法幾乎可以為所欲為。「司法謙抑並沒有從制度上避免法院變得過於『能動』，而是靠法院以『自律』的方式維持權力機構之間的平衡。」[2] 因此，除了上述司法機關必須堅持自我克制的基本立場之外，還需進行具體程序和技術的完善，以確保司法審查制度的有效運行。

一、司法審查的啟動程序

　　司法審查的啟動要件發揮著篩選憲法案件的功能。「申請人向憲

1　美國斯通大法官曾說：「對我們行使權力的唯一制衡是我們自己擁有的自我約束觀念。」另外，哈蘭‧斯通大法官也曾言：「防止司法過度干預的唯一良策就是（司法）自我約束」，參見【美】羅伯特‧麥克洛斯基著，任東來等譯：《美國最高法院》，北京：中國政法大學出版社 2005 年版，第 217 頁。另見波斯納法官的觀點，「只要拋棄那種認為憲法案件可以通過類似演繹的過程予以判決的形式主義的虛妄之詞，那麼，聯邦法官們以憲法的名義對其他政府部門施加的制約本身 —— 由於憲法進行修正很難 —— 就可看成是大體不受制約的……事實上，正是因為聯邦法院受到其他部門的制約是如此之少，這個問題才說成是一個自製（Self-restraint）的問題」。【美】理查德‧A‧波斯納著，鄧海平譯：《聯邦法院 —— 挑戰與改革》，北京：中國政法大學出版社 2002 年版，第 346 頁。

2　李蕊佚：〈對話式司法審查權 —— 香港特別行政區法院的實踐及其前景〉，《當代法學》2017 年第 6 期。

法審查機關提起憲法訴求，審查機關首先要判斷其是否滿足一系列形式性要件，啟動要件乃是這些形式性要件的總稱，用以判斷進入憲法審查程序的各類憲法訴求能否啟動實質性審查。」[3] 審查者在啟動要件審查中的寬嚴把握，直接影響司法審查的「門檻」的高低。「門檻」過高，則會克減當事人獲得權利救濟的憲法權利；「門檻」過低，審查機關淪為公共辯論的平台，會將整個司法審查制度帶入「一座墳墓」。[4]「如果沒有切實有效的案件篩選程序，那麼上述不現實的規定只能意味著這些憲法文本中的司法審查制度根本沒有落實。」[5] 關於司法審查的啟動要件，理論一般認為必須符合「可裁判性」的要求。也就是說，並非所有事項都能交由法院進行司法審查。無論是國家權力行使過程中侵犯公民憲法權利的行政行為的審查，還是對具體爭議依據的法律法規是否符合憲法進行的附帶式審查，都必須滿足一定的啟動要件，即申請所涉之憲法及行政法事件必須具有「可裁判性」。但對於何謂「可裁判性」，「可裁判性」的標準是什麼？並沒有統一的觀點，法官在其中有很大的裁量空間。[6]

前文已述，香港特區的司法審查包含兩個層面的內容，一是憲法意義上的司法審查；二是行政法意義上的司法審查。除了部分由民事程序審理的案件，針對特區政府的行政行為，多數以司法覆核程序進行審理。因此，在香港，行政法意義上的司法審查主要集中於司法覆核程序之中。可以說司法覆核的申請條件即為香港特區行政法意義

3　林來梵主編：《憲法審查的原理與技術》，北京：法律出版社 2009 年版，第 42 頁。

4　【英】哈洛、羅林斯著，楊偉東等譯：《法律與行政》，北京：商務印書館 2004 年版，第 1104 頁。

5　張千帆、包萬超、王衛明：《司法審查制度比較研究》，南京：譯林出版社 2012 年版，第 116 頁。

6　圍繞「可裁判性」的問題，學者從不同的角度出發形成了不同的啟動要件，包括：(1) 案件性要件，即所審查的憲法訴求應系關於當事人之間具體的權利義務關係以及法律關係存在與否的糾紛，沒有具體的權利義務糾紛，只是為法律的解釋及效力等問題進行的抽象性爭論，不具有案件性。(2) 原告適格要件，即原告與案件處理結果存在利害關係。(3) 成熟性要件，及憲法事件已經發展到適宜審判的階段，若爭議尚未成形，僅將臆想的爭議呈現於審查機關面前，則不符合司法審查的成熟性要件。此外，還有訴由消失理論、窮盡法律救濟原則和政治問題等。參見林來梵主編：《憲法審查的原理與技術》，第 60-92 頁。

上的司法審查的啟動要件，而且大量針對法律法規的司法審查也是在司法覆核中提出。有鑒於此，筆者將以司法覆核程序的申請條件為重點進行探討。至於憲法意義上的司法審查，香港特區以附帶審查的方式進行，即在審理具體爭議的過程中附帶審查立法是否符合基本法，既可能在司法覆核案件中進行，也可能在民事程序或者刑事案件中進行審查。

在香港特區，提起司法覆核程序必須符合一定的條件，申請人提起司法覆核必須先向高等法院原訟法庭申請許可。實踐中法院對司法覆核申請的許可條件較為寬鬆，隨著社會日趨複雜，法例的制定日見繁多，而社會各界對公民權利的意識亦日漸提高，自 1997 年以來，香港特區司法覆核申請數量急劇增加。為了在社會利益和個人權利之間取得適當的平衡，合理利用有限的司法資源，同時使法院免予捲入政治爭議的負累，有必要檢討現有的許可標準，提高司法覆核的申請條件，防止司法程序的濫用。

（一）限制司法覆核的申請主體

根據《高等法院條例》（第 4 章）第 21K 條，批予司法覆核申請許可的條件是「法院認為申請人與申請所關乎的事宜有充分利害關係」。申請人必須與申請所關乎的事宜有「充分利害關係」，否則該申請將不被許可。根據《高等法院規則》（第 4A 章）第 53 號命令，「申請人在申請所關乎的事宜中有足夠權益」。但是，是否具有「充分利害關係」以及是否具有「足夠利益」最終由法院判斷。總體而言，「香港法院並不樂意看到主體地位的硬性要求影響法院對法律問題的認定，他們傾向於認為非法與否應當由法院裁定」。[7] 法院對主體地位的認定越寬鬆，意味著能夠提起司法覆核的人越多。從實踐情

7　林峰：〈香港司法覆核制度〉，《中國法律》2016 年第 2 期。

況來看，香港法院對主體地位的認定比較寬鬆。例如在秘密監察案中，梁國雄先生和古思堯先生針對行政長官提起司法覆核所憑藉的身份，僅是「身為曾經觸犯法紀的政治激進分子，相信自己已成為秘密監察的對象」，且「基於他們身為公眾的一分子，有權要求禁止任何違憲的秘密監察行為」。[8] 法院卻沒有對他們的主體地位提出質疑。

雖然關於「充分利害關係」和「足夠利益」的外延有不同理解，需由法院結合具體案件進行裁量，具有「情境性」。但為避免「情境性」審查活動滑向任意性或者過度不一致，除了法官保持自我克制的立場之外，還需要一個具有較強可操作性且相對穩定的分析框架。在這方面，美國判例中對於原告適格要件確定的「具體性＋因果關係」公式[9] 非常值得借鑑。具體性層面需要原告證明遭受了或即將遭受一項「事實上的損害」，這種損害是個人性的，而不是一般性的損害；同時，損害是現實的，已遭受或者即將遭受的損害，而不是臆想中的損害。具體性要求排除以「納稅人」、「一般公民」或者「公眾的一分子」之類的身份提起訴訟。具體性的第二項要求即損害的現實性，臆想的損害不足以支持原告資格，「相信自己已成為秘密監察的對象」並不代表確實已經被秘密監察。因果聯繫包括兩個方面：（1）涉訴行為是損害的必要原因，若非涉訴行為的存在，損害就不會發生；（2）有利的判決將能救濟該損害。[10]

（二）提高司法覆核的許可條件

司法覆核程序是保障公民基本權利，防止公權力被濫用的重要

8　參見古思堯等人訴香港特別行政區行政長官，FACV 12、13/2006，第 11 段。

9　參見艾倫訴賴特案，*Allen v Wright*, 468 U. S. 737(1984). 該案原告向聯邦法院主張紐約市潘菲爾德鎮的「土地分區條例」產生了排除低收入和中等收入的居民在當地居住的影響。法院確立了「具體性＋因果關係」公式，首先，原告的主張和爭議結果存在利害關係，以期待聯邦法院司法權的介入，並且能夠正當化法院向其提供的救濟；其次，原告主張的損害和其指控的行為之間存在因果關係。

10　林來梵主編：《憲法審查的原理與技術》，第 69 頁。

方式，有效的司法覆核，被認為是良好管治的基石。然而，為了在社會利益和個人權利之間取得適當的平衡，法院有權依據一定的標準決定是否給予申請人許可，為司法覆核程序的啟動設置一定的門檻，即申請人提請司法覆核必須滿足一定的測試標準，符合申請的條件。是否許可申請的判斷標準由終審法院於 2007 年訂立，擬申請司法覆核的人士，須證明其論據是合理地可爭辯，並且具有實際的勝訴機會，即「爭辯性測試標準」。[11] 法院提高授予許可的標準，將原有的「潛在可辯性測試標準」變為現有的「爭辯性測試標準」，有利於保持良好的公共行政，以保障公眾利益，防止公共機構因為一些不可爭辯的申索而影響行政效率，避免公共機構因一些不可爭辯的挑戰而備受不當無理的纏擾。[12]

（三）增加對法律進行附帶審查的啟動程序

行政法意義上的司法審查主要通過司法覆核程序進行，那麼，憲法意義上的司法審查是否需要通過專門程序？也如司法覆核一般需要提出許可申請，或者考慮到審查立法權力之重要性以及對憲制的重大影響，應當由高等法院或者終審法院進行審理？凡在具體案件的審理過程中需要判斷相關法律是否符合基本法的，均交由高等法院進行審理？關於憲法意義上的司法審查的審級問題，香港特區判例中已有相關討論。目前香港特區並沒有專門的程序對法律法規進行審查，而是在審理具體案件的過程中附帶審查相關規範性文件是否符合上位

11　參見〈終審法院首席法官二〇一六年法律年度開啟典禮演辭〉，訪問網址：http://www.info.gov.hk/gia/general/201601/11/P201601110433.htm（最後訪問時間：2016 年 8 月 6 日）。長期以來，香港法院沿用 Lord Diplock 在 *Inland Revenue Commissioners v National Federation of Self-employed and Small Businesses Ltd.* 案中提出的「潛在可辯性」（Potential Arguability Test）測試，即只有當申請人提供的表面證據證明某些行為性質或程度的錯誤可能進入司法覆核的範疇，法院才會授予其准可。

12　2010 年，正在施工的港珠澳大橋遇到東涌一位婆婆就其環評報告提出司法覆核，工程被迫停工，幾經波折後，政府雖然上訴得直，但工程已被拖延，工程成本亦因此增加約 65 億港元。

法。因此，任一級別的法院都有可能對立法是否符合基本法作出判斷。如果下級法院認為某法律符合基本法，並按照該法律作出有罪判決，而在上級法院被推翻，最終判定被告人無罪，這種情況問題並不大。但如果下級法院裁定某特區立法違反基本法，並裁判被告人無罪，而上級法院認為該法律符合基本法，而根據該法律應當判處被告人有罪，這將會出現一種比較尷尬的局面，例如在律政司訴丘旭龍[13]案中，在取得上訴許可時，政府承諾不會尋求把案件發回原審法院重審。

司法權本質上是一項依據法律進行裁判的權力，依據法律是司法權行使的根本要求，雖然從權力制衡和權利保護等目的出發，法院對判決所依據的法律是否符合上位法有一定的審查權，但對法律進行審查始終是一項關係重大、必須謹慎行使的權力。考慮到憲法意義上的司法審查權的重要性和複雜性，有必要確定專門的啟動程序，並且提高審查的法院級別。筆者的初步構想如下：香港特區高等法院以下各級法院在審理案件過程中，如果申請人提出審查相關法律是否符合基本法的請求，經過法院的初始判斷，如果認為該法律確實存在違反基本法的可能性，則應當向高等法院原訟法庭提出移交的申請，高等法院經初步判斷，如果認為沒有必要對法律是否符合基本法進行審查，則初審法院應當依據該法律作出裁判。如果高等法院原訟法庭認為確有必要對法律進行審查，則將案件整體移交至高等法院，由高等法院原訟法庭進行初審。

13　FACC 12/2006.

▎二、司法審查的依據

（一）禁止將《人權法案條例》作為香港特區司法審查的依據

基本法第 39 條第 1 款規定《公民權利和政治權力國際公約》、《經濟、社會與文化權利的國際公約》（本章簡稱《公約》）和《國際勞工公約》適用於香港的有關規定繼續有效，通過香港特別行政區的法律予以實施。同時第 2 款規定「香港居民享有的權利和自由，除依法規定外不得限制，此種限制不得與本條第一款規定抵觸」。在此基礎上，香港特區法院在司法審查實踐中，多次將公約以及轉化實施公約的《香港人權法案條例》作為審查特區立法的依據。那麼，基本法第 39 條第 2 款的規定是否賦予了國際人權公約高於香港地區其他立法的地位？香港特區法院能否在審判中直接適用公約，以公約為標準審查立法會制定的法律？

從文本上分析，基本法第 39 條有以下幾層含義；第一，原適用於香港的公約繼續有效，確保香港居民的基本權利並不會因為回歸而有所減損；第二，公約不能直接適用，必須通過特別行政區法律實施，相當於特區立法的地位；第三，基本法充分保障香港居民享有的權利和自由，確定了權利的法律保留原則和最低保障標準，沒有法律規定，不得對香港居民的權利和自由作出任何限制，而依照法律作出的限制，也不能低於《公約》的保護水平。《公約》只是基本法採用的一個權利保護標準，並不是說《公約》本身具有了憲法性地位。而且，基本法第 11 條已經明確規定，香港特區立法機關制定的任何法律，均不得同基本法相抵觸，基本法才是「規定香港特別行政區制度的憲制性法律」[14]。香港特區法院在司法審查中以《公約》和《人權法案條例》為依據，相當於將《公約》和《人權法案條例》提高到特

14　國務院發展研究中心港澳研究所編寫：《香港基本法讀本》，北京：商務印書館 2009 年版，第 24 頁。

區憲制性法律的地位,是對《公約》以及《人權法案條例》性質的錯誤理解。

(二)在適宜的限度內參照域外判例

根據基本法第 84 條的規定,香港特區法院審判案件可以參考其他普通法地區的司法判例,而實踐中法院也非常廣泛地參照域外普通法甚至非普通法地區的法理。域外法理的參照與適用為法院提供了廣闊的選擇空間,法官在參照適用其他普通法地區的判例時完全可以根據自己的偏好選擇援引的判例,加大了司法審判的不確定性,加劇了香港特區與內地兩地法律體系的隔離,為維護中央主權帶來了嚴峻的挑戰。所謂的參照適用,如果缺乏一定的限制,最終只能成為服務於法官意識形態的工具。因此,香港特區法院參考域外法理必須在一定的限度之內,「對於《基本法》第八十四條提及的『參考』適用外國普通法,符合法理的理解應當是在解釋香港本地法律條款時,為本地法律條款的解釋提供輔助,而不是直接在香港法院適用外國法」。[15] 首先,參照域外普通法應當作為最後一種方式,即法官應當優先尋求本區域法律資源的支持,只有在窮盡本區域的法律淵源仍然無法作出裁決的情況下,才參照域外的判例,例如出現某種本地區從未出現過的新情況,而域外已有相似的判例時,可以考慮參照;其次,必須考慮爭議的問題是否具有普適性,不同國家和地區是否可以採用相同的標準和處理方式。對於基本法中規定的具有本地特色的問題,例如關於「一國兩制」、基本法的解釋等憲法性問題,應當限制法官以「參考」為名,將外國的意識形態加諸於香港;最後,參考不等於依據,也不是直接適用外國法,而是一種輔助解釋的方式。

15　李杏杏:〈域外普通法對香港司法的影響及對《基本法》實施的挑戰〉,載《2016 年香港基本法澳門基本法研究會年會暨「基本法與國家統合」高端論壇論文集》。

三、司法審查的判決問題

（一）限制宣佈「違憲」的範圍

當出現兩個條文結合一起理解則會出現違反基本法的情況，法院能否為了實現立法機關的意圖，保留立法機關想要保留的條文，而宣佈某項本身並不違反基本法的條例無效？例如在官永義案中，爭議的焦點是《證券（內幕交易）條例》（第 395 章）（現已廢除並由《證券及期貨條例》〔第 571 章〕取代）第 17 條關於審裁處有權「要求任何人出席審裁處聆訊並作供」的規定是否違反《人權法案條例》第 10 條「接受公正公開審問的權利」以及第 11 條「禁止強迫自證其罪」的規定。此案涉及兩個問題：第一，法院可否超出申請人的請求範圍，裁定申請人沒有提出審查請求的另一個條文無效？第二，法院能否宣佈一項沒有違反審查依據的條文無效？

《人權法案條例》第 11 條「禁止強迫自證其罪」的規定僅適用於刑事程序，《證券（內幕交易）條例》第 17 條規定審裁處有權強制「要求任何人出席審裁處聆訊並作供」，如果該程序屬於民事程序，則不受《人權法案條例》第 11 條的限制。但由於該條例第 23 條同時授權內幕交易審裁處對任何被其指出為內幕交易者的人作出「處以罰款」的命令。法院裁定因為這懲罰的嚴重程度使得審裁處的研訊程序應當列為「刑事類別」，而非「民事性質」的程序。因此，《人權法案》第 10 條和第 11 條的規定適用於該研訊程序，《證券條例》有關調查權力的規定違反了《人權法案》。考慮到立法機關的意圖是寧可犧牲判處罰則的權力，也不願失去導致違反《人權法案》的強制調查權力。最終法裁定該條例第 23 條「判處罰款」的權力因「導致」違反（而非本身違反）《人權法案條例》第 10 條、第 11 條而無效。[16]

16　參見官永義訴內幕交易審裁處，FACV 19、20/2007。

在本案中，一方面法院審查了當事人沒有提出審查請求的條文；另一方面，法院宣佈一項本身沒有違反審查依據的法律無效。這已經大大超出了司法審查的範圍，違背了司法審查的原則和立場。基於司法權的性質，司法的職責就是依據法律作出裁判，而不是社會政策的制定者。司法審查立法，由非民選的機關審查代表民主的議事機關的其中一個正當性抗辯理由是為了維護「高級法」的地位。法院拒絕適用某一法律的前提是該法律與憲法相抵觸，如果立法本身並沒有違反憲法或者其他上位法，法院也可以宣佈其無效，那相當於法院可以根據自己的判斷決定立法的效力，而沒有任何限制。表面上是司法機關尊重立法機關的意願，實質上卻給了司法無限擴權的機會。同時，司法具有被動性，對於當事人沒有提出的訴求，法院不得主動進行審查。如果機關希望保留某一條文，可以對立法進行修改或者重新制定法律，而不應當由法院以立法機關的意願為由，宣佈一項本身沒有違反憲法或者其他上位法的立法條文無效。

（二）限制補救解釋方法的適用

　　香港特區法院的法律解釋方法以「文意解釋」和「目的解釋」為主。目的解釋本身已經具有極大的靈活性，「法院在運用目的方法時擁有廣泛的酌情權。法院自行決定立法的目的是什麼，它們可以使用一系列的依據來得出這個結論而忽視它們認為不滿意的證據。在沒有可信的立法背景資料的情況下，它們的酌情權更是毫無限制。它們甚至願意忽視立法的通常含義，只要它們認為這種含義不符合它們所認定的法律的目的」。[17] 更何況除了目的解釋方法的運用之外，特區法院還以盡量維持法例條文有效，避免作出違憲判斷為由，自我定

17　佳日思：〈《基本法》訴訟：管轄、解釋和程序〉，載佳日思、陳文敏、傅華伶主編：《居港權引發的憲法爭論》，香港：香港大學出版社 2000 年版，第 31 頁。

義基本法中有對條例進行「補救解釋」的「隱含權力」。[18] 即在必要的時候，法院有可能背離文字通常的含義，作出超過一般普通法詮釋範圍的「補救解釋」，包括以狹義解釋（Reading Down）、插入字句（Reading In）和剔除條文（Striking Out）等，對條文作出牽強的解釋。[19]

補救解釋方法的使用固然能夠最大限度地保留立法規範，但同時賦予了法院廣闊的裁量空間，使得法院司法審查在很大程度上背離制定法的規定，脫離了制定法對法院的約束，不僅容易導致法院恣意下不平等的問題，還使法院得以在某種程度上行使立法機關的職能。而且，通過法院的補救解釋，條文內容已經「面目全非」，反映的也只是司法裁量的結果而已，而非立法原意的保留，相當於賦予了法院直接修改法律條文的權力，產生「代位立法」的效果，違背了尊重立法機關的初衷。

司法審查機關作出憲法判斷不一定會得出違憲結論，從司法自我克制的立場出發，法院通過解釋技巧得出法律合憲的結論，盡量減少作出違憲判斷也是一種常用的迴避憲法判斷的方法，在美國、日本等國的司法審查實踐並不罕見。「解釋法律應當盡可能與憲法一致，盡量運用法院的法律解釋權，以此避免法律違憲判斷。如果州法有可能作出兩種合理的解釋，法院基於對州立法機關的尊重，應當推定州立法機關並未無視憲法，法院應當在不改變法條的合理含義的前提下，選擇與憲法相一致的解釋。」[20] 但這一解釋方法的適用是有界限的，它必須在文意的範圍內進行解釋，是在可以作出 A 解釋，也可以作出 B 解釋的情況下作出符合憲法的解釋，而非逾越文字的可能意義作出符合憲法的 C 解釋。「合憲限定解釋一旦超出文意範圍之外

18　參見香港特別行政區訴林光偉及另一人，FACC 4/2005，第 58 段。

19　參見香港特別行政區訴林光偉及另一人，FACC 4/2005。

20　*Grenada County Supervisors v Brogden*, 112 U. S. 261(1884).

進行法律續造，那就是一種『合憲性』造法，這種做法也被一些國家憲法審查機關所採納作為代位立法的一種方法。」[21]

21　林來梵主編：《憲法審查的原理與技術》，第 366 頁。

香港特區司法審查的配套機制

　　一項制度的有效運行，除了自身程序的完善之外，還需有相關機制的配套實施。香港特區司法機構「遠高於美國的危險度」[1]不僅來自於司法審查制度本身，還與特區法官的任命程序、基本法的解釋機制、特區立法的審查機制等因素密切相關。

一、強化行政長官在法官遴選中的作用

　　香港特區的司法獨立得到高度保障，無論是法官的遴選和任命程序，還是法官的任期、薪酬待遇、司法豁免等職業保障制度，均充分保障了司法的獨立性。高程度的司法獨立性，固然有助於法官的獨立判斷，但也加大了司法專斷與司法擴權的風險。通過司法審查制度，香港特區司法權在制約行政和立法權方面發揮了巨大的作用，而在司法獨立的原則下，其他權力對司法權卻幾乎沒有任何制約作用。基本法第 88 條規定，香港特別行政區法院的法官須先經當地法官和法律界及其他方面知名人士組成的獨立委員會推薦後，由行政長官任命。法官雖然由行政長官任命，但行政長官是根據當地法官和法律界及其他方面知名人士組成的獨立委員會推薦來任命法官的，法官的任免權實質上牢牢掌握於特區司法機構或法律共同體手中，行政長官的

1　參見程潔：〈論雙軌政治下的香港司法權 —— 憲政維度下的再思考〉，《中國法學》2006 年第 5 期。

任命更多的是象徵性意義的。香港特首對法官的任命所起的作用非常有限，法官任命逐漸成為特區司法機構或至多是法律界自身的一項職權。這不但成為司法擴權的重要內容，也實質性地抵消了基本法所蘊含的行政與司法互相制約的精神。[2]

司法獨立以實現司法公正為宗旨，而不是為了獨立而獨立。司法獨立作為一種實現司法公正的手段，只能是相對的，必須符合一國的憲政制度。[3] 司法是司法機關以人民的名義適用法律裁決紛爭的活動，司法若不對人民負責，既是對司法本質的背離，同時也必將導致司法機關凌駕於人民之上。即使在美國、德國這樣極為崇尚司法獨立的國家，司法部門「應該對人民負責」並承擔「政治責任」的觀念也是深入人心的。[4] 美國法官遴選過程也體現了對法官的政治制約，總統的任命往往代表了對法官政治取向的認同。香港司法機構除了終審法院和高等法院首席大法官之外，不受其他民意機構的制約。香港特別行政區是中國的地方行政區域，又是國際化大都市，特別行政區的安全與國家安全息息相關。特別行政區司法機關也具有維護國家安全的社會責任。從居港權案中司法機構對基本法不顧香港社會現實的解釋，到「佔中」暴亂對違法人員的輕判，特區法院政治責任缺失的問題暴露無遺，而後旺角暴力事件正是司法機關姑息暴力的後遺症。因此，無論是從權力的制約角度出發，還是從特區法院的憲制角色出發，都有必要加強行政長官在法官遴選中的作用。

2　任銘珍：〈行政主導體制下香港特區行政權與司法權的關係芻議〉，《社會縱橫》（新理論版）2012 年第 2 期。

3　馬懷德、鄧毅：〈司法獨立與憲法修改〉，《法學》2003 年第 12 期。

4　參見最高人民法院司法改革小組編，韓蘇琳編譯：《美英德法四國司法制度概況》，北京：人民法院出版社 2002 年版，第 82-83、91、94、472-473 頁；【美】梅里亞姆著，朱曾汶譯：《美國政治思想（1865-1917）》，北京：商務印書館 1984 年版，第 111-114、123-125 頁。信春鷹：《公法》（第三卷），北京：法律出版社 2001 年版，第 24、226 頁。

（一）強化行政長官在法官提名階段的作用

「法官制度本身就是一國政治制度的一個重要組成部分，法官如何選任實質上涉及的就是法官的權力問題，因此，法官選任中的政治傾向是不可避免的。」[5] 綜觀各國法官提名程序，提名權掌握在一人或單一部門的情況並不罕見，例如美國聯邦法院法官提名權由總統行使，在決定提名人選時，候選人是否為總統所在政黨的堅定支持者也是總統提名的重要考慮因素，法國除最高法院法官和上訴法院院長外的一般法官，提名人選由司法部長決定。多方參與使法官選任制度更加民主化和合理化，但即使在由一個多方參與的獨立委員會推薦法官人選的情況下，法官的選任仍然與行政決定脫不了關係，如德國聯邦法院法官有職位空缺時，則由專門的法官選拔委員會提名，而法官選拔委員會是由聯邦議院選舉產生的 16 名代表和 16 個州的司法部長組成。在香港特區法官的選任程序中，司法人員推薦委員會的推薦是第一階段也是起決定性作用的階段。

根據《司法人員推薦委員會條例》第 3 條，司法人員推薦委員會由以下人士組成：（1）終審法院首席法官，並為主席；（2）律政司司長；（3）行政長官委任的 7 名委員，包括法官 2 名、持有根據《法律執業者條例》（第 159 章）發出的執業證明書的大律師及律師各 1 名，行政長官認為與法律執業完全無關的人士 3 名。從表面上看，除了終審法院首席法官和律政司司長，司法人員推薦委員會另外 7 名成員都是行政長官委任的，行政長官在司法人員推薦上佔據主導地位。但是，推薦委員會的主席為終審法院首席法官，而行政長官任命的 7 名委員中包括法官 2 名，而且行政長官在委任大律師及律師之前，須就大律師的委任諮詢香港大律師公會執行委員會，以及就律師的委任諮詢香港律師會理事會。因此，實際上掌握在行政長官手中的投票權只

5　丁艷雅：〈法官選任方式與程序之比較研究〉，《中山大學學報（社會科學版）》2001 年第 4 期。

有與法律職業完全無關的人士 3 名，即使加上律政司司長，也不足半數。因此，為了強化行政長官在法官任免程序中的作用，一方面可以考慮增加司法人員推薦委員會組成的名額，例如與法律職業無關的人數可增至 5 人；另一方面，明確行政長官對獲委任的大律師及律師人選的決定作用，即雖然法律規定行政長官的諮詢義務，大律師公會執行委員會和香港律師會理事會也有權向行政長官推薦人選，但行政長官並不一定要根據他們的推薦委任司法人員推薦委員會成員。

（二）確定行政長官對法官的實質性任命權

為了充分展現法官職位的重要性以及法官的崇高地位，強化法官的職業尊榮感及使命感，法官通常都由國家元首或政府首腦任命。香港特區法院的法官由行政長官任命。相對於提名權，任命權有形式化趨勢。即真正決定法官人選的實質性權力掌握在提名主體手中。任命者幾乎從未否決過提名人選。例如，德國聯邦法院法官由法官選舉委員會初次確定名單和法官委員會再次確定名單後，只要經聯邦司法部長提名，聯邦總統一般都會任命。日本最高法院提名下級法院法官的人選從來沒有被內閣否決過。所以，行政長官任命法官可以說已經淪為一種象徵性的程序。

司法人員推薦委員會委員以法律執業人員為主，對於法官候選人的法學素養、個人能力、業界名聲等都能夠有一個更加直觀和全面的評價。行政長官的任命主要起把關的作用，一般情況下會尊重司法人員推薦委員會的推薦，但並不代表任命權是一種形式化、程序化權力。筆者認為，行政長官對法官的任命權應當具有實質意義，即行政長官既有權任命法官，也有權決定不予任命。首先，法官由行政長官任命是基本法明確規定的必經程序。基本法第 88 條明確規定，「香港特別行政區法院的法官，根據當地法官和法律界及其他方面知名人士組成的獨立委員會推薦，由行政長官任命」。行政長官的任命是法

官任命的必經程序，與司法人員推薦委員會的推薦程序同等重要，並不存在哪一個為重或者哪一個起決定作用的說法。其次，按照法定程序任命各級法院法官是基本法明確授予行政長官的職權，是香港特區行政主導體制的表現。香港特區行政長官既是香港特區政府首長，也是香港特別行政區的首長，行政長官依照基本法的規定對中央人民政府和香港特別行政區負責，其主導地位首先體現在行政長官享有廣泛的職權上。根據基本法第 48 條的規定，依照法定程序任免各級法院法官是行政長官的職權之一。因此，法官任命程序中，行政長官享有實質意義上的任命權，對於一些明顯不合適的法官人選，行政長官應當有權決定不予任命。

二、拓寬行政長官在解釋基本法上的參與空間

香港特區法院在司法審查中的能動作用，很大程度上來源於其對基本法解釋的權威性。雖然基本法第 158 條已經明確規定了終審法院必須提請全國人大常委會對有關條款作出解釋的情形，但特區法院實際掌握著是否提請全國人大常委會釋法的主動權，消解了全國人大解釋對特區法院的約束力。[6] 針對香港法院司法權擴張的現實，從提高行政長官施政效能的目的出發，應修改明顯存在不足的基本法第158 條，以使行政長官在釋法事項上有更多的參與空間。[7] 基本法中關於提請解釋的主體，只有第 158 條關於終審法院提請解釋的規定，根據基本法第 48 條，行政長官負責執行基本法和適用於香港特別行政區的其他法律，因此，行政長官在執行基本法的過程中，如果遇到需要明確基本法有關條文含義的問題，就會產生要求全國人大常委會解釋基本法的需要。拓寬行政長官在基本法解釋中的參與空間，確定行

6　郭天武等著：《香港基本法的實施問題研究》，北京：中國社會科學出版社 2012 年版，第 211 頁。

7　朱世海：〈試論香港行政主導制的實施路徑創新〉，《嶺南學刊》2012 年第 1 期。

政長官提請中央解釋基本法的渠道，既是行政長官行使職權的需要，也是為了正確實施基本法，確保全國人大常委會對基本法的最終解釋權，並不是改變法院的判決結果，更不會干預香港特區法院獨立行使審判權。

第一，雖然沒有發生具體爭議，但行政長官在執行基本法的過程中發現有需要提請全國人大常委會進一步闡明基本法條文含義時，可以通過國務院提請全國人大常委會解釋。基本法作為香港特區的憲制性法律，是香港特區的制度和政策的依據，非常需要全國人大常委會在關鍵時刻解釋和澄清其內涵。然而實踐中並非所有解釋問題都是由訴訟引起的，例如全國人大常委會對於基本法的第二次解釋，即附件一第 7 條和附件二第 3 條關於行政長官產生辦法的解釋；以及全國人大常委會關於基本法的第三次解釋，即對補選產生的行政長官任期的解釋，均不是在訴訟中產生的關於基本法的爭議。因此，有必要賦予行政長官提請解釋的權力，以確保基本法的正確實施。

第二，在具體案件中，行政長官如果認為法院的解釋不符合基本法關於中央管理的事務或者中央與香港特區關係的條款，或者出現法院應當提請全國人大常委會解釋基本法而不提請，越權解釋基本法的情況，則可以建議國務院向全國人人大常委會申請解釋基本法。「如果特區內部對基本法的理解和解釋產生了分歧，影響到基本法的正確實施，行政長官應當行使職權，提請人大常委會解釋基本法，確保人大常委會對基本法的最終解釋權。」[8]

三、協調中央與特區對立法的審查機制

如前文所述，在「一國兩制」原則下，中央與香港特區法院同

8　　駱偉建：〈論港澳基本法解釋中的兩個問題〉，《山東社會科學》2008 年第 10 期。

時行使對特區立法的審查權，無論是立法審查吸納司法審查，還是司法審查吸納立法審查，由全國人大常委會或者終審法院統一行使審查權，都不符合「一國兩制」的基本方針，最終只能形成對特區立法的「雙軌」審查機制。「但由於香港採用司法審查模式，中央採用立法審查和行政審查相結合的模式，二者之間不一致，其理念和操作程序有重大差異，容易產生衝突。」[9] 然而，基本法並沒有相應的協調機制，在中央與香港特區就某些權力意見不一致的情況下，無法通過常規途徑解決。所以，中央和特區之間，在對特區立法是否違反基本法的審查權發生衝突時，需要有一種能夠促進權力對話的機制，提供協商的平台，解決權力主體之間的爭執。

解決中央與香港之間就違反基本法審查權的劃分和行使問題，「應本著相互理解和寬容的原則，按照中國憲法體制和普通法體制傳統有機結合的思路，以基本法所體現的方針政策為指導，在基本法設計的分權制度框架內進行協調」。[10] 既要堅決捍衛國家的主權和統一，又要尊重香港特區的高度自治。因此，在中央立法審查權和香港特區法院的司法審查權發生衝突的情況下，除了上述香港特區法院保持司法克制的態度之外，中央也有必要保持克制和寬容。在目前基本法沒有相應的協調機制作出規定的情況下，可考慮由全國人大授權香港基本法委員會與香港終審法院進行協調，達成一致意見後報全國人大常委會，由全國人大常委會決定實施。[11]

▌四、暢通解決政治爭議的溝通渠道

近年來，隨著香港特區政治爭拗的增多，提起司法覆核成為部

9　強世功：〈司法主權之爭——從吳嘉玲案看「人大釋法」的憲政意涵〉，《清華法學》2009 年第 5 期。

10　徐靜琳、張華：〈關於香港特區違憲審查權的思考〉，《上海大學學報》2008 年第 2 期。

11　參見季金華：〈基本法解釋的權限和程序問題探析〉，《現代法學》2009 年第 4 期。

分激進反對派博取眼球或者撈取政治資本的手段，間接將香港特區法院推向政治爭拗和權力鬥爭的風口浪尖上，香港特區法院不得不陷入兩難的境地。如果司法機構更多地介入政治問題之中，行使了不屬於自己的權力，必然會招致其他政治機構的強烈反對，而有損自身的中立和權威地位；如果司法機關因為顧慮重重而採取消極態度，一味拒絕審理相關案件，也必然會積累社會矛盾，引起公眾的不滿。[12] 香港特區法院過度介入政治爭議，「一方面反映了香港社會對司法機構的信任，另一方面也折射出香港社會政治渠道不暢」。所以，「對於政治問題，一方面需要司法機關的審慎判斷，另一方面也需要其他政治機構充分開放對話渠道」。[13] 在香港問題的處理上，「中央還需要運用高超的法律技術和政治技巧，有效化解中央和香港之間可能存在的隔閡」，[14] 除了法律途徑之外，政治方法也是重要的手段。在「合法」的範圍裏，任何政治、社會或經濟問題都只有經由政治過程恰當地探討，方能謀求適當的解決辦法。[15] 尤其是司法審查權涉及的政治問題法律化，更加需要超越法律及司法機關，在法院外部營造良好氛圍以促進法律問題的解決。

有鑒於此，中央要以「一國兩制」方針為指導，積極主導創設與香港政府的對話途徑，努力引導香港社會本土的政治對話。[16] 在中央與香港特區方面，積極運用現有的政治溝通渠道，包括港區的全國人大代表資格、兩地司法互動等，同時充分發揮香港特別行政區基本法

12　例如在日本，違憲審查制度雖然已經成為日本司法體系的重要組成部分，但日本司法機關在違憲審查中表現出來的司法消極主義也引起學界猛烈的批評。認為在行使違憲審查權、進行憲法解釋和違憲判斷時，司法機關對立法、行政機關的行為表現出的過分謙讓的態度，以至不能很好地發揮出限制國家權力、保護人權的違憲審查制度本來的目的。參見童之偉、姜光文：〈日本違憲審查學說面面觀〉，《法律科學》2005 年第 6 期。

13　程潔：〈論雙軌政治下的香港司法權──憲政維度下的再思考〉。

14　強世功：〈和平革命中的司法管轄權之爭──從馬維琨案和吳嘉玲案看香港憲政秩序的轉型〉，《中外法學》2007 年第 6 期。

15　參見香港特區終審法院首席法官在 2006 年法律年度開啟典禮的演辭，訪問網址：http://www.info.gov.hk/gia/general/200601/09/P200601090138.htm（最後訪問時間：2017 年 2 月 9 日）。

16　郭天武等著：《香港基本法的實施問題研究》，第 190 頁。

委員會的溝通和協調作用，加強兩地互信。此外，考慮增加非正式的溝通渠道，包括創造機會，促進與香港反對派的對話與交流等。在香港特區的本土方面，鼓勵香港法官遴選本地化，也可考慮增加相關人員在司法機構與政治機構之間流動的機會。

本章小結

　　本章共有三節內容，分別從總原則、具體程序和配套機制三個
角度分析香港特區司法審查制度的完善措施。第一節探討了香港特區
司法審查的有限性原則，從司法權與其他權力的關係、司法的局限性
以及維持司法的權威性幾個方面論述了香港特區恪守司法審查有限性
原則的必要性，並分析了司法審查有限性原則的具體表現。第二節是
關於香港特區司法審查程序與方法的具體完善，從司法審查的啟動、
審理和判決三個方面進行研究。第三節提出香港特區司法審查配套機
制的完善建議，包括強化行政長官在法官遴選中的作用、拓寬行政長
官在解釋基本法上的參與空間、協調中央與特區對立法的審查機制和
暢通政治爭議的溝通渠道。

結 語

　　在實行社會主義的單一制國家的大框架內，「一國兩制」理論成功解決了實行資本主義的香港和澳門的統一問題。至今，香港特區成立已滿 20 週年，「一國兩制」方針和基本法的成功有目共睹，充分體現了當代國人的政治智慧與實踐能力。

　　「一國兩制」是保守的、穩定的，它保留了特區原有的資本主義制度和生活方式基本不變；同時又是創新的、發展的，「五十年不變」不是現在一成不變，也不是五十年後一定會變，香港特區政治體制發展和司法實踐中的種種爭論，恰恰表明「一國兩制」是發展中的理論。毫無疑問，基本法的實施為香港特區提供了全新的憲制框架。

　　「一國兩制」具有原則性，維護國家的統一和領土完整，中央政府對香港行使主權的原則不可動搖；同時具有靈活性，以授權理論為中介，香港特區雖然是一個地方行政區域，卻享有明顯高於中國其他地方甚至是聯邦制國家中各邦的自治權，行使著傳統主權理論屬於主權標誌的一些特權。[1] 從歷史遺留問題的解決和香港的順利回歸來看，「一國兩制」的方針與政策無疑是成功的，但它「並沒有一步到

1　國家主權理論的鼻祖博丹認為主權是不可轉讓、不可剝奪、不受時效限制的國家絕對和永久的權力，並列舉了只屬於主權者而不能和他人分享的十項主權權力，包括對全體普遍地或對每一個人個別地施予法律、宣佈戰爭和媾和的權力、設置罷免主要官員、終審權、赦免權、效忠儀式、鑄幣權、度量衡的規制、設定直接和間接稅的權力和海事權。參見陳端洪：《憲治與主權》，北京：法律出版社 2007 年版，第 54-56 頁。然而，「一國兩制」下香港特區實行獨立的財政、貨幣金融和關稅制度，享有獨立的司法權和終審權，享有相對完整的立法權，無疑是對博丹主權理論的重大突破。

位地、完整地實現統一的民族國家的主權建構」。[2] 香港回歸以來的一些重大理論和實踐爭議，包括基本法的解釋問題、香港特區政制體制的發展問題、香港特區的國家安全立法問題等，充分體現了「一國兩制」內部「一國」與「兩制」之間的張力。「香港基本法實施中的幾次危機都說明，香港的一些人士正是利用我們沒有明確的憲法學的格式化的語言表述『一國』內涵的紕漏，而偏執於高度自治，甚至在一定程度上把自治往自決（內部意義）上延伸。」[3] 總之，中央恢復行使主權與香港特區的高度自治權之間存在一定的間隙，需要在未來的實踐中以更多的理解和智慧加以彌合。

具體到香港特區的司法審查制度上，「法治」一直是香港特區的基本原則及核心理念，代表公正的司法更加被寄予厚望。不可否認，香港特區法院在維護法治和保障居民權利等方面發揮了巨大的作用。然而，任何權力都有擴張的傾向，居於「神壇」的法官也有人性的弱點。在一國之內，地方行政區域享有終審權對全世界來說都可以算是一件新鮮事物。香港特區繼續實行普通法，司法隊伍中仍然存在大量外籍法官，司法判決中還在廣泛參考海外判例。可以說，「一國兩制」方針下中央對香港特區司法權方面的管治幾近於無；而在司法獨立的原則下，特區內部其他公權力對司法權的制約也稍顯無力。在這樣的背景之下，如何讓司法審查這項「看起來很美」的制度發揮其應有的價值和功能？如何在尊重香港特區獨立的司法權和終審權的基礎上體現中央對特區的全面管治權？「一國兩制」創造性地解決了特區的回歸問題，但也給我們留下了一定的難題，未來的路還有更遠。

2　陳端洪：《憲治與主權》，第 165 頁。

3　同上，第 173 頁。

參考文獻

一、中文文獻

1.1 著作

[1] 王名揚：《美國行政法》，北京：中國法制出版社 2005 年版。

[2] 王名揚：《法國行政法》，北京：中國政法大學出版社 1989 年版。

[3] 王叔文主編：《香港特別行政區基本法導論》，北京：中國民主法制出版社、中共中央黨校出版社 2006 年版。

[4] 王禹：《論恢復行使主權》，北京：人民出版社 2016 年版。

[5] 王禹：《「一國兩制」憲法精神研究》，廣州：廣東人民出版社 2008 年版。

[6] 方建中：《超越主權理論的憲法審查 —— 以法國為中心的考察》，北京：法律出版社 2010 年版。

[7] 王振民：《中國違憲審查制度》，北京：中國政法大學出版社 2004 年版。

[8] 史深良：《香港政制縱橫談》，廣州：廣東人民出版社 1991 年版。

[9] 白雪峰：《美國司法審查制度的起源與實踐》，北京：人民出版社 2015 年版。

[10] 李太蓮：《〈香港特區基本法〉解釋法制對接》，北京：清華大學出版社 2011 年版。

[11] 宋冰編：《讀本：美國與德國的司法制度及司法程序》，北京：中國政法大學出版社 1998 年版。

[12] 李昌道、徐靜琳、董茂雲、宋錫祥：《創造性的傑作：解讀中華人民共和國香港特別行政區基本法》，上海：上海人民出版社 1998 年版。

[13] 李昌道等著：《創造性的傑作 —— 解讀〈中華人民共和國香港特別行政區基本法〉》，上海：上海人民出版社 1998 年版。

[14] 沈宗靈：《比較憲法 —— 對八國憲法的比較研究》，北京：北京大學出版社 2002 年版。

[15] 李後：《百年屈辱史的終結：香港問題始末》，北京：中央文獻出版社 1997 年版。

[16] 李浩然、尹國華編著：《香港基本法案例彙編》（1997-2010），香港：三聯書店（香港）有限公司 2012 年版。

[17] 何海波：《司法審查的合法性基礎 —— 英國話題》，北京：中國政法大學出版社 2007 年版。

[18] 何海波：《實質法治 —— 尋求行政判決的合法性》，北京：法律出版社 2009 年版。

[19] 汪習根主編：《司法權論 —— 當代中國司法權運行的目標模式、方法與技巧》，武漢：武漢大學出版社 2006 年版。

[20] 李樹忠主編：《憲法案例教程》，北京：知識產權出版社 2007 年版。

[21] 佳日思、陳文敏、傅華伶主編：《居港權引發的憲法爭論》，香港：香港大學出版社 2000 年版。

[22] 周永坤：《憲政與權力》，濟南：山東人民出版社 2008 年版。

[23] 林來梵：《從憲法規範到規範憲法：規範憲法學的一種前言》，北京：法律出版社 2001 年版。

[24] 林來梵：《憲法審查的原理與技術》，北京：法律出版社 2009 年版。

[25] 周葉中、鄒平學主編：《兩岸及港澳法制研究論叢》（第一輯），廈門：廈門大學出版社 2011 年版。

[26] 易賽鍵：《香港司法終審權研究》，廈門：廈門大學出版社 2013 年版。

[27] 洪波：《法國政治制度變遷：從大革命到第五共和國》，北京：中國社會科學出版社 1993 年版。

[28] 胡建淼主編：《世界憲法法院制度研究》，北京：中國法制出版社 2013 年版。

[29] 胡夏冰：《司法權：性質與構成的分析》，北京：人民法院出版社 2003 年版。

[30] 胡錦光、韓大元：《中國憲法》，北京：法律出版社 2004 年版。

[31] 胡錦光主編：《香港行政法》，鄭州：河南人民出版社 1997 年版。

[32] 孫笑俠、夏立安主編：《法理學導論》，北京：高等教育出版社 2004 年版。

[33] 徐靜琳：《演進中的香港法》，上海：上海大學出版社 2002 年版。

[34] 張千帆、包萬超、王衛明：《司法審查制度比較研究》，南京：譯林出版社 2012 年版。

[35] 張千帆：《西方憲政體系》（上冊），北京：中國政法大學出版社 2004 年版。

[36] 郭天武等著：《香港基本法實施問題研究》，北京：中國社會科學出版社 2012 年版。

[37] 陳弘毅：《一國兩制下香港的法治探索》，香港：中華書局（香港）有限公司 2010 年版。

[38] 陳弘毅：《法理學的世界》，北京：中國政法大學出版社 2003 年版。

[39] 莫紀宏：《憲法審判制度概要》，北京：中國人民公安大學出版社 1998 年版。

[40] 莫紀宏主編：《違憲審查的理論與實踐》，北京：法律出版社 2006 年版。

[41] 梁美芬：《香港基本法：從理論到實踐》，北京：法律出版社 2015 年版。

[42] 許崇德主編：《港澳基本法教程》，北京：中國人民大學出版社 1994 年版。

[43] 陳端洪：《憲治與主權》，北京：法律出版社 2007 年版。

[44] 童之偉：《法權與憲政》，濟南：山東人民出版社 2001 年版。

[45] 黃江天：《香港基本法的法律解釋研究》，香港：三聯書店（香港）有限公司 2004 年版。

[46] 雲冠平、鍾業坤：《中華人民共和國香港特別行政區基本法概論》，廣州：暨南大學出版社 1993 年版。

[47] 程春明：《司法權及其配置 —— 理論語境、中英法式樣及國際趨勢》，北京：中國法制出版社 2009 年版。

[48] 喬曉陽主編：《立法法講話》，北京：中國民主法制出版社 2000 年版。

[49] 董立坤：《中央管治權與香港特區高度自治權的關係》，北京：法律出版社 2014 年版。

[50] 鄒平學等著：《香港基本法實踐問題研究》，北京：社會科學文獻出版社 2014 年版。

[51] 董和平、韓大元、李樹忠：《憲法學》，北京：法律出版社 2000 年版。

[52] 楊奇主編：《香港概論》（下卷），香港：三聯書店（香港）有限公司 1993 年版。

[53] 楊海坤主編：《憲法學基本論》，北京：中國人事出版社 2002 年版。

[54] 齊樹潔主編：《英國司法制度》，廈門：廈門大學出版社 2007 年版。

[55] 鄧小平：《鄧小平文選》（第三卷），北京：人民出版社 1993 年版。

[56] 劉兆興：《德國聯邦憲法法院總論》，北京：法律出版社 1998 年版。

[57] 劉曼容：《港英政治制度與香港社會變遷》，廣州：廣東人民出版社 2009 年版。

[58] 鄭磊：《憲法審查的啟動要件》，北京：法律出版社 2009 年版。

[59] 蕭蔚雲：《論香港基本法》，北京：北京大學出版社 2003 年版。

[60] 蕭蔚雲主編：《一國兩制與香港基本法律制度》，北京：北京大學出版社 1990 年版。

[61] 韓大元、林來梵、鄭賢君：《憲法學專題研究》，北京：中國人民大學出版社 2004 年版。

[62] 韓大元主編：《外國憲法》，北京：中國人民大學出版社 2000 年版。

[63] 戴耀廷：《香港的憲政之路》，香港：中華書局（香港）有限公司 2010 年版。

[64] 羅豪才主編：《中國司法審查制度》，北京：北京大學出版社 1993 年版。

[65] 饒戈平、王振民主編：《香港基本法澳門基本法論叢》（第一輯），北京：中國民主法制出版社 2011 年版。

[66] 饒戈平、王振民主編：《香港基本法澳門基本法論叢》（第二輯），北京：中國民主法制出版社 2013 年版。

[67] 蘇亦工：《中法西用 —— 中國傳統法律及習慣在香港》，北京：社會科學文獻出版社 2002 年版。

[68] 龔祥瑞：《比較憲法與行政法》，北京：法律出版社 2002 年版。

[69] 【日】棚瀨孝雄著，王亞新譯：《糾紛的解決與審判制度》，北京：中國政法大學出版社 1994 年版。

[70]【日】蘆部信喜、高橋和之著，林來梵等譯：《憲法》，北京：北京大學出版社 2006年版。

[71]【法】托克維爾著，董果良譯：《論美國的民主》（上卷），北京：商務印書館 1988年版。

[72]【法】孟德斯鳩著，許明龍譯：《論法的精神》（上卷），北京：商務印書館 2009 年版。

[73]【法】盧梭著，何兆武譯：《社會契約論》，北京：商務印書館 1994 年版。

[74]【法】狄驥著，鄭戈譯：《公法的變遷》，北京：商務印書館 2013 年版。

[75]【美】本傑明·卡多佐著，蘇力譯：《司法過程的性質》，北京：商務印書館 1998年版。

[76]【美】克里斯托弗·沃爾夫著，黃金榮譯：《司法能動主義 —— 自由的保障還是安全的威脅？》，北京：中國政法大學出版社 2004 年版。

[77]【美】亞歷山大·M·比克爾著，姚中秋譯：《最小危險部門 —— 政治法庭上的最高法院》，北京：北京大學出版社 2007 年版。

[78]【美】洛克著，葉啟芳、翟菊農譯：《政府論》（下篇），北京：商務印書館 1964 年版。

[79]【美】約翰·亨利·梅利曼著，顧培東等譯：《大陸法系》，北京：法律出版社 2004年版。

[80]【美】約翰·哈特·伊利著，張卓明譯：《民主與不信任 —— 司法審查的一個理論》，北京：法律出版社 2011 年版

[81]【美】哈羅德·伯爾曼著，賀衛方等譯：《法律與革命 —— 西方法律傳統的形成》，北京：中國大百科全書出版社 1993 年版。

[82]【美】基思·E·惠廷頓著，杜強強等譯：《憲法解釋：文本含義，原初意圖與司法審查》，北京：中國人民大學出版社 2006 年版。

[83]【美】凱斯·桑斯坦著，泮偉江、周武譯：《就事論事 —— 美國最高法院的司法最低限度主義》，北京：北京大學出版社 2007 年版。

[84]【美】路易斯·亨金、阿爾伯特·J·羅森塔爾編，鄭戈等譯：《憲政與權利 —— 美國憲法的域外影響》，北京：生活·讀書·新知三聯書店 1996 年版。

[85]【美】愛德華·S·考文著，強世功譯：《美國憲法的「高級法」背景》，北京：生活·讀書·新知三聯書店 1996 年版。

[86]【美】漢密爾頓、傑伊、麥迪遜著，程逢如等譯：《聯邦黨人文集》，北京：商務印書館 1980 年版。

[87]【美】歐內斯特·蓋爾霍恩等著，黃列譯：《行政法和行政程序法概要》，北京：中國社會科學出版社 1996 年版

[88]【美】德沃金著，李常青譯：《法律帝國》，北京：中國大百科全書出版社 1996 年版。

[89]【美】羅納德·德沃金著，信春鷹、吳玉章譯：《認真對待權利》，上海：上海三聯書店 2008 年版。

[90]【美】羅斯科・龐德著，唐前宏等譯：《普通法的精神》，北京：法律出版社 2010年版。

[91]【英】彼得・斯坦、約翰・香德著，王獻平譯，鄭成思校：《西方社會的法律價值》，北京：中國法制出版社 2004 年版。

[92]【英】哈特著，許家馨、李冠宜譯：《法律的概念》，北京：法律出版社 2011 年版。

[93]【奧】凱爾森著，沈宗靈譯：《法與國家的一般理論》，北京：商務印書館 2013 年版。

[94]【德】卡爾・施密特著，李君韜、蘇慧婕譯：《憲法的守護者》，北京：商務印書館 2008 年版。

[95]【德】伯恩・魏德士著，丁小春等譯：《法理學》，北京：法律出版社 2003 年版。

[96]【德】克勞斯・施萊希、斯特凡・科里奧特著，劉飛譯：《德國聯邦憲法法院：地位、程序與裁判》，北京：法律出版社 2007 年版。

[97]【德】拉德布魯赫著，王樸譯：《法哲學》，北京：法律出版社 2005 年版；

[98]【德】哈貝馬斯著，童世駿譯：《在事實與規範之間 —— 關於法律和民主法治國的商談理論》，北京：生活・讀書・新知三聯書店 2003 年版。

[99]【德】馬克斯・韋伯，張乃根譯：《論經濟與社會中的法律》，北京：中國大百科全書出版社 1998 年版。

1.2 論文

[1] 王玄瑋：〈違憲審查與政治問題 —— 關於「政治問題不審查」原則的初步比較〉，《雲南大學學報》2009 年第 6 期。

[2] 毛峰：〈論香港政治體制中的行政主導〉，《法學評論》1997 年第 2 期。

[3] 王書成：〈司法謙抑主義與香港違憲審查權 —— 以「一國兩制」為中心〉，《政治與法律》2011 年第 5 期。

[4] 王海明、孫英：〈幾個價值難題之我見〉，《哲學研究》1992 年第 10 期。

[5] 孔祥俊：〈論法官在法律規範衝突中的選擇適用權〉，《法律適用》2004 年第 4 期

[6] 王磊：〈論我國單一制的法的內涵〉，《中外法學》1997 年第 6 期。

[7] 王學棟、張定安：〈完善我國行政行為司法審查標準的思考〉，《中國行政管理》2003 年第 7 期。

[8] 石佑啟：〈論對行政自由裁量行為的司法審查〉，《華中科技大學學報》2003 年第 1 期。

[9] 占美柏：〈論司法審查制度之困境與出路〉，《暨南學報》2006 年第 3 期。

[10] 田雷：〈論美國的縱向司法審查 —— 以憲政政制、文本與學說為中心的考察〉，《中外法學》2011 年第 5 期。

[11] 朱孔武：〈行政主導：《基本法》對香港政府體制的民主安排〉，《嶺南學刊》2008 年第 1 期。

[12] 江必新：〈司法審查強度問題研究〉，《法治研究》2012 年第 10 期。

[13] 江必新：〈論實質法治主義背景下的司法審查〉，《法律科學》2011 年第 6 期。

[14] 任東來、顏廷：〈探究司法審查的正當性根源 —— 美國學界幾種司法審查理論述評〉，《南京大學學報》2009 年第 2 期。

[15] 江國華：〈劉松山先生的《違憲審查熱的冷思考》質疑〉，《法學》2004 年第 8 期。

[16] 朱國斌：〈法國的憲法監督與憲法訴訟制度〉，《比較法研究》1996 年第 3 期。

[17] 朱新力、唐明良：〈尊重與戒懼之間 —— 行政裁量基準在司法審查中的地位〉，《北大法律評論》2009 年第 2 期。

[18] 李友根：〈論案例研究的類型與視角〉，《法學雜誌》2011 年第 6 期。

[19] 李紅海：〈普通法研究在中國 —— 問題與思路〉，《清華法學》2007 年第 4 期。

[20] 何海波：〈沒有憲法的違憲審查 —— 英國故事〉，《中國社會科學》2005 年第 2 期。

[21] 李浩然：〈香港司法案例中的中央與特區關係 —— 以提請釋法的條件和程序為視角〉，《港澳研究》2014 年第 1 期。

[22] 李琦：〈特別行政區基本法之性質：憲法的特別法〉，《廈門大學學報》2002 年第 5 期。

[23] 李緯華：〈香港特別行政區法院是如何確立基本法審查權的〉，《政治與法律》2011 年第 5 期。

[24] 李曉兵：〈論違憲審查實踐中的「政治問題排除原則」〉，《河南省政法管理幹部學院學報》2007 年第 3 期。

[25] 李蕊佚：〈議會主權下的英國弱型違憲審查〉，《法學家》2013 年第 2 期。

[26] 李樹忠、姚國建：〈香港特區法院的違基審查權 —— 兼與董立坤、張淑鈿二位教授商榷〉，《法學研究》2012 年第 2 期。

[27] 周永坤：〈試論人民代表大會制度下的違憲審查〉，《江蘇社會科學》2006 年第 3 期。

[28] 林來梵、劉練軍：〈論憲法政制中的司法權 —— 從孟德斯鳩的一個古典論斷說開去〉，《福建師範大學學報》2007 年第 2 期。

[29] 季金華：〈香港基本法解釋的權限和程序問題探析〉，《現代法學》2009 年第 4 期。

[30] 季金華：〈歷史與邏輯：司法審查的制度化機理〉，《法律科學》2010 年第 4 期。

[31] 林峰：〈《基本法》對香港司法審查制度的影響〉，《法學家》2001 年第 4 期。

[32] 范忠信：〈中國違憲審查與立法衝突解決機制〉，《法律科學》2001 年第 6 期。

[33] 姜峰：〈違憲審查：一根救命的稻草？〉，《政法論壇》2010 年第 1 期。

[34] 姚國建：〈論 1999 年「人大解釋」對香港法院的拘束力〉，《法商研究》2013 年第 4 期。

[35] 胡榮榮：〈香港行政主導體制的邏輯演進及啟示 —— 以政治權威理論為考察視角〉，《甘肅理論學刊》2015 年第 6 期。

[36] 胡錦光：〈關於香港法院的司法審查權〉，《法學家》2007 年第 3 期。

[37] 胡錦光、朱世海：〈三權分立抑或行政主導制 —— 論香港特別行政區政體的特徵〉，《河南省政法管理幹部學院學報》2010 年第 2 期。

[38] 徐亞文、李玲：〈論加拿大的司法審查制度〉，《武漢大學學報》2004 年第 3 期。

[39] 秦前紅、黃明濤：〈文本、目的和語境 —— 香港終審法院解釋方法的連貫性與靈活性〉，《現代法學》2011 年第 1 期。

[40] 秦前紅、葉海波：〈憲法訴訟：一個批判分析〉，《華東政法學院學報》2003 年第 2 期。

[41] 秦前紅、傅婧：〈在司法能動與司法節制之間 —— 香港法院本土司法審查技術的觀察〉，《武漢大學學報》2015 年第 5 期。

[42] 秦前紅、塗四益：〈尋找建構違憲審查制度的新鑰匙〉，《國家檢察官學院學報》2010 年第 2 期。

[43] 孫笑俠：〈司法權的本質是判斷權〉，《法學》1998 年第 8 期。

[44] 殷嘯虎：〈論特別行政區行政主導下的行政權控制與監督 —— 以澳門特別行政區為例〉，《政治與法律》2014 年第 2 期。

[45] 徐靜琳：〈從「居港權」爭訟案看香港基本法的司法解釋〉，《法治論叢》2003 年第 1 期。

[46] 郝鐵川：〈從國家主權與歷史傳統看香港特區政治體制〉，《法學》2015 年第 11 期。

[47] 強世功：〈和平革命中的司法管轄權之爭：從馬維琨案和吳嘉玲案看香港憲政秩序的轉型〉，《中外法學》2007 年第 6 期。

[48] 張千帆：〈司法審查的標準與方法 —— 以美國行政法為視角〉，《法學家》2006 年第 6 期。

[49] 張千帆：〈從憲法到憲政 —— 司法審查制度比較研究〉，《比較法研究》2008 年第 1 期。

[50] 陳弘毅：〈香港回歸的法學反思〉，《法學家》1997 年第 5 期。

[51] 陳弘毅：〈論香港法院現有的管轄權〉，《法學評論》（武漢）1989 年第 1 期。

[52] 陳弘毅：〈論香港特別行政區法院的違憲審查權〉，《中外法學》1998 年第 5 期。

[53] 陳永鴻：〈論香港特區法院的「違憲審查權」〉，《法商研究》2013 年第 1 期。

[54] 曹旭東：〈論香港特別行政區行政主導制〉，《政治與法律》2014 年第 1 期。

[55] 張志偉：〈關於美國司法審查正當性理論的分析與反思〉，《法學論壇》2010 年第 3 期。

[56] 章志遠：〈行政法案例研究方法之反思〉，《法學研究》2012 年第 4 期。

[57] 陳欣新：〈香港與中央的「違憲審查」協調〉，《法學研究》2000 年第 4 期。

[58] 梁美芬：〈從國旗法看全國性法律在香港適用問題〉，《法學家》2000 年第 3 期。

[59] 梁美芬：〈香港「外傭居港權案」：三次判決和兩大爭議〉，《清華法學》2015 年第 4 期。

[60] 郭春鎮：〈論反司法審查觀的「民主解藥」〉，《法律科學》2012 年第 2 期。

[61] 許崇德：〈略論香港特別行政區的政治制度〉，《中國人民大學學報》1997 年第 6 期。

[62] 許崇德、王振民：〈由「議會主導」到「行政主導」—— 評當代憲法發展的一個趨勢〉，《清華大學學報》1997 年第 3 期。

[63] 童之偉、姜光文：〈日本的違憲審查制及其啟示〉，《法學評論》2005 年第 4 期。

[64] 童之偉、姜光文：〈日本違憲審查學說面面觀〉，《法律科學》2005 年第 6 期。

[65] 湛中樂、陳聰：〈論香港的司法審查制 —— 香港「居留權」案件透視〉，《比較法研究》2001 年第 2 期。

[66] 湛中樂、趙玄：〈國家治理體系現代化視野中的司法審查制度 —— 以完善現行《行政訴訟法》為中心〉，《行政法學研究》2014 年第 4 期。

[67] 黃明濤：〈普通法傳統與香港基本法的實施〉，《法學評論》2015 年第 1 期。

[68] 童建華：〈英國法院與議會特權關係的歷史演變〉，《歐洲研究》2005 年第 6 期。

[69] 程雪陽：〈司法審查的第三條道路 —— 弱司法審查的興起、發展及其中國意義〉，《甘肅行政學院學報》2011 年第 5 期。

[70] 曾華群：〈香港特別行政區高度自治權芻議 —— 對外事務實踐的視角〉，《比較法研究》2002 年第 1 期。

[71] 程漢大：〈司法克制、能動與民主 —— 美國司法審查理論與實踐透析〉，《清華法學》2010 年第 6 期。

[72] 程潔：〈香港憲制發展與行政主導體制〉，《法學》2009 年第 1 期。

[73] 程潔：〈論雙軌政治下的香港司法權 —— 憲政維度下的再思考〉，《中國法學》2006 年第 5 期。

[74] 黃輝明：〈論違憲審查權與立法權的分離 —— 中國違憲審查權的困境與出路之思考〉，《南京師大學報》2008 年第 1 期。

[75] 董立坤、張淑鈿：〈香港特別行政區法院的違反基本法審查權〉，《法學研究》2010 年第 3 期。

[76] 鄒平學、潘亞鵬：〈港澳特區終審權的憲法學思考〉，《江蘇行政學院學報》2010 年第 1 期。

[77] 楊建平：〈論香港實行行政主導的客觀必然性〉，《中國行政管理》2007 年第 10 期。

[78] 董茂雲：〈論判例法在香港法中的主導地位〉，《政治與法律》1997 年第 1 期。

[79] 葉海波：〈論公民憲法意識的培養〉，《湖北社會科學》2008 年第 5 期

[80] 葉海波：〈最高人民法院「啟動」違憲審查的憲法空間〉，《江蘇行政學院學報》2015 年第 2 期。

[81] 楊曉楠：〈澳門基本法的司法適用研究 —— 與香港基本法司法適用的比較〉，《港澳研究》2015 年第 2 期。

[82] 劉松山：〈違憲審查熱的冷思考〉，《法學》2004 年第 1 期。

[83] 劉曼容：〈行政主導：香港特區管治之所需〉，《廣東社會科學》2006 年第 6 期。

[84] 蕭蔚雲、傅思明：〈港澳行政主導政制模式的確立與實踐〉，《法學雜誌》2000 年第 3 期。

[85] 魏健馨：〈論公民、公民意識與法治國家〉，《政治與法律》2004 年第 1 期。

[86] 顧敏康、徐永康、林來梵：〈香港司法文化的過去、現在與未來 —— 兼與內地司法文化比較〉，《華東政法學院學報》2001 年第 6 期。

[87] 【美】馬克・圖什奈特著，程雪陽譯：〈論政治憲政主義與弱司法審查的關係〉，《甘肅行政學院學報》2014 年第 5 期。

[88] 【奧】漢斯・凱爾森著，張千帆譯：〈立法的審查 —— 奧地利和美國憲法的比較研究〉，《南京大學法律評論》2001 年春季號。

▌二、外文文獻

2.1 著作

[1] Aharon Barak, *The Judge in A Democracy*, Princeton, N. J.: Princeton University Press, 2006.

[2] A. V. Dicey, *Introduction to the Study of the Law of the Constitution*, London: Macmillan, 1959.

[3] Johannes Chan SC, C. L. Lim, *Law of the Hong Kong Constitution*, Hong Kong: Thomson Reuters Hong Kong Limited, 2011.

[4] Neil Parpworth, *Constitutional and Administrative Law*, London: Butterworths, 2002.

[5] Peter Wesley-Smith, *The Sources of Hong Kong Law*, Hong Kong: Hong Kong University Press, 1994.

[6] P. Y. Lo, *Hong Kong Basic Law: Annotation and Commentary*, Hong Kong: Thomson Reuters Hong Kong Limited, 2010.

[7] Randy E. Barnett, *Restoring the Lost Constitution*, Princeton, N. J.: Princeton University Press, 2004.

[8] Robert G. McCloskey, *The American Supreme Court*, Chicago: University of Chicago Press, 1960.

[9] Yash Ghai, *Hong Kong's New Constitutional Order: the Resumption of Chinese Sovereignty and the Basic Law*, Hong Kong: Hong Kong University Press, 1999.

2.2 論文

[1] Albert H. Y. Chen, "Constitutional Adjudication in Post-1997 Hong Kong", *Pacific Rim Law and Policy Journal*, Vol. 15, No. 3, pp. 627-682.

[2] John Ferejohn, "Judicializing Politics, Politicizing Law", *Law and Contemporary Problems*, Vol. 65, No. 3, pp. 41-68.

[3] Walter F. Murphy, "Constitutional Interpretation: The Art of the Historian, Magician, or Statesman?" , *The Yale Law Journal*, Vol. 87, No. 8, 1978, pp. 1752-1771.

[4] William Trickett, "The Great Usurpation" , *American Law Review*, Vol. 40, pp. 356-376.

附錄：香港特區司法審查判例列表

▌一、涉及特區立法和附屬立法的司法審查案例

序號	案件名稱	案件編號
1	陳樹英訴香港特別行政區行政長官	HCAL 151/1999
2	差餉物業估價署署長訴 Agrila Limited 及其他 58 家公司	FACV 1/2000 FACV 2/2000
3	入境事務處處長對莊豐源	FACV 26/2000
4	人事登記處處長訴人事登記審裁處及 Fateh Muhammad	FACV 24/2000
5	談雅然及其他對入境事務處處長	FACV 20&21/2000
6	有關程介南	HCAL 3568/2001
7	香港特區訴吳恭劭及利建潤	FACC 4/1999
8	Gurung Kesh Bahadur 訴入境事務處處長	FACV 17/2001
9	劉昌及另一人訴香港特別行政區	FACC 6/2001
10	香港特別行政區訴蕭溢良	HCMA 282/2007
11	地政總署署長訴 Yin Shuen Enterprises Limited & Nam Chun Investment Company Limited	FACV 2&3/2002
12	Prem Singh 訴入境事務處處長	FACV 7/2002
13	一名律師訴香港律師會及律政司司長（介入人）	FACV 7/2003
14	丘廣文及另一人訴保安局局長	HCAL 1595/2001

序號	案件名稱	案件編號
15	律政司訴劉國輝及其他人	FACV 15/2004
16	梁國雄及其他人訴香港特別行政區	FACC 1&2/2005
17	香港特別行政區訴洪鎵華及另一人	FACC 1/2006
18	香港特別行政區訴林光偉及另一人	FACC 4/2005
19	蘇偉倫訴香港特別行政區	FACC 5/2005
20	破產管理署署長及破產人陳永興和破產人林海三的破產案受託人	FACV 7&8/2006
21	林育輝訴香港特別行政區	FACC 12/2005
22	古思堯及另一人訴香港特別行政區行政長官	FACV 12&13/2006
23	梁 TC 威廉‧羅伊斯訴律政司司長	CACV 317/2005
24	有關 C (破產人) 的事宜	CACV 405&406/2004 CACV 230/2005
25	律政司司長訴丘旭龍	FACC 12/2006
26	官永義訴內幕交易審裁處	FACV 19&20/2007
27	林少寶訴警務處處長	FACV 9/2008
28	楊頌明訴警務處處長	FACV 22/2007
29	陳健森訴律政司司長	HCAL 79&82&83/2008
30	陸家祥訴市場失當行為審裁處及另一人	HCAL 49/2008
31	蔣麗莉訴律政司司長	FAMC 64&65/2009
32	賴禧安訴差餉物業估價署署長及地政總署署長	CACV 130/2007
33	莫乃光訴譚偉豪	FACV 8/2010
34	天主教香港教區又名羅馬天主教會香港教區主教法團訴律政司司長	FACV 1/2011
35	陳裕南訴律政司司長及羅堪就訴律政司司長	FAMV 39&40/2011

序號	案件名稱	案件編號
36	Ubamaka Edward Wilson 訴保安局局長及另一人	FACV 15/2011
37	Vallejos 及 Domingo 訴人事登記處處長	FACV 19&20/2012
38	W 訴婚姻登記官	FACV 4/2012
39	有關：何俊仁	FACV 24&25&27/2012 FACV 1/2013
40	T 訴警務處處長	FACV 3/2014
41	中國國際基金有限公司訴劉榮廣伍振民建築師事務所	HCMP 2472/2014

▎二、僅涉及行政機關決定的司法審查案例

序號	案件名稱	案件編號
1	吳小彤訴入境事務處處長	FACV 1/2001
2	律政司司長訴陳華及其他	FACV 11&13/2000
3	謝耀漢訴香港特別行政區護照上訴委員會及其他	CZCV 351/2001
4	Kaisilk Development Limited 訴市區重建局	CACV 191/2002
5	玉堂電器行有限公司訴運輸署署長	HCAL 94/2002
6	九龍雞鴨檔同業商會訴漁農自然護理署署長	CACV 1521/2001
7	入境事務處處長訴劉芳	FACV 10/2003
8	華善投資有限公司訴稅務局局長	CACV 261/2005
9	霍春華及另一人訴醫院管理局及另一人	FACV 10/2011
10	C 及其他人訴入境事務處處長及另一人	FACV 18&19&20/2013
11	孔允明訴社會福利署署長	FACV 2/2013
12	GA 及其他人訴入境事務處處長	FACV 7/2013

序號	案件名稱	案件編號
13	Gutierrez Joseph James 訴人事登記處處長及另一人	FACV 2/2014
14	楊美雲及其他人訴香港特別行政區	FACC 19/2004

三、有關基本法其他重要問題的判例

序號	案件名稱	案件編號
1	Ch'ng Poh 訴香港特別行政區行政長官	HCAL 182/2002
2	剛果民主共和國及其他人訴 FG Hemisphere Associates LLC	FACV 5&6&7/2010
3	香港特別行政區訴陳宥羲	FACC 3/2013
4	梁國雄訴香港特別行政區立法會主席及律政司司長	FACV 1/2014
5	香港聯合交易所有限公司訴新世界發展有限公司及其他	FACV 22/2005
6	一名律師訴香港律師會	FACV 24/2007
7	香港醫務委員會訴陳曦玲醫生	FACV 13/2009

責任編輯　　徐永文
書籍設計　　道　轍

書　　名　　香港特別行政區司法審查制度研究
著　　者　　陳雪珍
出　　版　　三聯書店（香港）有限公司
　　　　　　香港北角英皇道 499 號北角工業大廈 20 樓
　　　　　　Joint Publishing (H.K.) Co., Ltd.
　　　　　　20/F., North Point Industrial Building,
　　　　　　499 King's Road, North Point, Hong Kong
香港發行　　香港聯合書刊物流有限公司
　　　　　　香港新界荃灣德士古道 220-248 號 16 樓
印　　刷　　美雅印刷製本有限公司
　　　　　　香港九龍觀塘榮業街 6 號 4 樓 A 室
版　　次　　2021 年 4 月香港第一版第一次印刷
規　　格　　16 開（170 mm × 240 mm）296 面
國際書號　　ISBN 978-962-04-4781-5